COURS

THÉORIQUE ET PRATIQUE

DE LANGUE LATINE.

TOME SECOND.

Cette nouvelle édition est en deux volumes, qui se vendent séparément.

Le tome premier contient la Grammaire.

Le tome second contient les Exercices.

PARIS. — IMPRIMERIE DE FAIN, RUE RACINE, N°. 4,
PLACE DE L'ODÉON.

COURS

THEORIQUE ET PRATIQUE

DE LANGUE LATINE,

PAR

C. DE BLIGNIÈRES,

MAÎTRE DE PENSION.

SECONDE ÉDITION.

EXERCICES,

OU COURS GRADUÉ DE VERSIONS ET DE THÊMES ADAPTÉS
AUX RÈGLES DE LA GRAMMAIRE LATINE.

PRIX : BROCHÉ OU CARTONNÉ, 2 FR.
BROCHÉ PAR LA POSTE, 2 FR. 40 C.

A PARIS,

CHEZ { DELALAIN, libraire, rue des Mathurins-Saint-Jacques, no. 5;
MAIRE-NYON, libraire, quai Conti, no. 13;

ET CHEZ L'AUTEUR, RUE DE CLICHY, N°. 37.
CHAUSSÉE-D'ANTIN.

1827.

Pag. 3, lig. 37, *phæœnix*, lisez : *phœnix*.
Pag. 46, lig. 22, dicet., *lisez : dicet?*
——— lig. 35, *Platonis* studiosus, *lisez*. Demosthenes *Platonis* studiosus.
Pag. 48, ligne dernière, en l'exerçant, *lisez :* en s'exerçant.
Pag. 56, ligne dernière, *interque faceret*, lisez : *iterque faceret*.
Pag. 70, lig 35, *Latonem*, lisez : *Latonam*.

EXERCICES

SUR LA GRAMMAIRE LATINE.

INTRODUCTION.

EXERCICES SUR LA SYNTAXE ÉLÉMENTAIRE.

(Grammaire latine, Introduction à la syntaxe, Chapitre II.)

PATER BONUS, etc.

Toute l'année. De tout le chemin. A tout le poids
Tot us, ius, annus.   *via.*   *pond us, eris,* n

La pleine lune. O esprit malade ! D'un meilleur champ.
plenus luna.   *animus æger.*   *bonus ag er, ri,* m

Les meilleurs temps. Des grands troupeaux. Aux
temp us, oris, n.   *magnus gre x, gis,* m.

mères indulgentes. Les terres grasses. O soldats
mat er, ris, indulgen s, tis.   *terra pinguis.*   *mil es, itis,*

impies ! Des hautes montagnes. Les citoyens tremblans.
impius.   *altus mon s, tis,* m.   *civis*   *trepidus.*

De ces jours agréables. A l'ormeau touffu. Le cousin
hic dies jucundus.   *ulmus,* f. *frondosus.*   *cul ex, icis,* m.

incommode. O chef habile ! Du citoyen audacieux, méchant
molestus.   *dux peritus.*   *auda x, cis, malus*

et pernicieux. Ta tendre épouse. De ces chers
et perniciosus. Tuus tener, a, um, conju x, gis.   *dulcis*

nourrissons. Aux mêmes sénateurs. Les rois mêmes.
alumnus.   *idem senator, is.*   *re x, gis, ipse.*

De ces pieds fuyards. Un certain tyran. D'une autre
iste pe s, dis, fuga x, cis.   *quidam tyrannus.*   *alius*

ville antique. Quel livre ? Quelle page ? Des incendies
urb s, is, antiquus. Quis liber ?   *pagina ?*   *incendium*

négligés. Les lieux peu fortifiés. Du père
negl igére, ectum.   *locus parùm mun ire, itum.*   *pater*

devant être aimé. Autres temps, autres mœurs. A moi
amare.   *mor es, um.* m.   *ego*

seul.   Sa   coutume.   Par   ma   très-grande faute.
unus.   *Suus mo s , ris , m.*   (abl.) *meus*   *culpa.*

La maison devant être bâtie. Du champ devant être cultivé.
domus, ús, f.   *œdificare.*   *col ěre, o.*

Au maître devant commander. L'esclave obéissant. Aux ennemis
dominus   *imperare.*   *Servus obedire.*   *hostis*

    vaincus   et mis en fuite. Le tyran qui craint. Les enfans
vincěre, victum ,   *fugare.*   *metu ěre, o.*   *puer*

qui pleurent. Au peuple   corrompu.   Les soldats
lug ēre, eo.   *populus corru mpěre, ptum.*

devant vaincre ou mourir. Des vices devant être évités.
      aut moriturus.   *vitium*   *vitare.*

Du général et du soldat courageux. A l'enfant et au vieillard
du x , cis ,   *strenuus.*   *sen ex , is,*

mortels. Le cheval et l'âne utiles. Joseph et Benjamin
mortalis.   *equus*   *asinus utilis. Josephus Benjaminus*

    aimés.   A l'amitié et à la bonne foi devant être louées.
dil igěre, ectum.   *amicitia*   *fid es , ei ,*   *laudare.*

De la cigale et du hibou incommodes. Agrippine et Sénèque
    cicada   *noctua*   *Agrippina, f. Seneca, m.*

    tués.   De Baucis et de Philémon étonnés. Au père
occi děre, sum.   *Baucis, f.*   *Philemon , m. attonitus.*

et à la mère morts. Le fils et la mère devant être gardés.
       mortuus. filius   *custodire.*

LUDOVICUS REX.

Damon et Pythias, très-fidèles amis. De Cicéron et de
Damon et Pythias,   *fidelis amicus.*   *Cicero, nis,*

Démosthène, très-célèbres orateurs. A Clélie,   ôtage.
Demosthen es , is, celeb er, ris, re, orator. Clœlia, f. obs es, idis.

Apis,   bœuf   noir.   O Socrate,   homme
Apis , is, bo s , vis, nig er, ra , rum. Socrat es , is ,   *vir*

très-sage. Du Rhin et du Rhône, très-grands fleuves.
sapien s , tis. Rhenus   *Rhodanus magnus amnis , m.*

EGO AUDIO , etc.

Je loue,   tu as blâmé,   il jugera ; nous espérâmes,
ego laudare,   *tu vituperare, ille judicare ; nos sperare ,*

vous souhaitiez, ils auront douté. Je mangerai, tu boiras,
vos optare ,   *dubitare.*   *ed ěre, o, bib ere, o,*

elle avait joué ; lisons, vous écrirez, elles peignaient.
lu děre, si ; leg ěre, o, scrib ěre , o ,   *ping ěre, o*

Je me tenais debout, tu t'assieds, que celui-ci   eût couru ;
stare,   *sed ěre , eo,*   *iste currěre, cucurri ;*

nous enseignâmes, vous apprîtes , que les autres dorment.
docēıe, uı , discěre, didici,   *cæteri dormıre.*

Le chien aboie , la brebis bêle , le cheval hennit, le loup
canıs latraıě,   *ovis balare,*   *equus hinnıre,*   *lupus*

hurle , le lion rugit , le porc grogne , la grenouille coasse.
ululare ,   *leo rugire ,*   *porcus grunnıre ,*   *rana   coaxare.*

Les quadrupèdes couıent, les oiseaux volent, les poissons
quadrupe s , dis ,   *avis   volare ,*   *piscis*

nagent, les vers rampent. L'esprit juge, la volonté
natare ,   *vermıs   rcp ěre , o.* *mens*   *voluntas*

choisit, le corps obéit.   Les   vertus   sont louées, les
elig ěre , o , corpus par ěre, eo.   *virtu s , tis ,*

vices sont méprisés. Je suis venu, j'ai vu , j'ai vaincu.
vitium   contemn ěre, o.   vcn ıre , i , vıd ěre, ı, vı ncěre, cı.

La rose et le lis   plaisent. Adam et Ève ont péché. César
rosa   lilium delectare. Adamus et Eva   peccare. Cæsar

et Pompée combattaient. Vous et lui vous mourrez. Vous et
Pompeıus contend ěre , o. tu   ille   mor i , ior. Tu

votre   mère vous reviendrez bientôt.
tuus , a , um , mater   red ıre , eo , mox.

DEUS EST SANCTUS.

Tout changement subit est dangereux. La victoire est
omnıs   mutatıo , f. subıtus sum perıculosus.   *vıctorıa*

insolente et superbe. Le fer est lourd , le plomb plus lourd ,
insolens et supěrbıs. ferrum grav is , e , plumbum

l'or très-lourd. Le cheval est grand , le chameau plus grand ,
aurıım   *equus magnus ,   camelus*

l'éléphant très-grand. Le bois est dur, la   pierre   plus
elephas , m.   *lignum   durıs , lapi s , dis , m.*

dure , le diamant très-dur. Un véritable ami est un grand
adamas , m.   *verus amıcus*

trésor.   L'expérience est le meilleur   maître.
t hsaurus.   ıs ıs , ıs , m.   *bonus   magist er , ri , m.*

Le phénix et le gryphon sont des   animaux   fabuleux.
phœœnix   *gryphus*   *animal, is , n. fictus.*

(Il) est glorieux (de) vaincre, (il) est honteux de fuir.
gloriosus   *vıncěre ,*   *turp is , e , fugěre.*

1.

(Il) est agréable (de) se bien porter. (Il) est   beau
jucundus   valēre.   pulch er, ra, rum,

et doux (de) pardonner.
dulc is) e,   ignoscĕre.

LIBER PETRI.

La nécessité est la mère des arts. La crainte de Dieu est le
necessitas   parens ar s, tis.   timor   Deus

commencement de la sagesse. Le corps est le domicile et
initium   sapientia.   corpus   domicilium

l'instrument de l'âme. La vieillesse est comme l'hiver de la
instrumentum animus.   senectus   quasi hiems

vie. La piété est le fondement de toutes les   vertus.
vita.   pietas   fundamentum omn is, e,   virtu s, tis, f.

Les commencemens de toutes choses sont faibles.
principium   r es, ei, f.   parvus.

AMO DEUM.

Scipion détruisit   Carthage.   Le souci suit l'argent.
Scipio dél ēre, vi, Carthag o, inis.   cura sequ i, or, pecunia.

Numa ne fit   aucune guerre. Les poissons engendrent des
Numa ge rēre, ssi, nullus bellum.   piscis   generare

œufs. L'air entoure la terre de tous côtés. Nous   avons
ovum. aer circumdare   terra   undiquè.   hab ēre, eo

cinq   sens :   la vue,   l'ouie,   l'odorat,
quinque sens us, ús, vis us, ús, audit us, ús, olfact us, ús,

le goût et le toucher. Les jeunes gens vertueux respectent
gust us, ús, tact us, ús. adolescen s, tis, probus venerari

la vieillesse. La crainte décèle les âmes faibles.
senectu s, tis   timor argu ĕre, o, animus degener, is.

COMPLÉMENT INDIRECT DES VERBES ACTIFS.

Dieu   donna   sa   loi   à Moïse, et Moïse la donna
Deus dare, dedi, suus le x, gis, f. Mos es, is   is, ea, id

aux Israélites. Zopire livra   Babylone à Darius. Dieu
Israelita. Zopirus trad ēre, idi, Babylon, is, Darius.

promit   à Abraham une prospérité innombrable.
promi ttĕre, si,   Abrahamus   prol es, is, f. innumerus.

Les Grecs ont appris des Égyptiens les arts et les sciences.
Græcus discĕre, didici, ab Ægyptius ar s, ti, f.   scientia.

Timothée   a reçu   de saint Paul deux épîtres.
Timothœus acc ipĕre, ipio, epi, à divus Paulus duo, œ, epistola.

Cyrus, roi des Perses, délivra les Israélites de la servitude
Cyrus, rex Persæ, arum, liberare   *servitus, tis,*

des Babyloniens. La promesse d'une vie éternelle comble
Babylonius.   *promissio, nis,*   *vita æternus cumulare*

le juste d'espérance et de joie. Les passions privent
justus   *spes, ei,*   *lætitia.*   *cupiditas, tis, orbare*

l'homme du vrai bonheur.
homo, inis, verus felicitas, tis, f.

COMPLÉMENT DES VERBES PASSIFS.

Rome fut fondée par Romulus. Tyr fut assiégée
Roma condĕre, itum, a Romulus. Tyrus, f. obsidére, essum,

par Alexandre. Jerusalem fut détruite par Titus. Le
ab Alexander, ri. Hierosolyma diruĕre, tum, Titus.

meilleur lait est donné par les vaches noires.
bonus lac, tis, n. præbĕre, eo, à vacca niger, ra rum.

Les îles sont entourées de tous côtés par la mer. Les lions
insula circumdare undiquè mare, is, n. leo, nis

sont effrayés par le feu. Le sage n'est pas vaincu par le
terrĕre, eo, ignis. sapiens vincere

chagrin. Les oiseaux sont couverts de plumes, les
mœror, is. avis tegĕre, o; pluma,

quadrupèdes de poils, les poissons d'écailles
quadrupes, dis, pilus, piscis squama

COMPLÉMENT DES VERBES NEUTRES

Les abeilles obéissent à leur reine. Le feu cède à l'eau.
apis, is, parĕre, eo, suus regina. ignis cedĕre, o, aqua.

Le changement subit du froid et du chaud nuit à la
vicissitudo, f. repentinus frigus, oris, calor, is, nocēre, eo,

santé. La vue ne manque point à la taupe. Caton
corpus, oris visus non deesse talpa. Cato

étudia la littérature grecque. Dieu épargna
studĕre, eo, ui, litteræ, arum, græcus. (dat.) Deus parcĕre, peperci,

Noé. Nous favorisons la noblesse. Les Romains
Noemus (dat). favēre, eo, nobilitas, tis (dat.) Romanus

se réjouissaient de la ruine de Carthage. La reine des abeilles
gaudēre, eo, excidium Cathago, inis. regina apis

manque d'aiguillon. Les enfans jouissent du temps
carēre, eo, aculeus. puer, i, frui, or, tempus, oris,

présent. Usez sagement des dons de la fortune.
præsens, tis Uti, or, sapienter donum fortuna.

Le cygne   se nourrit de poissons, de grenouilles, de   vers
   cycnus   vescι, or.   piscis,   rana,   vermis,
et de plantes aquatiques.
   planta   aquaticus.

COMPLÉMENT DES ADJECTIFS.

Alexandre était plein d'ambition, il était avide de gloire.
   Alexander   plenus ambitio, nis,   avidus   gloria.
Une nourriture simple est très-utile à l'homme. Les soldats
   cibus   simplex   utilis   homo, inis. miles, itis,
romains étaient accoutumés aux durs travaux.   Le chant de
romanus   assuetus   durus labor, is, m. cantus, ús, m.
l'alouette   est agréable   aux laboureurs. Les aigles sont
   alauda   gratus   agricola.   aquila, f.
doués d'une vue très-perçante. Tous les   ouvrages de
præditus visus, us, us, m. acer, ris, re. omnis, e, opus, eris, n.
Dieu sont dignes de notre   admiration.
Deus   dignus nost er, ra, rum, admiratio, nis, f.

DOCTIOR PETRO.

Le lion est plus grand que la lionne. L'Irlande est plus
Leo, nis, m.   magnus   leæna. Hibernia
petite que l'Angleterre. Le printemps est plus agréable que
parvus   Britannia.   ver, is, n.   gratus
l'automne. Le bœuf est plus utile que la chèvre, les cerfs sont
autumnus.   bos   utilis   capra,   cervus
plus légers que les chiens. La science est plus précieuse que
   velox, cis,   canis.   scientia   pretiosus
les richesses.
d vitiæ, ai um.

ALTISSIMA ARBORUM. QUIS VESTRUM ?

Socrate fut le plus sage des Athéniens. Le fer est le plus
Socrates   sapiens   Atheniensis. ferrum
utile des métaux. La rose est la plus belle   des fleurs.
utilis   metallum.   rosa   pulch er, ra, rum, flo s, ris, m.
L'éléphant est le plus grand des animaux   terrestres, la
Elepha s, ntis,   magnus   ex animal, is, n. terrestr is, e,
baleine est le plus grand des animaux aquatiques. Qui de nous
balæna   inter   aquaticus. Quis nos
est content de la fortune? Chacun de nous désire des
contentus   fortuna (abl.) quisque ex nos exoptare

richesses et des honneurs ; nul ne désire la sagesse. Menès
divitiæ honor, is , m. nemo sapientia. Menes
fut le premier des rois égyptiens.
primus inter re x , gis , ægyptius.

NON CANIMUS SURDIS.

Tu apprends non pour ton maître mais pour toi. La maison
disc ère, o, non tuus magist er, ri, sed tu. Domus
a été bâtie pour les maîtres, non pour les rats. Je ne suis
œdificare dominus, non mu s, ris.
pas né pour un seul coin de terre, ce monde entier est ma
natus un us, ius, angulus, hic mundus totus meus
patrie. La vieillesse est légère pour moi. Le temps de la
patria. senectu s, tis, f. levis ego. temp us , oris ,
vie est court et irréparable pour tous les hommes.
vita brev is, e, irreparabil is , e , omn is , e, hom o, inis.

COMPLÉMENT DES PRÉPOSITIONS.

Le papillon voltige autour des fleurs. Presque toutes
papilio volitare circùm flo s , ris. Penè omnis
les villes ont été bâties près des fleuves. Parmi les
urb s , is cond ère , itum , propè flum en, inis, n. Inter
aveugles le borgne est roi. Après la pluie luit le soleil.
cæcus luscus rex. Post pluvia luc ère, eo, sol, is, m.
Chez les anciens les heures du jour et de la nuit étaient
Apud vet us , eris , m. hora di es , ei , no x , ctis ,
comptées séparément. Tous les poissons, excepté la baleine et
numerare seorsùm. piscis præter balæna
l'anguille, engendrent des œufs. L'empire du monde et le droit
anguilla par ère , io , ovum. imperium mundus jus
de vie et de mort sont au pouvoir de Dieu. Dieu a fait le
vita ne x , cis , penès Deus. cond ère , idi ,
monde pour les hommes. Nous recevons de Dieu tous
propter hom o , inis. accip ère , io , à
les biens. Des vapeurs s'élèvent continuellement de la
bona , orum. vapor, is , ascend ère , o , perpetuò è
mer et des fleuves. L'âme ne meurt point avec le corps.
mar e , is , fluvius. animus non mor i, ior, cum corp us, oris.
Nous marchons partout en la présence de Dieu. Ni les arbres,
ambulare ubiquè coram Nec arbor, is ,
ni les plantes ne croissent sans eau. Nous combattons pour
herba cresc ère , o, sine aqua. certare pro

la patrie, pour la liberté, pour la vie. Les hommes
patria,   *liberta s , tis*, f.

pleurent quelquefois de joie. La pluie tombe des nuages
fl ēre, eo, nonnunquàm præ gaudium. pluvia cad ēre è nubes , is,

sur la terre. L'opinion des hommes a placé Hercule dans
in   terra.   fama   collocare Hercules, is , in

le conseil des Dieux de l'Olympe. Les aigles font leurs nids
concilium   cœlest is , is.   aquila constru ēre, o, nidus

sur des rochers élevés. Les poules réchauffent leurs petits
super rup es, is, f. *al us.   gallina fov ēre , eo,   pullus*

sous leurs tendres plumes.
subter   mollis   pluma.

NOMS DE TEMPS.

Au printemps les arbres fleurissent, dans l'été les
ver, is,   arbor, is,   florēre   œsta , tis, f.

biens de la terre mûrissent; dans l'automne le raisin et les
frug es, um , maturesce e   autumnus   uva

fruits sont récoltés, et la terre se repose pendant l'hiver.
pomum   colligĕre, o, et   terra   quiescĕre   hiem s, is.

L'année chez les anciens Romains commençait le premier
annus apud   vet us, eris, Romanus incip ĕre, io ,   primus

jour de mars. David et Salomon ont régné quarante ans.
dies   martius. David   Salomo   regnare quadraginta annus.

Le loir dort sept mois. Le chameau supporte
Gli s , ris,   dormire septem mensis.   camelus tolerare

la soif pendant plusieurs jours.
sitis , f. *complur es , um , dies.*

NOMS DE VILLES.

Archimède vécut à Syracuse. Alexandre
Archimedes vi vĕre , xi , Syracusæ, arum. Alexander

mourut à Babylone. Régulus sortit de Rome et
mori , mortuus, Babylon , is. Regulus ex ire, eo , ii , Roma   et

retourna à Carthage. Saint Paul alla
red īre, eo, u , Carthag o, inis. Divus Paulus ire, eo, ivi,

d'Athènes à Corinthe, de Corinthe à Éphèse, d'Éphèse
Athenæ, arum, Corinthus,   Ephesus,

à Césarée, de Césarée à Jérusalem, et de Jérusalem a
Cæsarea,   Hierosolyma, et

Antioche.
Antiochia.

NOMS D'INSTRUMENT, DE MANIÈRE, DE CAUSE, DE PRIX.

Les abeilles, les guêpes et les frelons piquent avec leurs
ap es, is, vespa et crabro, nis, pung ĕre, o, suus

aiguillons. Le taureau se défend avec ses cornes, le cheval
aculeus. taurus sui defend ĕre, o, cornu, equus

avec ses pieds, le sanglier avec ses dents. Le renard
pe s, dis, ap er, ri den s, tis. vulpes

surpasse en ruse tous les animaux. L'arbre ne
superare callidita s, tis, omn is, e, bestia. arbor, is, non

tombe pas d'un seul coup. Annibal mourut
cad ĕre, o, unus ict us, ús, m. Hannibal absum i, pius,

par le poison. La vertu n'est point achetée avec de l'argent Les
venenum. virtu s, tis, em ĕre, o, pecunia

frères de Joseph le vendirent vingt pièces d'argent.
frat er, ris, Josephus ille vend ĕre, idi, viginti nummus argenteus (adj.)

VICIMUS, O SOCII.

Mon fils, prends toujours conseil d'un homme
Meus filius, requirĕre semper consilium ab hom o, inis,

sage. Illustre César, tu étais un refuge pour les
sapien s, tis. Clarus Cæsar, tu perfugium

malheureux ; Sévère Caton, tu étais un fléau pour les
miser, i ; severus Cato, nis, tu pernici es, ei,

méchants.
malus.

AMAT LUDERE.

Les ours apprivoisés apprennent à danser. Sans la chaleur
ursus mansuefactus disc ĕre, o, saltare. Sine calor, is,

du soleil ni les animaux ni les plantes ne peuvent croître.
sol, is, nec animal, is, n. nec planta posse crescĕre.

Les Perses aimaient beaucoup à chasser. Saul ne cessa pas
Persæ, arum, amare valdè venari. Saul non des inĕr e, ii,

de persécuter David.
insectari David, is.

GALLUS, ESCAM QUÆRENS, MARGARITAM REPERIT.

Une félicité éternelle est promise à tous les hommes
félicita s, tis, f. æternus promittére omnis hom o, inis,

pratiquant la vertu. Tous louent un enfant obéissant à
colĕre virtus, tis. laudare puer, i, obedi e

ses parens. Titus devant assiéger Jérusalem offrit
paren s, tis. Titus obs idĕre, essum, Hierosolyma offerre, obtuli,

la paix aux Juifs. La cigogne,   trompée   par
pa x, cis,   Judæus.   ciconia   dec ipére, ipio, epi, eptum, a

le renard, trompa ensuite ce   rusé   animal.
vulp es, is,   deindè hic callidus animal, is, n.

EO LUSUM. RES DICTU FACILIS.

Nous allons dans le temple   non   pour dormir,   mais
ire, eo, in   templum non   dormi re, tum,   sed

pour entendre la parole de Dieu. Les vaincus, non les
audi re, tum,   verbum   Deus.   victus

vainqueurs, envoient des députés   demander   la paix.
victor, is,   mitt ére, o,   legatus   pet ère, itum   pa x, cis.

L'homme crédule est facile à tromper Les écrits des
Hom o, inis credulus   facilis dec ipére, eptum.   scriptum

savants sont quelquefois très-difficiles à   entendre.
doctus   aliquandò   difficilis intell igére, ectum.

DISCENDUM EST, TEMPUS LEGENDI, etc.

On ne doit jamais   agir contre sa conscience. On ne doit
nunquam ag ere, o, contra   conscientia.

jamais se fier à la fortune. Il faut obéir aux magistrats.
cred ère, o,   fortuna.   par ère, eo, magistrat us, ús.

La volonté de pécher est un péché. Fuyons les occasions
voluntas   peccare   peccatum. Fug ère, io, occasio, nis,

d'offenser Dieu. Les Romains étaient accoutumés à combattre
offend ère, o, Deus.   Romanus   assuetus   pugnare

et à vaincre. Fabius était porté à temporiser. Je vous exhorte
vinc ère, o. Fabius   propensus cunctari.   tu   hortari

à vous acquitter de votre devoir. Les paresseux sont
ad fung i, or,   tuus officium (abl.)   pig er, ri,

facilement détournés d'apprendre. En écrivant souvent nous
facile   avert ére, o, a disc ere, o scrib ère, o, sæpè

apprenons à bien écrire En enseignant nous apprenons.
benè   doce e

DEUS QUI REGNAT, etc.

Je suis Miltiade qui ai vaincu les Perses. Nous soldats,
Ego Miltiades qui vi ncére, ci, Persæ, arum Nos mil es, itis,

qui avons combattu, nous demandons le prix de la victoire.
certare   pet ère, o, præmium   victoria.

Le moment qui est passé ne peut revenir. Celui qui jouit
hora   trans ire, eo, ii, non posse redii e   Is   fru i, or,

d'une bonne   santé   est riche. Les   hommes
bonus   valetud o , inis , f.   dives.   hom o ,

n'admirent pas les choses qu'ils voient toujours. L'amitié que
non admirari   r es , ei , f.   vidēre   semper.   amicitia

la ressemblance des mœurs a formée est durable. Un frère
similitudo   mor es , um , conjugare   firmus.   frater

est un ami que nous donne la nature. Par le secours de
amicus   nos   dare   natura.   op s , is ,

l'aiguille   aimantée dont les anciens ont ignoré l'usage, un
ac us , ús , f. magneticus   vet us , eris,   ignorare us us , ús ,

nouveau monde a été découveit. Ceux-là sont heureux dont
novus orb is , is , m. reper ire , tum.   Is   feli x , cis ,

les cœurs   sont purs. Nous recevrons la récompense
pect us , oris , n.   purus.   accip ĕre , io ,   merce s , dis , f.

dont nous serons dignes. Les   vases   fermés   dans
(abl.)   *dignus.   vas , is , n. clau dĕre , sum ,   in*

lesquels l'eau   gèle   se fendent. Rendons heureux ceux
aqua congelasc ĕre , o , dissil ire. Effic ĕre , io ,

avec qui nous vivons. Rome   eut   sept   rois   parmi
cum   vivĕre. Roma hab ēre , ui , septem re x , gis , inter

lesquels trois seulement moururent de maladie.
tres   tantùm   per īre , eo , ii ,   morbus.

NESCIO QUID AGAS.

Je ne sais pas qui vous étes,   quelle chose   vous attendez
nescīre   quis   quis , quæ , quid   exspectare

de moi. Apprends qui nous sommes, examine qui tu es.
à ego. Discére   perpend ĕre , o ,

Moise demanda   à   Pharaon   s'il voulait laisser partir
Moses quæ rĕre , sivi , à Pharao , nis , an   velle   dimitt ĕre , o ,

les Hébreux. Joseph demanda à ses   frères   pourquoi
Hebræus. Josephus interrogare suus frat er , ris , (acc.) cur

ils n'avaient point amené leur plus jeune frère. Dis-moi
non addu cere , xi ,   natu minimus   Dic ĕre , o , ego

ou il est, où tu vas, d'où tu viens, par où tu as passé.
ubi   quò vadere undè   venīre   quà trans īre , eo , ii.

Je sais combien vous m'aimez Songez combien la vie est courte.
scīre quantùm   amare. Cogitare quàm   vita   brevis.

FACILÈ OMNES , CUM VALEMUS , RECTA CONSILIA ÆGROTIS DAMUS.

Personne n'admire le lever et le coucher du soleil,
Nemo   mirari ort us , ús et   occasus , ús ,   sol , is ,

parce qu'ils ont lieu tous les jours ; mais les hommes admirent
quia   *fieri*   *quotidiè ; sed*   *hom o, inis, mirari*

les éclipses de soleil, parce qu'elles arrivent rarement.
defect us, ús,   *accid ěre, o, rarò.*

La tempête menace avant qu'elle s'élève   Les oracles
tempestas minari antequàm surg ěre, o, (subj.) oraculum

perdirent leur crédit après que les hommes commencèrent
evan escěre, ui, postquàm   *cœpisse*

à être moins crédules Tant que je respire, j'espère. Quoiqu'il
minùs credulus. Dum spirare, sperare. Quamvis

n'ait jamais été douteux pour moi que je ne vous fusse
nunquam dubius ego quin tu

très cher, cependant je le vois chaque jour davantage.
carus, tamen id perspic ěre, io, quotidiè magis.

Le faible périt lorsqu'il veut imiter le puissant. Un Spartiate
inops perīre cùm velle imitari poten s, tis. Spartanus

vaincu dans la demande d'une charge, se réjouissait
vi ncere, ctum, in petitio, nis, magistrat us, ús, gaudēre,

de ce que sa patrie possédait quelques hommes
quòd suus patria possidēre aliqu is, æ, od, vir

meilleurs que lui. Honore ton père et ta mère
bonus suí. Rever ēri, eor, tuus pat er, ris, ma ter, ris,

afin que tu vives long-temps sur la terre. Le meilleur vin,
ut viv ěre, o, diù in terra. bonus vinum

s'il est versé dans un vase impur, perd sa qualité.
si infund ěre, o, in vas, is, n. impurus amitt ěre, o, virtu s, tis.

CORRÉLATIFS.

Les Romains regrettèrent Titus autant qu'ils l'avaient aimé.
Romanus desiderare Titus tantùm   *is amare.*

Annibal remporta autant de victoires en Italie qu'il
Hannibal referre, retuli, tot victoria (acc.) in Italia

y livra de batailles. Souvent le fils n'est pas tel
ibi committ ěre, o, prœlium (acc.) Sæpè filius talis

que le père. Judas Machabée vainquit Antiochus
pater. Judas Machabœus vincěre, vici, Antiochus

toutes les fois qu'il se mesura avec lui. La lune n'est pas
tamdiù quamdiù congredior, gressus, cum ille. luna

aussi grande que la terre. Le pain est plus nécessaire que
tantus   *terra. panis, m. magis necessarius*

les autres alimens. En été les nuits sont plus courtes
cæteri, a, alimentum. œsta s, tis, no x, ctis, brevis

que les jours. L'Europe est plus petite que l'Asie. (Il) est
*dies. Europa parvus * Asia.*

plus honteux (de) tromper que (d') être trompé.
turp is, e, decipĕre ‑

CREDO TE FLERE.

Tu sais que j'aime la vérité, je veux que la vérité me
scīre ego amare verita s, tis, volo

soit dite, je hais le menteur. Térence dit que la complaisance
dicĕre odisse menda x, cis. Terentius obsequium

fait des amis. L'histoire rapporte que Cyrus fut élevé parmi
parĕre amicus. historia narrare Cyrus educare inter

des pasteurs. Je crois qu'un bienfait est mieux placé
pastor, is. Credĕre beneficium meliùs collocare

chez les gens de bien que chez les heureux. Alexandre
apud vir bonus, a, um, quàm fortunatus. Alexander

ordonne que son corps soit enseveli dans le temple
jubere suus corpus, n. condĕre in templum

d'Hammon. Il faut que je sois juste gratuitement.
Hammon, is. oportet ego justus gratis.

Il est certain que la vertu est le souverain bien de l'homme.
constat virtus summus bonum hom o, inis.

PARTIBUS FACTIS.

Tarquin le superbe étant banni de Rome, les Romains
Tarquinius superbus pellĕre, pulsum, Roma Romanus

se créèrent deux consuls au lieu d'un roi. Néron
suí creare duo consul, is, pro re x, gis. Nero, nis,

étant mort, Vespasien fut déclaré empereur par l'armée.
mori, mortuus, Vespasianus renuntiare imperator ab exercit us, ús.

Darius, roi de Perse, étant vaincu, Alexandre soumet
Darius Persæ, arum, vi ncĕre, ctus, Alexander sub igĕre, egi,

l'Asie. Les Israélites demandant un roi, Samuel sacra
Asia. Israelitæ, arum, petĕre Samuel consecrare

roi Saül, de la tribu de Benjamin. La racine
Saul, is, è trib us, ús, Benjaminus. radi x, cis, f.

étant coupée, le tronc périt. Les lois de Dracon
succī dĕre, sum, truncus per īre, eo. Le x, gis, Draco, nis,

étant abrogées, Solon fit des lois plus douces pour les
tollĕre, sublatum, Solon ferre, tuli, mitis

Athéniens.
Atheniensis (dat.)

AUTEURS CITÉS.

Ad H.	Auctor ad Herennium.	Pers.	Persius.
C.	Cicero (M. Tullius).	Ph.	Phædrus
Cæs.	Cæsar.	Plaut.	Plautus.
Catul.	Catullus.	P. M.	Pomponius Mela.
Col.	Columella.	P. S.	Publius Syrus.
Curt.	Quintus Curtius.	Q.	Quintilianus
E.	Eutropius.	S.	Seneca (Annæus).
F.	Florus.	S. t.	Seneca tragicus.
Gell.	Aulus Gellius.	Sall.	Sallustius.
H.	Horatius.	Suet.	Suetonius.
J.	Justinus.	T.	Tacitus.
Juv.	Juvenalis.	Ter.	Terentius.
L.	Titus Livius.	Tib.	Tibullus.
Luc.	Lucanus.	V.	Virgilius.
N.	Cornelius Nepos.	V. M.	Valerius Maximus.
O.	Ovidius.	Varr.	Varro.
P.	Plinius (Caius).	Vell.	Velleius Paterculus.
P. j.	Plinius junior.		

ABRÉVIATIONS EMPLOYÉES DANS LES NOTES.

m. à m.	mot à mot.
S.	sous-entendez.
T.	tournez.

EXERCICES
SUR LA GRAMMAIRE LATINE.

PREMIÈRE PARTIE.
VERSIONS.

LIVRE PREMIER.

SYNTAXE DE CONCORDANCE.

1, 2., 3, 4. DEUS SANCTUS, *etc.* — Quandoque *bonus* dormitat Homerus. H. — Conscientia *rectæ* voluntatis *maxima* consolatio est [1] rerum *incommodarum*. C. — Ingratus *unus* miseris *omnibus* nocet. P. S. — Nec *imbellem feroces* progenerant aquilæ columbam. H. — *Fortunate* senex, ergo tua rura manebunt [2]. V.—Amici probantur rebus *adversis* [3]. C. — Veneno *absumpti* [4] Hannibal et Philopœmen. L. —Jam pridem pater mihi [5] et mater *mortui* sunt. TER. —Labor voluptasque, *dissimilia* naturâ, societate quâdam inter se naturali *juncta* sunt. L. — Animus hominis, mens, ratio, consilium, prudentia divinâ curâ *perfecta* sunt [6]. C. — Non cibus nobis, non vigilia, non somnus sine mensurâ quâdam *salubria* sunt. S.

5. CUM SUMMA VIRTUTE ET HONORE. —Hærent [7] *infixi* pectore vultus verbaque. V. —Verres *perspicua sua* consilia conatusque omnibus fecit. C. — Hominis utilitati [8] agri *omnes* et maria parent. C. —Invidi virtutem et bonum *alienum* oderunt. L. — Caritate benevolentiâque *sublatâ*, omnis est è vitâ sublata jucunditas. C.

[1] *Res incommodæ*, disgrâces. [2] *Tua rura manebunt*, tes champs te resteront, tu conserveras tes champs [3] *Res adversæ*, l'adversité. [4] Sousentendez : *sunt. Absumi veneno*, périr par le poison. [5] *Pater mihi*, la père à moi, mon pere. [6] *Divinâ... sunt*, sont l'ouvrage d'une providence divine. — [7] *Vultus hærent infixi* (*in*) *pectore* (*ejus*), les traits du visage restent gravés dans son cœur. [8] *Hominis utilitas*, les besoins de l'homme.

6. OMNIA PRÆCLARA RARA SUNT. — Vir prudens *futura* ex *præteritis* providet. P. j. — *Triste* lupus stabulis [1]. V. — *Varium* et *mutabile* semper fœmina. V. — Majus dedecus est *parta* amittere, quàm non omninò paravisse. SALL. — Jejunus rarò stomachus [2] *vulgaria* temnit. H. — Oderunt *hilarem tristes, tristemque jocosi*. H. — Labor *omnia* [3] vincit improbus. V.

7. MEUM EST LOQUI. — Non est mentiri *meum*. TER. — *Tuum* est mihi ignoscere. TER. — *Vestrum* est dare, *nostrum* est vincere. O. — Et facere et pati fortia *romanum* [4] est. L.

8. LUDOVICUS REX. — Alexander, *victor* tot regum atque populorum, iræ succubuit. S. — Apud [5] Herodotum, *patrem* historiæ, sunt innumerabiles fabulæ. C. — Duæ *urbes* potentissimæ, Carthago atque Numantia, à Scipione sunt deletæ. C. — Romani cum Armeniorum *rege* Tigrane grave perdiuturnumque bellum gesserunt. C. — *Urbem* [6] Romam à principio reges habuêre. T. — Aquitania à Garumnâ *flumine* ad Pyrenæos *montes* pertinet. CÆS. — Scyrum *insulam* Dolopes incolebant. N.

Mortem, *ut finem* miseriarum, exspecto. T. — Auri argentique usum, *velut* omnium scelerum *materiam*, sustulit Lycurgus. J. — Manlius Torquatus filium suum, quia contra imperium pugnaverat, *quamvis victorem*, occidit. F.

9. EGO AUDIO. — *Fugit* irreparabile tempus. V. — Celeriter lacrymæ *inarescunt*. CURT. — Ægri non omnes *convalescunt*. C. — *Parturient* montes, *nascetur* ridiculus mus. H.

10. TU RIDES, EGO FLEO. — *Ego* tu sum, *tu* es ego, unanimi sumus. TER. — *Tu* me amas, *ego* te amo. PLAUT. — *Ego* reges ejeci, *vos* tyrannos introducitis. AD H. — O vitæ philosophia dux! O virtutis indagatrix, expultrixque vitiorum! *Tu* urbes peperisti : *tu* inventrix legum, *tu* magistra morum et disciplinæ [7] fuisti. C.

11. PETRUS ET PAULUS LUDUNT. — Augustus Octavianus et ante eum Caius Cæsar sub dictaturæ nomine atque

---

[1] Sous-entendez *est*. [2] S. *alimenta*. [3] S. *impedimenta*. — [4] *Romanum est*, il appartient à un Romain. — [5] *Apud*, dans [6] *Reges habuêre Romam*, des rois eurent Rome, Rome fut gouvernée par des rois. — [7] *Disciplina*, civilisation.

honore *regnaverunt*. E. — Pompeius, Scipio, Afranius fædè *perierunt*. C. — Grammatice quondam ac musice *junctæ fuerunt*. Q. — Beneficium et gratia *sunt* vincula concordiæ. C. — Acer, palma et populus tardè *senescunt*. P.

12. Mens et ratio et consilium in senibus est. — Societati÷ humanæ vinculum *est* ratio et oratio. C. — Mens et animus et consilium et sententia civitatis *posita est* [1] in legibus. C. — In eâdem re et utilitas et turpitudo esse non *potest*. C. — Nec sensus, nec clarum nomen avorum, sed probitas magnos, ingeniumque *facit*. O. — Totam *miscet* vitam dolor et gaudium Ph. — Semper honos, nomenque tuum, laudesque *manebunt*. V. — Status, incessus, sessio, accubatio, vultus, oculi, manuum motus *teneant* decorum. C. — Divitiæ, paupertas omnes homines vehementissimè *permovent*. C.

13. Ego ac tu loquimur. — Tu et collegæ tui *errástis*. C. — Si tu et Tullia *valetis*, ego et Cicero *valemus*. C. — Ego vapulando, ille verberando, ambo defessi *sumus*. Ter. — Benè *meruimus* ego et pater de vobis et de republicâ. L. — Spolia ampla *refertis*, tuque, puerque tuus. V. — Nutu Deorum, non cæco casu *regimur* et nos et nostra [2]. Ter.

14. Turba ruit ou ruunt. — Pars [3] *stupet* [4] innuptæ donum exitiale Minervæ [5], et molem *mirantur* equi [6]. V. — Magna pars *vulnerati* aut *occisi sunt*. Sall. — Sibi quisque *gratulabantur*. Vell. — Uterque causam *peroraverunt* suam. Ph.

15. Tullia, deliciæ nostræ, adscribit. — Rhinocerotes, rarum alibi animal, in montibus Indiæ *erant*. Curt. — Duo fulmina Romani imperii subitò in Hispaniâ Cn et P. Scipiones *exstincti sunt*. C. — Bactia, regionis caput, *sita sunt* sub monte Parapamiso. Curt.

16. Deus est sanctus. Parcimonia est vectigal. — Veræ amicitiæ *sempiternæ* sunt. C. — Nunquàm *secura* est prava conscientia. P. j — Calamitas *querula* est et *superba* felicitas. Curt. — Amicitia nunquàm *intempestiva*, nunquàm *molesta* est. C. — *Tuta* scelera

---

[1] *Posita est*, résident. — [2] S. *Negotia*, nos affaires. — [3] *Pars*, plusieurs. [4] *Stupere*, regarder avec étonnement [5] *Innupta Minerva*, la chaste Minerve. [6] *Molem equi*, la grandeur prodigieuse du cheval.

esse possunt, non *secura*. S. —Et nomen pacis *dulce*
est et ipsa res *salutaris*. C.— Acti labores *jucundi* [1]. C.
— Jus summum sæpè *summa injuria* est. C. — Ira
furor brevis est. H. — Fuerunt *primi consules* Lucius
Junius Brutus et Tarquinius Collatinus. E. — Consue-
tudo est *altera natura*. C. — *Maximum animal
terrestre* est elephas. P.—*Dura domina* cupiditas [2]. C.

17. Ego nominor leo. — Alexandri amici *reges* ex
præfectis facti sunt. J. — Multi *oratores* evadere non
potuerunt. C. —Omnes rectæ animi affectiones *virtutes*
appellantur. C.—Titus Cæsar *amor* et *deliciæ* generis
humani dicebatur. E. — Post Romulum Numa Pompilius *rex* creatus est. E. — Demosthenes à doctis orato-
rum est *princeps* judicatus. C. — Adversùs Hannibalem *dux* à Romanis electus est Q. Fabius. F. —
Scytharum gens *antiquissima* semper habita est. J. —
Exstitit Brutus *vindex* nostræ libertatis. C. — Nemo
nascitur *dives*. S. — Rebus angustis [3] *animosus* atque
fortis appare. H. — Cato primus existimatus est *optimus orator*, *optimus imperator*, *optimus senator*. P.
— Jason exercitum fortissimorum virorum, qui *Argo-
nautæ* cognominati sunt, comparavit. J. — Non *omnis*
moriar. H.

18. Turpe est mentiri. — Benè de republicâ mereri
gloriosum est. C. — Dulce et *decorum* est pro patriâ
mori. H. — *Deforme* est de se ipso prædicare, falsa
præsertim. C. — Quàm *miserum* est carere consuetudine amicorum [4]! C. — In primis *arduum* videtur [5]
res gestas scribere. Sall.

Non esse *cupidum*, pecunia est : non esse *emacem*, vectigal
est *Contentum* verò suis rebus esse, maximæ sunt certissimæ-
que divitiæ. C. — *Virum bonum* esse semper est utile. C.

[1] S *sunt*. [2] S. *est*. — [3] Rebus angustis, S. *in*. dans la détresse. — [4] *Con-
suetudo amicorum*, le commerce de l'amitié. [5] *Res gestæ*, l'histoire.

LIVRE DEUXIÈME.

SYNTAXE DE RÉGIME.

19. LIBER PETRI. — Cultura *animi* philosophia est. C.
— Omnis ars est imitatio *naturæ*. S. — Honor est
virtutis præmium. C.—Varia sunt *hominum* judicia. P. j.
— Incerti exitus sunt *belli*. C. — *Leonum animi* index
cauda, sicut et *equorum* aures. P. — Corpus quasi
vas est aut aliquod *animi* receptaculum. C. — Patria
communis est *omnium nostrûm* parens. C. — Jucunda
est memoria *præteritorum malorum*. C. — *Singulorum*
facultates et copiæ divitiæ sunt *civitatis*. C. — Doctrina est *ingenii* naturale quoddam pabulum. C.

20. PUER EGREGIÆ INDOLIS OU EGREGIA INDOLE. — Seneca vir erat *excellentis ingenii* atque *doctrinæ*. COL.
— Athenienses belli duos duces eligunt, Periclem,
spectatæ virtutis virum, et Sophoclem, scriptorem
tragœdiarum. — Tarquinius fratrem habuit Aruntem,
mitis ingenii juvenem. L. — Datames Thyum, hominem *maximi corporis, terribilique facie*, optimâ
veste contexit. N. — Aristoteles, vir *summo ingenio*,
prudentiam cum eloquentiâ junxit. C. — Appius homo
fuit *summâ prudentiâ, multâ* etiam *doctrinâ*. C. —
Ibes sunt aves excelsæ, *cruribus rigidis* [1], *corneo pro-
ceroque rostro*. C. — *Turpi facie* multos cognovi op-
timos. PH.

21. CATO ERAT SINGULARIS PRUDENTIÆ OU SINGULARI PRUDENTIA.
—Vir bonus *summæ pietatis* erga Deum est. S. — Non contemnet
te sapiens, etiamsi fueris *minimæ staturæ*. S. — Titus *facilitatis
tantæ* fuit et *liberalitatis*, ut nulli quidquam negaret. E. —
Magnâ apud omnes *gloriâ* erat nomen Hannibalis C. — Iphicrates fuit et *animo magno* et *corpore, imperatoriâque formâ*. N.
— Omnes habentur et dicuntur tyranni qui *potestate* sunt
perpetuâ in eâ civitate quæ libertate usa est. N. — *Quantâ
innocentiâ* debent esse imperatores ! *Quantâ* deindè omnibus in

---

[1] *Rigidus*, robuste.

rebus *temperantiâ ! quantâ fide! quantâ facilitate*[1]*! quanto ingenio! quantâ humanitate!* C. — Cæsar erat *excelsâ staturâ, colore candido, nigris oculis, valetudine prosperâ.* SUET.

22. INSTAR MONTIS. — Quidam Romani habuére domos *instar urbium.* S.

23. AMICI CAUSA OU GRATIA. VIRTUTIS ERGÒ. — Non licet *sui commodi causâ* nocere alteri. C. — Sophistæ appellantur ii qui *ostentationis* aut *quæstûs causâ* philosophantur. C. — Deus animantes *hominum causâ* fecit; ut equum, *vehendi causâ, arandi,* bovem; *venandi et custodiendi,* canem. C. — Neminem viola [2] *commodi* [3] *tui gratiâ.* C. — Quidam canes *venandi gratiâ* comparantur. COL. — *Illius ergò* venimus. V. — Pausanias barbaros apud Plataeas delevit, *ejusque victoriæ ergò* Apolloni donum dedit. N. — Omnia amici officia mihi grata non essent, nisi eum perspicerem *med causâ* mihi amicum fuisse, non *sud.* C.— Quàm multa quæ *nostrâ causâ* nunquam faciemus, facimus *causâ amicorum !* C. — Beneficium est quod quis [4] non *suâ causâ* dat, sed *ejus* cui dat. S.

24. NIHIL BONI. NIHIL PUERILE. NIHIL PRÆMII. — *Nihil novi* fiat contra exempla atque instituta majorum. C. — Darius gratias egit Alexandro, quòd *nihil* in suos *hostile* fecerit. J. — Justitia *nihil* expetit *præmii.* C.

25. QUID NEGOTII? — *Hoc copiarum* [5] in Hispanias portatum est. L. — Huic *aliud mercedis* [6] erit. V. — *Id* nobis *oneris* [7] imponitur. C. — *Quid* habet vita *commodi?* *Quid* non potiùs *laboris?* C. — Ignari *quid* in poematibus, in picturis *vitii* sit [8] nequeunt judicare. C. — *Quidquid* transiit *temporis* [9] periit. S. — Potest exercitatio et temperantia etiam in senectute conservare *aliquid pristini roboris.* C. — Hannibal, tantis bellis districtus, *nonnihil temporis* tribuit litteris N. — Si *quidpiam* nacti sumus *fortuiti boni,* aut depulimus *mali,* Deo gratias agimus. C. — Tibi *idem consilii* do, quod mihimet ipsi, ut vitemus oculos hominum, si linguas minus facilè possimus. C. — *Quod* cuique *temporis* ad vivendum datur, eo debet esse contentus [10]. C.

26. HOC BONI. HOC NATURALE. — Melius homines exemplis docentur, quæ imprimis *hoc* in se *boni* habent, quòd approbant [11], quæ præcipiunt, fieri posse. P. j. — Pythagoras, cum in geometriâ *quiddam novi* invenisset, musis bovem immolâsse dicitur. C — Quis nescit primam esse historiæ legem, ne *quid falsi* di-

---

[1] *Facilitas*, affabilité. — [2] *Violare*, nuire. [3] *Commodum tuum*, ton intérêt particulier. [4] *Quis* pour *aliquis*, quelqu'un, on. — [5] *Hæ copiæ* [6] *Alia merces.* [7] *Id onus* [8] *Quid vitii sit*, ce qu'il y a de défectueux [9] *Omne tempus quod.* [10] *Quisque* debet esse contentus *eo tempore quod illi datur.* . — [11] *S negotia.*

cerc audeat? C. — Quis nostrûm exercitationem ullam corporis suscipit laboriosam, nisi ut *aliquid* ex eâ *commodi* consequatur ? C — Virtus nihil habet in se magnificum, si *quidquam* habet *venale*. S. — Habent *hoc* in se *naturale* adulatorum blanditiæ · etiam cùm rejiciuntur, placent; sæpè exclusæ [7], novissimè re cipiuntur. S. -- Ut adolescentem in quo *senile aliquid*, sic se‑ nem in quo est adolescentis aliquid probamus. C.

27. ID ÆTATIS. — *Id ætatis* jam sumus, ut [2] omnia fortiter ferre debeamus. C. — Ambulationem postmeridianam confe‑ çimus in Academiâ, maximè quòd is locus ab omni turbâ *id temporis* vacuus esset. C — *Quid* ego tibi *ætatis* videor? PLAUT. —Post *id locorum* [3] Jugurthæ dies, aut nox ulla quieta fuere. S.

28. INCERTA BELLI. — Galli certam, etsi non speciosam [4] pa‑ cem, quàm *incerta belli* præoptabant. L. — Darius dubitabat utrùmne circa Mesopotamiam subsisteret, an *interiora regni sui* [5] peteret. CURT. — Rarò *incerta casuum* [6] reputat, quem fortuna nunquàm decepit. L. — *Reliqua rerum tuarum* post te alium atque alium dominum soitientur. P. j. — Apelles Vene‑ ris caput et *summa pectoris* [7] politissimâ arte perfecit. C. — Ferimui [8] per *opaca locorum* [9]. V.

29. EST REGIS TUERI SUBDITOS. — *Improbi hominis* est mendacio fallere. C. — *Imbecilli animi* est super‑ stitio. C. — Temeritas est *florentis ætatis ;* prudentia *senescentis*. C — *Cujusvis hominis* est errare. C. — *Fortis animi et constantis* est non perturbari in rebus asperis [10]. C. — *Tardi ingenii* est rivulos consectari, · fontes rerum non videre. C. — *Ingenii magni* est præcipere cogitatione futura. C.

30. TOTA SYRIA MACEDONUM ERAT. — Bello gallico præter Capitolium atque arcem omnia *hostium* erant. L. —In homine id lauda, quod *ipsius* est. S. — Divitias sine *divitum* esse . tu verò virtutem præter divitiis. AD H. —Lycurgus maximum honorem non *divitum*, sed *senum* esse voluit. J. —Omnia, quæ *mulieris* fuerunt, *viri* fiunt dotis nomine. C. — Tota Asia *populi ro‑ mani* facta est. C. — Scipio omnem oram usque ad Iberum flumen *romanæ ditionis* fecit. L.

31. VIRTUTEM MAGNI FACIMUS. — *Quanti* est sa‑ pere! TER. — Natura parvo esset contenta, nisi vo‑

---

[1] Repoussées. — [2] *Id ætatis*, *ut*, d'un âge tel que. [3] *Post id locorum*, depuis ce temps — [4] *Speciosa*, honorable. [5] *Interiora regni sui*, le cœur de ses états. [6] *Incerta casuum*, l'incertitude des événemens. [7] *Summa pectoris*, le haut de la poitrine. [8] *Ferimur*, nous marchons. [9] *Per opaca loca*. — [10] *Res asperæ*, les circonstances difficiles.

luptatem *tanti* æstimaretis. C. — Conon Peloponnesio bello accessit ad rempublicam [1], in eoque ejus opera *magni* fuit. N. — Mea mihi conscientia *pluris* est quàm omnium sermo. C. — Hephæstionem Alexander *plurimi* fecit. Curt. — Multi sua *parvi* pendere, aliena cupere solent. Sall. — Eruditio sæpè fit *minoris* quàm divitiæ. — Divitiæ à me *minimi* putantur. C. — Vendo meum frumentum non *pluris* quàm cæteri : fortassè etiam *minoris,* cùm major copia est. C.

Nos te *nihili* pendimus. Plaut. — Ego, quæ tu loquere, *flocci* non facio. Plaut. — *Magno* æstimamus mori tardiùs. S.

32. Venit mihi Platonis in mentem. — Sp. Carvilio graviter claudicanti ex vulnere ob rempublicam accepto et ob eam causam verecundanti in publicum prodire, mater dixit : quin prodis, mi Spuri ? quotiescumque gradum facies, toties tibi *tuarum virtutum* veniat in mentem. C.

33. Avidus laudum. — Cato et agricola solers, et *reipublicæ peritus* [2], et *juris consultus,* et magnus imperator, et probabilis [3] orator, et *cupidissimus litterarum* fuit. N. — Pythagoras *sapientiæ studiosos* appellat philosophos. C. — *Avida* est *periculi* virtus. S. — Socrates se *omnium rerum inscium* fingebat et rudem. C. — *Nescia* [4] mens hominum *fati sortisque futuræ.* V. — *Conscia* mens *recti* [5] famæ mendacia ridet [6]. O. — Themistocles *peritissimos belli navalis* fecit Athenienses. N. — Vive *memor lethi.* Pers. — Saucius ejurat pugnam [7] gladiator, et idem, *immemor antiqui vulneris,* arma capit. O. — Galba *capax imperii* visus esset, nisi imperâsset. T. — Alexandria *æmula* fuit *Carthaginis.* J. — Calamitosus est animus, *futuri anxius.* S. — Aversantur diem splendidum [8] nocturna animalia, et abduntur in aliquas rimas, *timida lucis.* S. — Cæsar *vini parcissimus* erat. Suet. — Conon et *prudens rei militaris* et diligens erat imperator. N. — Non *ignara* [9] *mali,* miseris succur-

---

[1] *Accedere ad rempublicam,* entrer dans les affaires publiques. — [2] *Reipublicæ peritus,* homme d'etat [3] *Probabilis,* estimable. [4] *S. est.* [5] *Conscia mens recti,* l'esprit qui a la conscience du bien, celui qui ne se reproche rien [6] *Ridere,* v. neutre, est ici pris activement. [7] *Ejurare pugnam,* jurer de ne plus retourner au combat. [8] *Dies splendidus,* l'eclat du jour. [9] S *Ego* (c'est la reine Didon qui parle),

rere disco. V. — Certè omnes *virtutis compotes* beati
sunt. C. — Ira *impotens* est *sui*. S. — Terræ motus
Campaniam, nunquàm *securam* [1] *hujus mali*, vasta-
vit. S. — Leves homines *futuri* sunt *improvidi*. T. —
Vetera extollimus, *recentium incuriosi*. T. — *Medi-
camentorum salutarium plenissimæ* sunt terræ. C —
Gallia *frugum hominum*que *fertilis* erat. L. — *Virtutum sterile* seculum. T. — Non *inopes vitæ* sed *pro-
digi* sumus. S. — Bestiæ *rationis et orationis* sunt
expertes. C.—Solus homo *rationis* est *particeps*. C.—
Germania *pecorum fecunda* est. T. — Darius *nullius
salubris consilii patiens* erat. CURT. — Mare Mortuum
navigationis est impatiens. J. — Epaminondas fuit
veritatis diligens. N. — Galba *pecuniæ alienæ* non
appetens, *suæ parcus*, *publicæ avarus* fuit. T. —
Gens Gallorum haudquaquàm *religionis negligens* est. L.
— Naturâ *studiosissimi appetentissimi*que honesta-
tis. C.

Atria regum *hominibus plena* sunt, amicis vacua S. — Insula
Delos *referta divitiis* fuit. C — Valerium *jure consultum* valdè
tibi commendo. C. — Orator *nullâ in re rudis* esse debet. C.
— Marius *vitabundus* hostium *classem*, ad oppidum pervenit.
SALL. — Epaminondas, velut *gratulabundus* patriæ, exspiravit.
J.—Mithridates multas gentes, *romanum meditabundus bellum*,
variis beneficiis jam ante illexerat. J.

34. ID MIHI UTILE EST. — Secundùm [2] Deos homines
hominibus maximè *utiles* esse possunt. C. — Decorum
id est quod *consentaneum* est hominis *excellentiæ*. C.
— Atticus non *fortunæ* sed *hominibus* solebat esse
amicus. N. — Res magni discriminis *consiliis* [3] nulla
est tàm *inimica* quàm celeritas. L. — Rhinoceros *hostis*
est *elephanto*. P. — Fabius *infestus* privatim *Papirio*
erat. L. — Agrippa Menenius vir erat pariter *Patribus*
ac *plebi carus*. L.—Probitas *grata* est *Deo*. C —*Noxiæ*
poena *par* esto. C. — Firmo animo *hostibus* fit *obvius*
strenuus miles. L. — Nihil est tàm *contrarium rationi
et constantiæ*, quàm fortuna. C. — Agesilaus *iratus*
videbatur *omnibus* qui adversùs eum arma tulerant,

---

[1] *Securus*, exempt de la crainte. — [2] *Secundùm*, après. [3] *Magni disci-
minis consilia*, délibérations d'une grande importance.

tamen eos vetuit violari. N. — *Reo infensi* esse judices non debent. — *Assuetum nugis* ingenium *seriis* fit *inhabile.* — *Cunctis* esto *benignus, nulli blandus, paucis familiaris, omnibus æquus.* S. — Sumite materiam *vestris,* [1] qui scribitis, *æquam viribus.* H. — Aristides *æqualis* ferè fuit *Themistocli.* N. — *Senioribus gravis* est inveterati moris mutatio. CURT. — *Voluptatibus maximis* fastidium *finitimum* est [2]. C. — Æquus judex non est *obnoxius gratiæ.* Q. — Vespasianus *uxori* ac *filiæ superstes* fuit. SUET.

35. SIMILIS PATRIS OU PATRI. — Dux Græciæ nunquàm optat, ut *Ajacis similes* habeat decem, at ut *Nestoris.* C. — Lupus *cani similis* est. C. — Homo sæpè *sui dissimilis* est. — Rex apum *cæteris dissimilis.* S. — Ille qui *affinis* est *alicujus sceleris,* non potest frui animo tranquillo. — Marius *Ciceroni affinis* erat. — *Omni ætati* mors est *communis.* C. — *Amicorum* omnia sunt *communia.* C. — *Viri propria* maximè est fortitudo. C. — *Propria* est *nobis* mentis agitatio [3]. Q.

36. PROPENSUS AD LENITATEM. — Nihil est tàm *pronum ad simultates,* quàm æmulatio. P. j. — *Ad voluptatem* naturâ *propensi* sumus. — Cæsar *ad clementiam proclivis* erat. — Animus, ut corpus, *ad morbos proclivis* est. — Sunt *mobiles* [4] *ad superstitionem* perculsæ semel mentes. T.

37. APTUS MILITIÆ OU AD MILITIAM. — Terra quæ *vitibus apta* est, etiam arboribus utilis est. COL. — Nihil est *aptius ad delectationem* lectoris quàm temporum varietates, fortunæque vicissitudines. C. — Erit alius *historiæ* magis *idoneus,* alius compositus [5] ad carmen, alius utilis studio juris. Q. — Vituperatur ille qui *ad nullam rem* est *idoneus.* — Nihil est *naturæ* hominis *accommodatius* beneficentiâ ac liberalitate. C. — Helluo *natus* est *abdomini suo.* C. — Scipio *natus* mihi videtur *ad interitum exitiumque* Carthaginis. C.

---

[1] S. *vos.* [2] *Finitimum esse,* suivre de près. — [3] *Mentis agitatio,* la pensée. — [4] *Mobilis,* porté a. — [5] *Compositus ad,* qui a des dispositions pour.

— *Iis* qui vendunt, emunt, conducunt, locant, justitia *necessaria* est. C. — Artes sunt innumerabiles *ad
vitam necessariæ* C. — Mors *nobis* quotidiè *propior*
est. C. — Jugurtha *propior montem* cum omni equi-
tatu pedites delectos collocat. SALL. — Id *Deo* est
proximum, quod est optimum. C. — Crassus cum le-
gione septimâ *proximus mare Oceanum* hiemabat. CÆS.

38. VIRTUTE PRÆDITUS. — Excellentium hominum
virtus *imitatione*, non *invidiá digna* est. C. — Multi
indigni luce sunt, et tamen dies oritur. S. — Si *contentus* es *pecuniá* [1], dives es. C. — Adolescentibus *boná
indole præditis* sapientes senes delectantur. C. —
Vivit sapiens, *præsentibus lætus*, futuri securus. S.

39. A SAPIENTE ALIENUM. SAPIENTE ALIENUM. — Homo
sum : humani nihil [2] *à me alienum* puto. TER. — Non
est *alienum majestate* Dei casas omnium introspicere,
ut videat quid cuique conducat [3]. C. — Cùm sumus *ne-
cessariis negotiis curisque vacui*, tùm avemus aliquid
videre, audire, addiscere. C. — Versus animum *vacuum
ab omni curá* desiderant. C. — Cato, *omnibus humanis vitiis immunis*, semper fortunam in suâ potestate
habuit. VELL. — Robustus animus et excelsus *omni* est
liber *curá* et ang re. C. — Sapiens est *liber ab omni*
animi *perturbatione*. C.

40. OMNIA MERCURIO SIMILIS. — *Os humerosque* Deo *similis*. V.
— Laurus erat.., *sacrá comam*. V. — Feminæ Germanorum *nudæ
brachia* et *lacertos*. T,

41. DOCTIOR PETRO. — Vilius argentum est *auro,
virtutibus* aurum. H. — Nihil est *virtute* pulchrius, nihil
amabilius. C. — *Risu inepto* res ineptior nulla est. CATUL.
— Simulatio amoris pejor *odio* est. P. j. — Tullus
Hostilius non solùm proximo regi dissimilis, sed ferocior etiam *Romulo* fuit. L. — Liber inops *servo di-
vite* felicior. Pu. — *Invidiá* Siculi non invenêre tyranni
majus tormentum. H. — E Nestoris linguâ *melle* dul-
cior fluebat oratio. C. — Pulchrum ornatum turpes

---

[1] S. *tuá*. — [2] *Humani nihil*, rien de ce qui intéresse un homme. [3] *Ut
videat quid cuique conducat*, pour voir ce qu'il faut à chacun.

mores pejùs *cœno* [1] collinunt. PLAUT. — Fortuna plùs *consiliis humanis* pollet. L.

42. ALTISSIMA ARBORUM, EX ARBORIBUS, INTER ARBORES. — Urbs Syracusæ maxima est *græcarum urbium*, pulcherrimaque *omnium*. C. — Auster *ventorum* calidissimus est. S. — Velocissimum *omnium animalium* est delphinus. P. — Hephæstion longè *omnium amicorum* carissimus erat Alexandro. CURT. — Socrates est *omnium* sapientissimus oraculo Apollinis judicatus. C.—Amicum perdere est *damnorum* maximum. P. j. — Indus est *omnium fluminum* maximus. C. — Acerrimus *ex omnibus nostris sensibus* est sensus videndi [2]. C. — Gustatus est sensus *ex omnibus* maximè voluptarius. C. — Ovillum pecus, quamvis *ex omnibus animalibus* vestitissimum, frigoris tamen impatientissimum est. COL. — *Inter vitia* frequentissimum est ingrati animi vitium [3]. — *Inter græcos oratores* præstantissimi sunt ii qui fuerunt Athenis. C. — Parmenio erat *inter* Alexandri *præfectos* peritissimus artium belli.

43. DITISSIMUS URBIS. — Optimus *populi romani* judicatus est Scipio. C. — Plato *totius Græciæ* facilè [4] doctissimus, iniquitate Dionysii, Siciliæ tyranni, cui se ille commiserat, in maximis periculis versatus est [5]. C.

44. VALIDIOR MANUUM. — Elephantes, amnem transituri, *minores* præmittunt. — Pœni in *minorem Balearium* insulam trajecerunt. L. — Alexander *seniores militum* in patriam remisit. CURT. — Lacedæmonii totius Asiæ imperium affectare cœperunt, sed *major* pars sub regno Persarum erat. J.

45. QUIS VESTRUM? QUIS EX VOBIS? QUIS INTER VOS? — Quis *Carthaginiensium* pluris fuit Hannibale, consilio, virtute, rebus gestis [6]? C. — In unoquoque *virorum bonorum* habitat Deus. S. — Elephanto *belluarum* nulla est prudentior. C. — Neque cuiquam *mortalium* injuriæ suæ parvæ videntur. SALL. — Trajanus solus *omnium* intra urbem sepultus est. E. — Tarquinius

---

[1] *Pejùs cœno*, plus que de la boue ne le ferait. — [2] *Sensus videndi*, le sens de la vue. [3] *Vitium ingrati animi*, l'ingratitude. — [4] *Facilè*, sans contredit. [5] *In maximis periculis versa.*, être exposé aux plus grands dangers. — [6] *Rebus gestis*, par l'éclat des succès

Superbus, septimus atque ultimus *regum romanorum*,
Volscos vicit. E. — Nemo *mortalium* omnibus horis
sapit P. — Nihil *omnium rerum* melius, quàm omnis
mundus, administratur. C. —Incertum est quàm longa
nostrûm cujusque vita futura sit. C. — Res [1] romana
cuilibet *finitimarum civitatum* bello par [2] erat. L. —
Apud Germanos quemcumque *mortalium* arcere tecto [3]
nefas habebatur. T. — *Insectorum* quædam binas
gerunt pennas, ut muscæ; quædam quaternas, ut
apes. P. — Quidam, è *sapientibus viris* iram dixerunt
brevem insaniam. S.

46. AMO DEUM. — Religio *Deum* colit, superstitio
violat. S.—Plinius historiarum naturæ *triginta septem
libros* scripsit. P j. — Terra *salutiferas herbas*, ea-
demque *nocentes* nutrit. O. — Mollis educatio *nervos
omnes* et mentis et corporis frangit [4]. Q. — Nec secunda [5] *sapientem* evehunt, nec adversa demittunt. S.
—*Amicos* res opimæ parant, adversæ probant. P. S.
— Virtus et conciliat *amicitias* et conservat. C. —
Studiorum dissimilitudo dissociat *amicitias*. C. — Fortuna non mutat *genus*. H. — *Audaces* fortuna juvat
*timidos*que repellit. O. — Carthaginienses *bona* Hannibalis publicârunt, *domum* à fundamentis disjece-
runt [6], *ipsum exsulem* judicârunt. N. — *Mortem*
effugere nemo potest. C. — Furiæ agitant et insec-
tantur *impios*. C. — Taciturnitas imitatur [7] *confes·
sionem*. C. — *Omne* ferè *genus* bestiarum Ægyptii
consecrârunt. C. — Video *meliora* [8] proboque, *dete-
riora* sequor. O. — Ingrati animi *crimen* [9] horreo. C.
— Omnes gentes Alexandri *nomen* horrebant. J.

47. MUSICA ME JUVAT OU DELECTAT. — *Multos* castra juvant. H.
— Quàm juvat immites ventos audire *cubantem !* TIB. — *Gratum
hominem* semper beneficium delectat [10], *ingratum* semel. S. —
Multos parvo *contentos* tenuis victus cultusque [11] delectat. C.
—Visu *carentem* magna pars veri latet. S. t. —Multa *nos* fallunt.

---

[1] *Res*, la puissance. [2] *Alicui par bello*, qui peut mesurer ses armes
avec quelqu'un. [3] *Aliquem arcere tecto*, fermer a quelqu'un sa maison. —
[4] *Frangere nervos*, énerver. [5] *Secunda, adversa; S. negotia*, la prospérité, l'adversité [6] *A fundamentis disjicere*, demolir de fond en comble.
[7] Ressemble à. [8] *S. Consilia*, le parti le plus sage. [9] *Ingrati animi crimen*,
l'ingratitude. — [10] *Delectare*, jouir de. [11] *Tenuis victus cultusque*, mediocrite.

C.—Non *me* fugit, quam sit acerbum, parentûm scelera filio-
rum pœnis lui. C.—Non *Cæsarem* præteribat Gallos novis rebus studere.

48. **Thebani Philippum ducem eligunt.** — Et se-
cundas res *splendidiores* facit amicitia, et adversas
leviores. C. — Nicomedes, rex Bithyniæ, populum
romanum fecit *hæredem.* E. — Mesopotamiam *fertilem*
efficit Euphrates. C. — Seleucus urbem condidit,
eamque ex Antiochi patris nomine *Antiochiam* vocavit. J.—Summum concilium majores nostri appellârunt
senatum. C. — M. Cato *cellam penariam* [1] reipublicæ
nostræ, *nutricem* plebis romanæ, Siciliam nominavit.C.
— Reges suos Romani *cæsares augustosque* cognomi-
navêre. J. —Timidus vocat se *cautum, parcum* sordi-
dus. P. S. — Roma *patrem* patriæ Ciceronem libera
dixit. Juv. — Exercitus Diocletianum *imperatorem*
creavit. E. — Ciceronem unâ voce universus populus
consulem declaravit. C. — Epaminondas philosophiæ
præceptorem habuit Lysim Tarentinum Pythago-
ræum. N. —Benè de me meritis *gratum* me præbeo. C.
— Lacedæmonii regibus suis augurem *assessorem* dederunt. C. — Philippus rex Aristotelem Alexandro filio
dóctorem accivit. C. — Artaxerxes *Iphicratem* ab Atheniensibus petivit *ducem.* N.

49. **Adire oraculum.** — Timotheus (Atheniensibus) socios
adjunxit Epirotas, omnesque eas gentes, quæ *mare illud adja-
cet* N. — Hannibal cum quinque navibus *Africam accessit.* N.
— *Quodlibet* pro patriâ, parentibus, amicis *adire periculum*, et
quemlibet suscipere laborem oportet Ad H. — Adrianus *orbem
romanum circumivit.* E. —*Spartam* Eurotas amnis *circumfluit.* S.—
Multa *senem circumveniunt* incommoda. H. — Atticus mori decre-
verat, et die quinto, postquam *id consilium inierat,* decessit. N.
—Alexander *fines* Indiæ *ingressus est.* Curt. — Tanais *Europam
et Asiam medius interfluit.* Curt. — Pythagoras *multas regiones*
barbarorum pedibus *obiit.* C.—Quæritur, sitne honestum, gloriæ
causâ *mortem obire*? C. — Taurus mons *Ciliciam præterit* [2],
Armeniæque montibus jungitur. Curt.—Sententiæ sæpè acuta
non acutorum hominum *sensus prætervolant.* C.—Miserior est,
qui *suscipit in se scelus* [3], quam is qui alterius *facinus subire*
cogitur. C. — *Alpes* nemo unquàm cum exercitu ante Hanni-

---

[1] *Cella penaria*, grenier — [2] Traverse. [3] *Suscipere in se scelus*, commettre un crime.

balem *transierat*. N. — Alexandro si vita longior data esset,
Oceanum manus Macedonum transvolâsset AD H. — Clœlia
virgo, dux agminis virginum, inter tela hostium *Tiberim*
tranavit. L.

50. AD NOS ADIRE. — Nemo præter mercatores *adit ad Bri-*
tannos. CÆS. — Improbi sunt qui *in fortunas aliorum invadunt*. C.

51. EXERCITUM LIGERIM TRANSDUCERE. — Agesilaus *Helles-*
pontum copias trajecit[1]. N. — Hannibal *nonaginta millia* peditum,
duodecim millia equitum *Iberum traduxit*. L.

52. VITAM CUPIO VIVERE. — Ingenui sunt, quorum majorum
nemo *servitutem servivit*. C. — Mirum *somniavi somnium*. PLAUT

53. Do VESTEM PAUPERI. — Classem septuaginta navium Athenienses *Miltiadi* dederunt. N. — Artaxerxes
Lampsacum urbem *Themistocli* donavit. N. — Omnes
Cæsar inimicitias reipublicæ condonavit. C. — Ingenii
dotes corporis adde *bonis*[2]. O. — Reverentiam *nostris*
parentibus debemus. S. — Q. Curius Fulviæ montes
mariaque[3] polliceri cœpit. SALL. — Vita turpis ne
morti quidem *honestæ* locum relinquit. C. — Libidinosa
et intemperans adolescentia effetum corpus tradit *se-*
nectuti. C. — Suum *cuique* decus[4] posteritas repen-
dit. T. — Pausanias regis propinquos clàm *Xerxi*
remisit. N.

54. MINARI MORTEM ALICUI. — Antonius *omnibus bonis* cruces ac
tormenta minatur. C. — Civitates quarum paulò ante dux fuerat Philippus, quæ sub auspiciis ejus militaverant, quæ gratu-
latæ illi sibique *victoriam* fuerant, hostiliter occupatas diripuit.
J — Mettius *Tullo* devictos hostes gratulatur[5]. L.

55. FIDEM COMMENTITIIS REBUS ADJUNGERE. — (*ad.*) Quod munus
reipublicæ afferre majus meliusve possumus, quam si docemus
atque erudimus juventutem? C. — Poeta peccat cùm probam
orationem *affingit improbo*[6], *stultove sapientis*. C. — Hoc doctoris intelligentis est *alteri*[7] calcaria *adhibere*, *alteri* frenos. C.
— Homerus *principibus* heroum *Ulyssi*, *Diomedi*, *Agamemnoni*,
Achilli, certos deos, periculorum comites *adjungit*. C —
(*ante.*) Virtutes animi *bonis* corporis *anteponimus* C — (*cum*)

---

[1] *Trajicere*, *traducere*, faire passer. — [2] *Bona corporis*, les grâces du
corps. [3] *Montes mariaque*, monts et merveilles. [4] *Suum decus*, l'honneur
qui lui est dû. — [5] Autres constructions de *gratulari* Gratulor tibi
affinitate viri optimi. C. Quod mihi *de filio* gratularis, agnosco humani-
tatem tuam. *Id*. Qua in re tibi gratulor. *Id* — [6] *Probam orationem*
affingere improbo, mettre dans la bouche d'un scélérat le langage d'un
homme de bien. [7] *Alteri... alteri*, avec l'un... avec l'autre.

Parvis componere magna solebam. V. — Quid indignius quàm *comparare* veneranda *contemptis ?* S. — (*de.*) Liberalis est, qui, quod alteri donat, *sibi detrahit.* S. — (*e.*) Mors sola innocentem *fortunæ eripit.* S. — (*in.*) Poetæ ferunt gigantes bellum *diis intulisse.* C. — Iphicrates ipso adspectu *cuivis injiciebat* admirationem suî [1]. N. — *Liberis* Athenarum *cervicibus* jugum servitutis Pericles *imposuit.* V. M. — Sæpè curas omittit familiares, qui se *alienis negotiis intendit.* T. — Proprium est irati, cupere, à quo læsus videatur, *ei* quàm maximum dolorem *inurere.* C. — (*ob.*) Vivite fortes, fortiaque *adversis opponite* pectora *rebus.* H. — Acriter se *morti offert* vir fortis. C. — (*post.*) Manlius *posthabuit* filii caritatem [2] *publicæ utilitati.* C. — (*præ.*) Pecuniam *præferre amicitiæ,* sordidum est. C. — Deus animum *præfecit corpori* C. — Omnem aditum *malis præcludito.* Ph. — (*sub.*) Deus omne quod erat corporeum *substravit* animo. C — Anatum ova *gallinis* sæpè *supponimus* [3]. C.

56. Ad bellicam laudem doctrinæ gloriam adjungere. —

Quidam *ad eas laudes,* quas a patribus acceperunt, *addunt* aliquam suam. C. — Macedones *ad imperium* Græciæ brevi tempore *adjunxerunt* Asiam bello subactam. Ad H. — Sapiens, cùm stultorum vitam *cum suâ comparat,* magnâ afficitur voluptate. C. — Multæ res [4] sunt, in quibus de *suis commodis* viri boni multa *detrahunt* [5], ut iis amici potius quàm ipsi fruantur. C. — *Eripite* nos *ex miseris.* C. — Multi reges Persarum tantas opes longâ ætate *cumulaverant* liberis posterisque, ut arbitrabantur, quas una hora *in* externi regis *manus intulit.* Curt. — Mulier in Indiâ unà cum viro *in rogum imponitur.* C. — *In* omnium *animis* Dei notionem *impressit* ipsa natura. C.

57. Magistratu se abdicare. —

Augures poterant decernere, ut *magistratu* se *abdicarent* consules C. — Nec vir bonus ac justus haberi debet, qui, ne malum habeat, *abstinet* se *ab injuriâ* C. — *Teneros* animos *ab eâ* opprobria [6] sæpè *absterrent vitiis.* H. — Timoleon incredibili felicitate Dionysium *totâ Siciliâ depulit.* N — Scyrum insulam Dolopes incolebant, eosque Cimon *urbe insulâque ejecit.* N. — Athenienses optimè meritos *cives è civitate ejiciebant.* C — Studiosè ab antiquis philosophis siderum magnitudines, intervalla, cursus anquirebantur et cuncta cœlestia. Socrates autem primus philosophiam *devocavit* [7] *è cœlo* et in urbibus collocavit, et in domos etiam introduxit, et coegit, de vitâ et moribus rebusque bonis et malis quærere [8]. C. — Quasi poma *ex arboribus,* si cruda sint,

---

[1] *Injicere admirationem sui,* inspirer de l'admirat.on. [2] S. *Filii caritas,* la tendresse paternelle. [3] *Supponere,* faire couver — [4] *Res,* occasions. [5] *De suis commodis multa detrahere,* sacrifier ses intérêts propres. — [6] *Aliena opprobria,* le déshonneur d'autrui. [7] *Devocare,* faire descendre. [8] *De vitâ quærere,* régler la vie.

vi *avelluntur;* si matuia et cocta, decidunt; sic vitam adolescentibus vis aufeit, senibus maturitas.

58. HÆC VIA NOS DUCIT AD VIRTUTEM. — Magnes *ad
se* ferrum trahit. C. — Omnis virtus nos *ad se* alli-
cit. C. — *Ad turpia* virum bonum nulla spes invitat. S.
— Natura cæteros animantes abjecit *ad pastum*[1], solum
hominem erexit, *ad cœlique,* quasi domicilii pristini,
conspectum excitavit. C. — Quæ res *ad necem* Porsennæ Mucium impulit, sine ullâ spe salutis suæ? C. —
Successus *ad perniciem* multos devocat. PH. — Omnia
consilia atque facta *ad virtutem* et *ad dignitatem* re-
feramus. C.

59. DOCEO PUEROS GRAMMATICAM. — Pythagoras
pueros *modestiam* et litterarum *studium* docebat. J.
— *Multa* me docuit usus, magister egregius. P. j. —
Te *unum illud* monebimus. C. — Deum roga *bonam
mentem.* S. — *Pacem* te poscimus omnes. V. — Legati
Ennenses Verrem *simulacrum* Cereris et Victoriæ repos-
cebant. C. — Homines, non autem Deum possumus
nostra facta celare.

60. ACCEPI LITTERAS A PATRE MEO. — *Ab amicis*
honesta petamus. C. — Luna lucem *à sole* accipit. C.
— Omnia *à me* postula et exspecta. C. — Deus motum
cœli *ab omni erratione* liberavit. C. — *Ab illo* nihil spera
boni, quia non vult; nihil mali, quia non audet. C. —
C. Carbo morte voluntariâ se *à severitate* judicum vin-
dicavit. C. — Liberalis[2] est, suis facultatibus captos *à
prædonibus* redimere. C. — Multi, tranquillitatem
expetentes, *à negotiis publicis* se removerunt. C. — Philosophi superstitionem *à religione* separaverunt. C. —
Multos divini supplicii metus *à scelere* revocavit. C. —
Ab honesto virum bonum nihil deterret. S. — *A Græcis*
Galli urbes mœnibus cingere didicerunt. J. — Qui non
propulsat *à suis* injuriam, cùm potest, injustè facit. C.

Aristides interfuit pugnæ navali apud Salamina, quæ facta
est prius quàm *pœna* exsilii liberaretur. N.

61. AQUAM HAURIRE EX FONTE. — Summam lætitiam

___

[1] *Abjecit,* a courbe vers. — [2] S v.ri

ex amici reditu capio. —Oportet aliquandò consilium *ex tempore* [1] capere. 4 — Deum agnoscimus *ex operibus* ejus. C. — Maximum ornamentum amicitiæ tollit, qui *ex eá* tollit verecundiam. C. — Lucernam fur accendit *ex ará* Jovis. Ph. — Pyrrhus, Epiri rex, *ex genere* Achillis originem trahebat. E.

62 ID AUDIVI EX AMICO OU AB AMICO MEO. — *Ex majoribus* natu audivi patrem Scipionis Nasicæ nullam comitatem habuisse sermonis. C. — Si *ex Cicerone* quæras quid sit historia : magistra vitæ, inquiet, lux gentium, temporum testis. — Non quæro *abs te*, quarè patrem Sex. Roscius occiderit. C. — Virgilius *à philosopho Scyrone* Epicuri præcepta audivit.

63. IMPLERE DOLIUM VINO. — Neptunus *ventis* implevit vela *secundis*. V. —Sylla omnes suos *divitiis* explevit. C. — Cumulat altaria *donis*. V. — Democritus *oculis* se privavit. C. — Victor *multis et fortibus civibus* rempublicam orbavit. C. — Iste qui amicum, socium *famá* ac *fortunis* spoliat, perfidiosus et impius est. C.

64. ADMONUI EUM PERICULI OU DE PERICULO. — Suorum unumquemque nominans laudare (cœpit Catilina); admonebat alium *egestatis* [2], alium *cupiditatis suæ*, complures *periculi* aut *ignominiæ*, multos *victoriæ sullanæ* [3]. SALL. — Grammaticos *officii sui* commonemus. Q. — *Veteris* te *amicitiæ* commonefacio. AD H. —Res adversæ admonent [4] *religionum* [5]. L. —Jugurtha *de innocentiá* [6] Metelli certior factus erat. SALL.

65. INSIMULARE ALIQUEM FURTI OU FURTO. —Miltiadem *proditionis* Athenienses accusârunt — Qui alterum incusat *probri*, ipsum se intueri oportet. PLAUT. — Fannius Verrem insimulat *avaritiæ* et *audaciæ*. C. — An' on intelligis, quales viros *summi sceleris* arguas ? C. — Verrem *avaritiæ nimiæ* coarguit Cicero. C. — Hæc duo [7] *levitatis* et *infirmitatis* plerosque convincunt [8] :

---

[1] *Ex tempore*, des circonstances. — [2] *Admonere aliquem egestatis*, rappeler à quelqu'un sa pauvreté. — [3] *Victoria Sul'ana*, la victoire de Sylla [4] S *nos* [5] *Religiones*, sentimens religieux [6] *Innocentia*, désintéressement. — [7] S. *negotia* [8] *Aliquem infirmitatis convincere*, montrer la faiblesse de quelqu'un.

aut si [1] in bonis rebus [2] amicum contemnunt, aut si [3] in malis [4] deserunt. C. — Cæsar *summæ iniquitatis* condemnat imperatorem qui militum vitam suâ salute non habet cariorem. Cæs.—Cælius judex absolvit *injuriarum* eum, qui Lucilium poetam in scenâ nominatìm læserat. Ad H.

66. Capitis damnare aliquem. — Miltiades, *capitis* absolutus, pecuniâ multatus est. N. — Socratis responso sic judices exarserunt, ut *capitis* hominem innocentissimum condemnarent. C. — Claudius multos ex iis quos *capite* damnaverat, postero statim die et in convivium et ad aleæ lusum admoveri jussit. Suet.

67. Damnare aliquem ad triremes. — Gladiatores primum erant bello capti, servi vel rei à judicibus condemnati. Alii *ad gladium* damnati intra finem anni vertentis [5] perituri erant, alii *ad ludum*, aliquantò post liberari poterant. — Miles qui signa relinquit *ad fustuarium* damnatur.

68. Amor a Deo. — *A Deo* omnia facta et constituta sunt. C. — Leges *à victoribus* dicuntur, accipiuntur *à victis*. Curt. — Leonum ora *à magistris* impunè tractantur. S. — Præclarissimum factum non pari modo *ab omnibus* probatur. N.

69. Mœrore conficior. — Vincuntur *molli* pectora dura *prece*. Tib. —Dolores *vetustate* mitigantur. C. — Cibus et potus *desiderio* condiuntur. C. — Vitia hominum atque fraudes *damnis, ignominiis, vinculis, verberibus, exsiliis, morte* mulctantur. C. —Jus civile neque inflecti [6] *gratiâ*, neque perfringi *potentiâ*, neque adulterari *pecuniâ* debet. C. — Neque *opinione*, sed *naturâ* constitutum est jus. C.

70. Hæc sententia neque nobis, neque illi probatur — Honesta *bonis viris*, non occulta quæruntur. C — Nunquam *præstantibus viris* laudata est in unâ sententiâ perpetua permansio. C. — Artibus ingenuis quæsita est gloria *multis* O — *Cui* non sunt auditæ [7] Demosthenis vigiliæ? C. — Uxor Darii semel tantum *Alexandro* visa est. J. — Ciceronis libri *tibi* valdè probantur. C. — *Tibi*, Tantale, nullæ deprenduntur

---

[1] S. cùm illi sunt. [2] Bonæ res, la prospérité. [3] S. cùm ille est. [4] Malæ res, le malheur. — [5] Intra finem anni vertentis, avant la fin de l'année — [6] Inflecti, être changé. — [7] Hoc mihi auditum est, j'ai entendu parler de cela.

aquæ. O — *Persis* quoque in trecentos sexaginta quinque dies descriptus est annus. CURT. — Nullæ Germanorum *populis* urbes habitantur. T.

71 DATUM EST NEPTUNO MARITIMUM REGNUM.—Non rete *accipitri* tenditur, neque *milvio*, qui malefaciunt nobis : *illis* qui nihil faciunt tenditur. TER. —Parva *magnis* sæpè rectissimè conferuntur. C. — Altiùs præcepta descendunt, quæ *teneris* imprimuntur *ætatibus*. S. —Omnes trahimur *ad* cognitionis et scientiæ *cupiditatem*. C. — Hipponiates sub Hannibale magistro *omnes* belli *artes* edoctus est. L. — Porcius Cato rogatus est *sententiam*. SALL. — Non tantùm *segetes* alimentaque *debita* dives poscebatur humus. O. — *Illud* te admonitum esse volo. C. — Decorum *ab honesto* non potest separari. Nam et quod decet, honestum est, et quod honestum est decet. C. — Miltiades *proditionis* est accusatus, quòd cum Parum expugnare posset à pugnà discessisset. N. — Locusta *veneficii* damnata est. T.

72. INUTILE FERRUM CINGITUR. — Induiturque (Midas) *auris* lentè gradientis aselli. O.—Præmia primi accipient, flaváque *caput* nectentur olivà. V. — Augustus Dalmatico bello vulnera excepit. Unâ acie, *dextrum genu* lapide ictus : alterâ autem et *crus* et *utrumque brachium* ruinâ pontis consauciatus. SUET

73. STUDEO GRAMMATICÆ. —Omnes homines naturâ [1] *libertati* student [2], et conditionem servitutis oderunt. CÆS. — *Tempori* parce. S. — Mundus *Deo* paret, et *huic* obediunt maria terræque, et hominum vita *jussis* supremæ legis obtemperat. C. — Venus nupsit *Vulcano*. C.—Homo *cæteris animantibus* plurimùm præstat. C. — Tàm ignoscere *omnibus* crudelitas est quàm [3] *nulli*. S. — Imperare *sibi* maximum imperium est, sicut servire *cupiditatibus* gravissima servitus est. S. — Victrix causa [4] *diis* placuit; sed victa *Catoni*. Luc. —*Dioni* maximè indulgebat Dionysius. N. — Principum munus est resistere et *levitati* multitudinis et perditorum *temeritati*. C. — *Cui* Gellius benedixit unquàm *bono?* C.—Stultus est, qui *suis* maledicit.

74. HIC HOMO IRASCITUR MIHI. — Omninò irasci *amicis* non temerè soleo. C. — *Amicis* opitulemur. GELL.

---

[1] *Naturâ*, naturellement. [2] *Sudare*, amer. [3] *Tàm... quàm*, autant que. Après *quàm*, S. ignoscere. [4] *Victrix causa*, le parti du vainqueur. — [5] *Cui viro bono.*

— Philosophia medetur *animis.* C. — Voluptas blanditur *sensibus nostris.* C.

75. DEFUIT OFFICIO. — Homines plurimùm *hominibus* et prosunt et obsunt. C. — Pelopidas *omnibus periculis* [1] adfuit. N. — Non minorem utilitatem afferunt, qui togati *Reipublicæ* præsunt, quàm qui bella gerunt. C. — Aristides interfuit *pugnæ navali* apud Salamina. N. — Satiùs est, prodesse etiam *malis* propter bonos, quàm *bonis* deesse propter malos. S. — Genus plures partes amplectitur, ut animal. Pars subest *generi*, ut equus. C. — *Adolescentibus* inest magna temeritas. C.

Ratio et oratio conciliat inter se homines. Neque ullâ re longiùs absumus *à naturâ* ferarum. C. — Abest historia *litteris nostris.* C. — *In oratore perfecto* inest philosophorum omnis scientia, *in* philosophoium autem *cognitione* non continuò [2] inest eloquentia. C.

76. SPARTANI PARCIMONIE ADSUESCEBANT. — (*ad.*) Sub Vespasiano Judæa *romano accessit imperio.* E. — Huc pauci *vestris adnavimus oris.* V. — Siciliam ferunt quondam *Italiæ adhæsisse.* J. — Ut *ridentibus arrident* [3], itâ *flentibus adflent* humani vultus. H. — In pestilentiâ cavendum est, ne *corruptis* jam *corporibus*, et moibo *flagrantibus assideamus.* S. — (*ante.*) Præclarum mihi quiddam videtur adeptus is, qui, quâ re homines bestiis præstent, eâ in re *hominibus ipsis antecellit.* C. — (*cum.*) Aer et *cœlo* et *terris cohæret.* S. — (*in.*) Folia virere per se non possut; ramum desiderant, *cui inhæreant.* S. — (*inter.*) Deus *cogitationibus mediis intervenit.* S. — (*ob.*) Virtus quæ *venientibus malis* obstat, fortitudo; quæ, quod jam adest, tolerat et perfert, patientia nominatur. C. — *Operi longo* fas est *obrepere* somnum. H. — Alexander, dum *obequitabat mœnibus*, sagittâ ictus est. CURT. — Varietas *occurrit satietati.* C. — (*præ.*) *Præstat* amicitia *propinquitati.* C. — (*sub.*) Judicis est *innocentiæ subvenire.* C. — Appius intentum animum tanquàm arcum habebat, nec languescens *succumbebat senectuti.* C. — (*super.*) Leonidas, rex Spartanorum, *securis Persis supervenit.* J.

77. DECEDERE DE SUO JURE OU SUO JURE. — Mare Rubrum coloie non *abhorret* [5] *à cæteris.* CURT. — Naturâ nos *à dolore abhorremus.* C. — Fustuarium meretur miles qui signa relin-

---

[1] *Pericula*, actions périlleuses. [2] *Continuò*, nécessairement. — [3] *Ridentibus arridere*, rire avec ceux qui rient. [4] *Venientia mala*, les maux qui menacent ; *quod jam adest*, les maux présens. — [5] *Colore abhorrere*, différer par la couleur.

quit, aut *præsidio decedit.* L. — Cæsar legiones equitatumque revocari atque *itinere desistere* jubet. Cæs. — Vetat Pythagoras, injussu imperatoris, id est, Dei, *de statione vitæ decedere.* C. — Lacedæmonii *de diutinâ contentione destiterunt,* et suâ sponte Atheriensibus imperii maritimi principatum concesserunt. N. — Plurima flumina *erumpunt saxis* et *montibus.* S. — Cæsar in fines Sicambrorum contendit. Illi *finibus suis excesserunt,* seque in solitudinem ac silvas abdiderunt. C. — P. Sextius, quum conjuratio *ex latebris* atque *ex tenebris erupisset,* venit cum excitu Capuam. C. — Animi piorum, cùm *è corporibus excesserint,* in cœlum, quasi in domicilium suum, perveniunt. C.

78. MIHI EST LIBER. Fuêre *Lydis* multi ante Crœsum reges. J. — *Crocodilis* superior pars corporis dura et impenetrabilis est, at inferior mollis ac tenera. S. — Non semper idem *floribus* est color. H. — Forma *co metis* non est una. S. — Ubi libido dominatur, *innocentiæ* leve præsidium est. C. — *Pictoribus* atque *poetis* quidlibet audendi [1] semper fuit æqua potestas. H.

79 EST MIHI NOMEN MERCURIUS, MERCURIO ou MERCURII. — Terra circumfusa est hâc animali spirabilique naturâ [2], cui nomen est *aer.* C. — *Midæ* regia, cui *Gordium* nomen est, pari intervallo Pontico et Cilicio mari distat. CURT. — Numitoris filia duos pueros enixa est. Nomina pueris, alteri *Remo,* alteri *Romulo* fuêre. J. — Ægyptum occupaverat Ptolemæus, cui cognomen *Philopatori* fuit. J. — Flumini a celeritate, quâ defluit *Tigri* nomen est inditum, quia persicâ linguâ Tigrim sagittam appellant [3]. CURT. — Metello cognomen *Numidici* inditum fuit. VELL.

80. HOC ERIT TIBI DOLORI. — *Magno malo* est hominibus avaritia. AD H. — Vitis ut *arboribus decori* est, ut *vitibus* uvæ, ut *gregibus* tauri, segetes ut *pinguibus arvis;* tu decus omne tuis. V. — *Fortitudini* fortuna quoque esse *adjumento* solet. AD H. — Deus non solet esse *auxilio iis* qui se inconsultò in periculum mittunt [4]. AD H. — *Nemini* inter homines *probro* debet esse paupertas. C. — Nimia fiducia *magnæ calamitati* solet esse. N.

Pittaco Mitylenæi multa millia jugerum agri *muneri* dede-

---

[1] *Quidlibet audendi,* de tout oser. [2] *Hæc animalis spirabilisque natura,* cet élément que nous respirons et qui nous fait vivre. [3] *Appellant,* ils le... rimes, en appelle. — [4] *Se in periculum mittere,* s'exposer au danger.

iunt. N. — *Lacedæmoniis crimini* datum . quòd arcem thebanam induciarum tempore occupàssent. J.—Pausanias, rex Lacedæmoniorum, venit *Atticis auxilio*. N.—*Illi vitio* verterant quòd abesset à patriâ. C.—Pau anias, quos ceperat regis propinquos, *ei muneri* misit. N.— Paupertas *probro* haberi cœpit. SALL.—Timotheus *Ariobarzani auxilio* profectus est. N.

81. ABUNDAT DIVITIIS. NULLA RE CARET. — Gallia abundat *rivis* et *fluminibus*. — Rheni fossa *gurgitibus* redundat. CÆS.—Turpe est diffluere *luxuriâ*[1], et delicater ac molliter vivere. C.—Antiochia quondàm *eruditissimis hominibus* affluebat. C. — *Metallis* plumbi, ferri, æris, argenti, auri tota fermè Hispania scatet. P. —Sapiens eget *nullâ re*. S.—Mea adolescentia indiget *bonâ existimatione* C. — Monitio *acerbitate*, objurgatio *contumeliâ* carere debet. C. —Nulla vitæ pars vacare *officio* potest. C.

Gravitas morbi facit, ut *medicinæ* egeamus. C.

82. GAUDERE FELICITATE ALIENA. — *Numero* Deus impare gaudet. V. — Probi adolescentes senum *præceptis* gaudent. C. — Nec *externis hostibus* magis quàm *domesticis* laboramus. C. — Agri constant *campis*, *vineis*. *sylvis*. P. j. — Pavo *pennis suis* superbit.

Oratoris actio constat è *voce* et *motu*. C. — Ceparius mihi dixit te in lecto esse, quòd ex *pedibus* laborares. C.

63. FRUOR OTIO. — *Divitiis, nobilitate, viribus* multi malè utuntur. S. — Atticus *patre* usus est[2] *indulgente*. N. — Multi intemperanter utuntur *otio* et *litteris*. C. — Solus potitus est *imperio* Romulus. L. — Vescimur *bestiis* et *terrenis* et *aquatilibus* et *volatilibus*. C. — *Nullâ re* tàm lætari soleo, quàm meorum officiorum *conscientiâ*[3]. C. — *Præsentibus* fruitur sapiens. C — Justitiæ fungamur *officiis*. C. —Militares viri[4] gloriantur *vulneribus*. S.

Dion *totius ejus partis* Siciliæ potitus est, quæ sub potestate Dionysii fuerit: parique modo *urbis Syracusarum*, præter arcem et insulam adjunctam oppido. N.

---

[1] *Diffluere luxuriâ*, se livrer aux plaisirs. — [2] *Uti*, avoir. [3] *Meorum officiorum con cientia*, la conscience des services que j'ai rendus [4] *Militares viri*, les vétérans.

84. MISERERE PAUPERUM. — *Eorum* misereri oportet, qui propter fortunam, non propter malitiam in miseriis sunt. C. — Miserere *laborum* [1] *tantorum*, miserere *animi* non digna *ferentis* [2]. V. — *Arcadii*, quæso, miserescite *regis* [3]. V.

85. ANIMI PENDEO. — Ego *animi* pendere soleo [4], cùm quid orsus sum, si traducor alió [5]. C. — *Animi* pendeo de te et de me. C. — Exspectando et desiderando pendemus *animis*, cruciamur, angimur. C. — *Animi* se angebat. TER. — Angor *animo* C.

86. ME PŒNITET CULPÆ MEÆ. — Num, si ad centesimum annum vixisset Scipio, *senectutis* eum *suæ* pœniteret? C. — Eos, qui secùs quàm decuit, vixerunt, *peccatorum suorum* maximè pœnitet, cùm sunt morbo gravi et mortifero affecti. C. — Me non solùm piget *stultitiæ meæ*, sed etiam pudet. C. — *Decemvirorum* Romanos pertæsum est. L. — Nunquàm Atticum *suscepti negotii* pertæsum est. N. — *Eorum* nos magis miseret, qui misericordiam non requirunt, quàm qui illam efflagitant. C.

87. NON ME PIGET MORI. — Non me pœnitet *vixisse*, quoniam ità vixi, ut me non frustrà natum existimem. C. — Non me pudet *fateri* nescire, quod nesciam. C. — Illum lauda et imitare quem non piget *mori*, cum juvat vivere. S — Nihil audio quod *audisse*, nihil dico quod *dixisse* pœniteat. P. j

88. INCIPIT ME PŒNITERE CULPÆ MEÆ. — Eos qui malè agunt *solet* pœnitere. — Harumce ineptiarum tædere me *incipit* — Postquàm Alexander Clitum trucidaverat, pigere eum facti *cœpit*. CURT.

89. REFERT, INTEREST REGIS TUERI SUBDITOS. — Refert *oratoris* animos audientium docere, delectare, permovere. C. — Interest *imperatoris* à militibus diligi.

90. REFERT, INTEREST MEA. — Nihil [6] interest *mea*, quantùm circà mortem meam tumultûs sit [7]. S. — *Tua* quod nihil refert, percunctari desinas [8]. TER. — Cæsar dicere solebat, non tàm *sua* quàm reipublicæ interesse,

---

[1] *Labores*, maux. [2] *Animus non digna ferens*, un cœur, un homme de cœur qui souffre des choses non méritées, qui ne mérite pas ce qu'il souffre [3] *Regis Arcadii*, du roi Arcadien, des Arcadiens — [4] *Ego animi pendere soleo*, mon esprit est sujet à se déconcerter. — [5] *Traduci alió*, être détourné par une autre chose. — [6] *Nihil*, pour non. [7] *Quantum. sit*, le fracas dont ma mort doit être accompagnée [8] *Desinas*, pour desine

uti salvus esset. Suet. — Epistolis certiores facimus absentes, si quid est [1], quod eos scire, aut *nostra*, aut ipsorum intersit. C. — *Vestra*, judices, hoc maximè interest, non ex [2] libidine, aut simultate, aut levitate testium causas honestorum hominum ponderari [3]. C.

91. Refert mea cæsaris. — Refeit *tua oratoris* tria videre, quid dicas, et quo quidque loco, et quomodò. — Interest *meâ fidelissimi* tuorum amicorum tibi verum dicere. — *Utriusque nostrûm* interest, te ut videam, antequàm discedas. C.

92. Magni mea interest. — *Magni* interest meâ unà nos esse. C. — *Parvi* refert, abs te ipso jus dici æquabiliter, nisi idem ab iis fiet, quibus tu ejus muneris aliquam partem concesseris. C. — Intelligo, *quanti* reipublicæ intersit, omnes copias convenire. C. — Ostendam, *quantùm* salutis communis intersit, duos consules in republicâ esse. C.

93. Ad honorem nostrum interest. — *Ad disciplinam* militiæ plurimum *interest*, insuescere militem non solum paratâ victoriâ frui, sed si res etiam lentior sit, pati tædium, et, quamvis seræ, spei exitum exspectare. L.

94. Mihi opus est amico. — *Multis* non *duce* tantùm opus est, sed *adjutore* et *coactore*. S. — Quamvis se ipso contentus sit [4] sapiens, *amicis* illi opus est. S. — Non opus est magnis *placido* [5] *lectore* poetis. O. — Corpori *multo cibo, multâ potione* opus est. S. — *Magistratibus* opus est, sine quorum prudentiâ ac diligentiâ esse civitas non potest. C. — *Viatori* opus est *viaticum*. — Nobis *exempla* permulta opus sunt. C. — Omnibus corporibus *sedes* opus est. Etenim corpus intelligi sine loco non potest. C.

Priusquàm incipias *consulto*, et ubi consulueris, maturè *facto* opus est. Sall. — Quid tibi opus est ut sis bonus? *velle*. S.

95. Hoc ad me pertinet. — *Ad filium* hæreditas paternæ gloriæ et factorum imitatio pertinet. C. — Curiosum est ea scire velle quæ *ad nos* non attinent. — *Ad te unum* omnis mea spectat oratio. C.

96. Id mihi accidit, evenit, contingit. — *Metello*

---

[1] *Si quid est quod intersit*, de ce qu'il importe. [2] S *Ex libidine*, testium, d'après des depositions dictées par le caprice, la haine ou la légèreté. [3] *Causas ponderare*, juger des causes — [4] *Se ipso contentus sit*, se suffise à lui-mê e [5] *Placidus*, indulgent.

Numidia evenerat. SALL. — *Soli* hoc contingit *sapienti* ut nihil faciat [1] invitus. C. — Accidit *Cononi* ut inconsideratior in secundâ quàm in adversâ esset [2] fortunâ. N. — Pecuniam in loco [3] negligere *nobis* interdùm expedit. — *Regi* conducit audire verum. — *Principibus* placuisse *viris* non ultima laus [4] est. H. — In victoriâ vel [5] *ignavis* gloriari licet. SALL.

97. MIHI NON LICET ESSE PIGRO. — Patricio romano *tribuno* plebis fieri non licebat. C. — Mihi *negligenti* esse non licet. C. — In causâ facili cuivis licet esse *diserto.* — Tibi, quem beneficiis affeci, *ingrato* esse non licet. — Civi romano licet esse *Gaditanum* [6]. C.

Mediocribus esse poetis non di, non homines, non concessêre columnæ [7]. H. —Vobis necesse est, *fortibus viris* esse L. —Nescio, an satius fuerit populo romano, Siciliâ et Africâ *content* fuisse. F.

98. VIVORUM MEMINI. BENEFICIA MEMENTO. — Animus *meminit præteritorum*, præsentia cernit, futura prævidet. C. — Homo improbus aliquandò cum dolore *flagitiorum suorum recordabitur*. C. — Dux Helvetiorum hortabatur Cæsarem, ut *reminisceretur* et *veteris incommodi* populi romani [8], et *pristinæ virtutis* Helvetiorum. CÆS. — Proprium est stultitiæ aliorum vitia cernere, *oblivisci suorum*. C.—*Beneficia meminisse* debet is, in quem collocata sunt; non commemorare, qui contulit. C. — Est operæ pretium [9], *diligentiam majorum recordari*. C. —*Vos* animo, dulces, *reminiscor* [10], amici. O. — Homines res *præclarissimas obliviscuntur*. C. — Tu *nihil oblivisci* soles præter injurias. C.

99. ADULARI ALIQUEM ou ALICUI. — Atticus *potenti Antonia* non *est adulatus*. N. — Mitiores canes *furem* quoque *adulantur*. COL. —Semper in promptu habere [11] debemus, quantùm natura hominis *pecudibus reliquisque belluis antecedat*. C. — Oculorum velocior est sensus, et multùm *aures antecedit* S. — *Prætoribus anteibant* lictores cum fascibus duobus. C —Satis docuisse videor, hominis natura quantò *omnes anteiret animantes*.

[1] *Ut nihil faciat*, de ne rien faire. [2] *Ut esset*, d'être. [3] *In loco*, à propos. [4] *Ultima laus*, un mérite à dédaigner. [5] *Vel*, même. — [6] *Gaditanum*, citoyen de Cadix. [7] *Columnæ*, les piliers des boutiques de libraires, pour les libraires eux-mêmes. — [8] *Veteris incommodi*, de l'échec qu'avait autrefois reçu le peuple Romain. [9] *Est operæ pretium*, il est important. [10] *Animo reminisci*, se ressouvenir. — [11] *In promptu habere*, se rappeler.

C. — Homo sapiens *sermonibus malignis* non *attendit.* P. j. — Sæpè non *attendimus nosmetipsos.* C. — Bonos viros lugere malo meas fortunas, quam *suis desperare.* C. — Simul atque candidatus accusationem meditatur, *honorem desperásse* [1] videtur. C. — Sæpe *illudit nobis* fama. S. — Carneades rhetorum *præcepta i ludere* solebat. C. — Gravior cura *patribus incessit,* eùm prodi causam à suis cernerunt. L. — *Certis rebus certa signa præcurrunt* [2]. C. — Ut homo in eis *hominem diligentem præcurrat,* fieri non potest C. — Socrates *omnibus præstitit philosophis.* C. — Non est inficiandum Hannibalem longè *præstitisse cæteros imperatores.* N. — *Spei meæ* [3] volui *præstolari* in Epiro. C. — Curionis *adventum* Cæsar *præstolabatur.* Cæs.

100. IMPERTIRE SALUTEM ALICUI OU ALIQUEM SALUTE. — Vatinius *Miloni clarissimo viro, nonnullam laudatione suâ tabeculam adspergit* [4]. C. — Pythagoras Apollini hostiam immolare noluit, ne *aram sanguine adspergeret.* C. — Deus *animum circumdedit corpore.* C. — Natura *corpus* ut quamdam vestem, *animo circumdedit.* S. — Servius *aggere* et *fossis* et *muro circumdat Romam.* L. — *Ciceroni* populus romanus *immortalitatem donavit.* C. — Omnes Thessaliæ civitates *Pelopidam coronis aureis* et *statuis æneis, liberosque ejus multo agro donárunt.* N. — Ignis *naturis omnibus salutarem impertit calorem.* C. — *Puerilem ætatem doctrinis impertire* debemus. N. — Pontis atque itinerum angustiæ *multitudini fugam intercluserant* Cæs — Ariovistus castra fecit, eo consilio, ut *frumento commeatuque Cæsarem intercluderet.* Cæs. — Nemo, qui *suæ confidit,* alterius virtuti invidet. C. — Quis potest aut corporis *firmitate* aut fortunæ *stabilitate confidere?* C. — Zeuxis longè *cæteris excellere pictoribus* existimabatur. C. — Admirabile est quantùm *inter omnes oratores* unus Demosthenes *excellat.* C. — Parthi *feminis* non *convivia* tantum *virorum,* verum etiam *conspectum interdicunt.* J — Carent togâ jure, *quibus aquá* et *igni interdictum est.* P. j. — Nostro more, malè rem *gerentibus patribus bonis interdici* solet. C. — Librum de senectute *ad Atticum misi.* C — *Alcibiadi* nuntius à magistratu in Siciliam *missus est.* N. — Tertiam *tibi* hanc epistolam *scripsi* [5] eodem die. — Ea scripsi ad te, quæ et saluti tuæ conducere arbitrarer, et non aliena esse ducerem a dignitate. C. — *Ferte misero* atque *innocenti* auxilium, subvenite inopi. Ter. — Fur quidam se *excusabat apud Demosthenem,* dicens : Nesciebam tuum hoc esse : at tuum, inquit Demosthenes, non esse, satis sciebas. — *Atticæ meæ* velim me ita *excuses* [6] *ut* [7] omnem culpam in te transferas. C. — Libenter me *tibi purgo.* C.

---

[1] *Honorem desperare,* désespérer d'obtenir une charge, donner un signe de détresse [2] *Præcurrunt,* précèdent. — [3] *Spei meæ,* l'accomplissement de mes esperances. [4] *Nonnullam laudatione sua tabeculam adspergere,* flatter par ses eloges [5] Voilà la troisième que je vous ecris [6] *Velim ut me excuses,* veuillez m'excuser [7] *Ita . est,* de maniere que.

101. ÆMULARI ALIQUEM, ALICUI, CUM ALIQUO. — Omnes ejus urbis *instituta* laudare facilius possunt [1] quam *æmulari*. C. — *His æmulamur* qui ea habent, quæ nos habere cupimus. C. — *Nec mecum æmuletur.* L. — Cicero unicè *cavit concordiæ publicæ.* VELL. — *Absentem* qui rodit amicum ; qui non defendit, alio culpante ; solutos qui captat risus hominum famamque dicacis [2] ; fingere qui non visa potest, commissa tacere qui nequit, hic niger est [3] ; *hunc* tu, Romane, *caveto.* H. — Cum juvenes relaxare animos et dare se jucunditati volent, *caveant intemperantiam*, meminerint verecundiæ. C. — Parmenio, ignarus infirmitatis Alexandri, scripserat, *à Philippo medico caveret.* J. — Quum *consulerent* Athenienses *Apollinem Pythium,* quas potissimum religiones tenerent, oraculum editum est, eas [4] quæ essent in more majorum. C. — Populus romanus libertatis suæ vindices consules appellavit pro regibus, ut *consulere se civibus suis* debere meminissent. F. — In secundis rebus nihil *in quemquam* superbè ac violenter *consulere* decet. L. — Cæsar reperiebat Dumnorigem favere et *cupere Helvetiis.* CÆS. — Nitimur in vetitum semper, *cupimusque negata.* O. — Antonius *leges civitati* per vim *imposuit.* C. —*Catoni* egregiè *imposuit* Milo. C. — *Metellum* multi filii, filiæ, nepotes, neptes *in rogum imposuerunt.* C. — Alexander hortari nauticos cœpit, *incumberent remis* [5]. CURT. — Augustus Ajacem tragœdiam scripserat, eamdemque, quòd sibi displicuisset, deleverat. Posteà Lucius, gravis tragœdiarum scriptor, interrogabat eum, quid ageret Ajax suus. Et ille; *in spongiam,* inquit, *incubuit* [6]. MACROB. — *Incumbe* toto pectore *ad laudem.* C. — *Incumbe in eam curam et cogitationem* [7] quæ tibi summam dignitatem et gloriam afferat. C. — *Moderari animo et orationi*, cum sis iratus, non mediocris ingenii est. C. —Boni viri non voluptate, sed officio, *consilia moderantur.* C. —Auditorum aures *moderantur oratori prudenti.* C. — Tiberius *Germanico Cæsari* proconsulare imperium *petivit.* T. — Nec quemquam decet qui manus armaverit, *ab inermis pedibus* auxilium *petere.* SALL. — Paulus per Thessaliam *Delphos petit,* inclytum oraculum. L. — *Inimicos* sagittâ eminus ; hastâ cominus *petimus.* CURT. — Consulite vobis, *prospicite patriæ.* C. — Isthoc est sapere, non quod ante pedes modò est, videre, sed etiam *illa,* quæ futura sunt, *prospicere.* TER. — A Deo *vitæ* hominum *provideri* manifestum est. C. — Josephus *sterilitatem* agrorum ante multos

---

[1] (*Homines*) *possunt,* on peut. [2] *Solutos captare risus hominum,* chercher à faire rire, *captare famam dicacis,* chercher à briller par ses bons mots. [3] *Hic niger est,* voilà le méchant, la bête noire. [4] *Quas . eas,* pour savoir quelles formes religieuses ils garderaient de préférence, l'oracle se prononça pour celles. [5] *Incumbere remis,* ramer de toutes ses forces. [6] Pour comprendre ce bon mot il faut se rappeler qu'Ajax se donna la mort en se laissant tomber sur la pointe de son epée, *in gladium incubuit,* et que les Romains se servaient d'une eponge pour effacer ce qu'ils avaient ecrit sur le parchemin. [7] *Cura et cogitatio,* plans et entreprises.

annos *providit*. J. — *Recipio vobis*, celeriter me negotium ex
sententiâ confecturum. C. — Eucratides rex Indiam in potestatem redegit. Undè cùm *se reciperet*, à filio, quem socium
regni fecerat, in itinere interficitur. J. — Alexander, ut secu-
rum medicum conspexit, lætior factus est, *sanitatemque* quartâ
die *recepit*. J. — Quid [1] *recipis mandatum*, si aut neglecturus,
aut ad tuum commodum conversurus es? C. — Si *gulæ temperes*,
non est onerosum [2], quo utaris ipse, *communicare* [3] cum plurimis. P. j. — Non recuso quin ita me audiatis, ut, si *cuiquam*
Veires ullâ in re unquàm *temperaverit*, vos quoque *ei tempe-
retis*.C. —Lycurgus Lacedæmoniorum *rempublicam temperavit*.C.
— Cataractis aquæ *cursum temperamus*. P. j. — Helvetios Cæsar
non *temperaturos ab injuriâ* et *maleficio* existimabat. Cæs —
Atheniensis Clisthenes Junoni Samiæ, cùm *rebus* timeret *suis*,
filiarum dotes credidit. C. — *De republicâ* valdè *timeo*. C. —
Neminem equidem *timeo* præter Deos immortales. L. — *Philoso-
phiæ* semper vaco. — Vacare *culpâ* magnum est solatium. C.
— Nihil *à Deo* vacat. Opus suum ipse implet. S.

102. Gallus, escam quærens, margaritam reperit.
— Plato *scribens* mortuus est. C. — Levis est animi,
lucem splendoremque *fugientis*, justam gloriam, quæ
fructus est veræ virtutis, repudiare. C. —Odiosum sanè
genus hominum officia *exprobrantium*. C. — Alexandro
cœlestes honores *concupiscenti* non deerat perniciosa
adulatio, perpetuum malum regum. Curt. — Themistocles totum se dedit reipublicæ, diligenter amicis fa-
mæque *serviens*. N. — Malo virum pecuniâ [4], quàm
pecuniam viro *indigentem* [5]. V. M. — Herculem Germani, primum omnium virorum fortium, *ituri* in præ-
lia, canunt. T. — Stultus est, qui equum *empturus*
non ipsum inspicit, sed stratum ejus ac frenos S. —
Multi non vivunt, sed *victuri* sunt, omnia differunt. S.
— Ciconiæ *abituræ* congregantur in loco certo. P. —
Ingratus est injustusque civis, qui, armorum periculo
liberatus, animum tamen retinet *armatum*. C.—Multi
fabellas latinas, ad verbum [6] de Græcis *expressas*, non
inviti legunt. C.—Pythagoras Crotonam venit, populumque in luxuriam *lapsum*, auctoritate suâ ad usum
frugalitatis revocavit. J. — *Obliti* omnes Alexandri milites conjugum liberorumque, et longinquæ à domo mi-

---

[1] *Quid*, pourquoi. [2] S. *tibi*, [3] S. *id*. — [4] *Virum* indigentem *pecuniâ*, un
homme sans argent. [5] Opinion de Thémistocle sur le choix d'un gendre.
[6] *Ad verbum*, littéralement.

-litiæ [1], Persicum aurum et totius Orientis opes, jam quasi suam prædam ducebant : nec belli periculorum, sed divitiarum meminerant. J. — Primus Scipio Africanus, nomine *victæ* à se gentis, est nobilitatus. L. — Si beatus unquàm fuisset Crœsus, beatam vitam usquè ad illum à Cyro *exstructum* rogum protulisset. C. — Pauci et admodùm pauci, honore et gloriâ *amplificati* [2], vel corrumpere mores civitatis, vel corrigere possunt. C.

103. AMAT LUDERE. — Neque civitas in seditione beata *esse* potest, nec in discordiâ dominorum domus. C. — Bona conscientia *prodire* vult et *conspici :* ipsas nequitia tenebras timet. S. — Nulla lassitudo *impedire* officium et fidem debet. C. — Mater timidi *flere* non solet. N. — Non omnes sciunt *referre* beneficium. S. — Nescit vox missa *reverti*. H. — *Culpari* metuit fides. H. — Oderunt *peccare* boni virtutis amore. H. — In Asiâ insuevit exercitus populi romani *potare* [3]; signa, tabulas pictas, vasa cælata *mirari;* ea privatim ac publicè *rapere* [4], delubra *spoliare*. SALL. — Hamilcar admodùm adolescentulus *præesse* cœpit exercitui. N. — Brevis *esse* laboro [5], obscurus fio. H.

Postquàm L. Sylla armis recepit [6] rempublicam, *rapere* omnes ; domum alius, alius agros *cupere ;* neque modum, neque modestiam victores *habere ;* fœda crudeliaque in civibus facinora *facere* [7]. SALL.

Aves fœtus suos, cùm visi sunt adulti, paulum *egredi* nidi et *circumvolare* sedem illam præcedentes ipsæ docent. O — Docemur *coercere* omnes cupiditates, nostra *tueri*, ab alienis *mentes*, oculos, manus *abstinere*. C. — Galli viatores etiam invitos *consistere* cogunt, et quod quisque eorum de quâque re audierit aut cognoverit quærunt. CÆS. — Medici gravioribus morbis periculosas curationes *adhibere* coguntur. C. — Ulyssem insimulant tragœdiæ, simulatione insaniæ militiam subterfugere *voluisse*. C. — Athenienses Alcibiadem capere Cymen *noluisse* arguebant N — *Occidisse* patrem Roscius arguitur. C. — Legati Athenas missi sunt, jussique inclytas leges Solonis *describere*. L.

[1] *Longinquæ à domo militiæ*, ne songeant plus aux fatigues d'une expédition lointaine. [2] *Amplificati*, distingués. — [3] *Potare*, se livrer aux excès du vin. [4] *Ea privatim ac publicè rapere*, c'est-à-dire iis rebus spoliare privatos civitatesque [5] *Laboro* je tâche. [6] *Recipere*, reconquérir [7] Avant tous ces infinitifs, suppléez cœperunt.

104. Eo itur. — Agesilaus Ephesum *hiematum* exercitum reduxit. N. — Galli gallinacei cum sole eunt *cubitum*. P. — Lacedæmonii Agesilaum *bellatum* miserunt in Asiam. N. — Totius ferè Galliæ legati ad Cæsarem *gratulatum* convenerunt. Cæs. — Ædui legatos ad Cæsarem mittunt, *rogatum* auxilium. Cæs. — Hannibal patriam *defensum* revocatus est. N. — Stultitia est *venatum* ducere invitos canes. Plaut.

105. Res visu mirabilis. — Pleraque *dictu* quàm re [1] sunt faciliora. L. — Quod optimum *factu* videbitur, facies. C. — Difficile *dictu* est, quantoperè conciliet animos hominum comitas, affabilitasque sermonis. C. — Quid est tàm jucundum *cognitu* atque *auditu*, quàm sapientibus sententiis, gravibusque verbis ornata oratio [2]? C.

106. Moriendum est. — Etiam post malam segetem *serendum* est. S. —Nihil sine ratione *faciendum* est. S.

107. Parendum est legibus. — Nunquam *proditori credendum* est. C. — *Paci serviendum* [3] est. N. — Etiam in secundissimis rebus maximè est *utendum consilio* amicorum C. — *Permittendum* erit aliquandò *juvenibus*, sequi impetum animi. S.

108. Suo cuique judicio utendum. — Apud Pythagoram *discipulis* quinque annis *tacendum* erat. S. — Nobis *utendum* est exercitationibus modicis. C. — *Tibi* quandòque *moriendum* est. S.

109. Colenda est virtus. —Pietati summa *tribuenda* laus est. C. — Rei familiaris amplificatio nemini nocens non est *vituperanda*; sed *fugienda* semper injuria est. C. — Est unus dies, benè et ex præceptis philosophiæ actus, peccanti [4] immortalitati *anteponendus*. C. — Ex factis, non ex dictis amici *pensandi*. L. — Nec domo dominus, sed domino domus *honestanda* est. C.

110. Mihi colenda est virtus. — Diligentia in om-

---

[1] *Quàm re*, qu'à faire — [2] *Sapientibus sententiis, gravibusque verbis ornata oratio*, discours où brillent la richesse de l'expression et la sagesse de la pensée — [3] *Paci servire*, s'attacher à la paix. — [4] *Peccans*, coupable.

nibus rebus plurimùm valet [1]. Hæc præcipuè colenda est *nobis*, hæc semper adhibenda. C. — Firmi et constantes amici *tibi* sunt eligendi : hujus generis est magna penuria. C. — Non est mors metuenda *bonis*. —*Juvenibus*, inquiebat Diogenes, nondùm ducenda est uxor; *senibus* non jàm.

111. TEMPUS LEGENDI. CUPIDUS VIDENDI. — Cupido *dominandi* cunctis affectibus flagrantior est. T. — Beatè *vivendi* cupiditate incensi omnes sumus. C. — Rhetorice est rectè *dicendi* scientia. — Dialectica est ars, vera ac falsa *dijudicandi*. C. — Parcimonia est scientia *vitandi* sumptus supervacuos, aut ars re familiari moderatè *utendi*. S. — Orator à M. Catone finitur, vir bonus *dicendi* peritus. Q. — Epaminondas studiosus erat *audiendi*. Ex hoc enim facillimè disci [2] arbitrabatur. N. — Magna pars Babyloniorum constiterat in muris, avida *cognoscendi* Alexandrum. CURT.

Exilium terribile est iis quibus quasi circumscriptus est *habitandi* locus [3]; non iis, qui omnem orbem terrarum unam urbem esse ducunt. C. — *Commorandi* natura diversorium nobis, non *habitandi* locum dedit. C. — Quem Venus arbitrum [4] *bibendi* dicet. H.

Sed si tantus amor [5] casus *cognoscere* [6] nostros, et breviter Trojæ supremum *audire* laborem, incipiam. V. — Nescia mens hominum fati, sortisque futuræ, et *servare* [7] modum, rebus sublata secundis [8]! V.

112. TEMPUS LEGENDÆ HISTORIÆ. CUPIDUS VIDENDÆ URBIS. — Sp. Cassius et M. Manlius, proter suspicionem *regni appetendi*, sunt necati. C. — Maxima et una *memoriæ augendæ* ars, exercitatio est et labor. Q. — Natura cupiditatem ingenuit homini *veri inveniendi*. C. — Populus ipse *moderandi* et *regendi sui* potestatem senatui tradidit. C. — Romulum Remumque cupido cepit, in iis locis, ubi expositi atque educati erant, *urbis condendæ*. L. — *Platonis* studiosus *audiendi* fuit. C. — Timotheus rei militaris fuit peritus, neque minùs *civitatis regendæ*. N.

---

[1] *Plurimùm valere*, avoir la plus grande influence. — [2] *Ex hoc disci*, qu'on apprend par là [3] *Quibus.. locus*, dont la patrie est circonscrite en un seul lieu [4] *Arbiter bibendi*, roi de la table [5] *S. est tibi* [6] *Cognoscere*, pour *cognoscendi*. [7] *Servare*, pour *servandi*. [8] *Rebus sublatus secundis*, qui est dans l'ivresse de la prosperité.

113. CORPUS ASSUETUM PATIENDO. — Charta emporetica inutilis est *scribendo*. P. — Crassus, cùm *disserendo* par non esset [1], ad auctores [2] confugit. C. — Natura telum in culice ità formavit, ut *fodiendo* acuminatum pariter, *sorbendoque* fistulosum esset. P. — Aqua nitrosa utilis est *bibendo*. P. — Rubens ferrum non est habile *tundendo*. P.

Persæ assueti erant sub rege *vivere*. CURT.

114. CORPUS ASSUETUM TOLERANDO LABORI. — Cùm parùm se idoneum Diocletianus *moderando imperio* esse sentiret, in privatam vitam concessit. E. — Lignum aridum materia est idonea *eliciendis ignibus*. S. — Ver tanquàm adolescentiam significat : reliqua tempora *demetendis fructibus* et *percipiendis* accommodata sunt. C. — Sunt nonnulli *acuendis* puerorum *ingeniis* non inutiles lusus. Q.

Brutus, cùm studere *revocandis* in urbem *regibus* liberos suos comperisset, protraxit in forum, et concione mediâ virgis cecidit, et securi percussit. F. — Neque mihi licet, neque est integrum [3], ut meum laborem hominum *periculis sublevandis* non impertiam [4]? C.

115. PRONUS AD IRASCENDUM. TE HORTOR AD LEGENDUM. — Breve tempus ætatis satis est longum *ad* benè honestèque *vivendum*. C. — Benè sentire rectèque facere satis est *ad* benè beatèque *vivendum* [5]. C. — Desperatio veniæ *ad repugnandum* acriùs accendit. L. — Non solùm *ad discendum* propensi sumus, verùm etiam *ad docendum*. C. — Ut ad cursum equus, *ad arandum* bos, *ad indagandum* canis, sic homo *ad intelligendum* et *agendum* est natus. C. — Fides nullâ necessitate *ad fallendum* cogitur, nullo corrumpitur præmio. S. — Optandum est ut ii qui præsunt reipublicæ legum similes sint, quæ *ad puniendum* non iracundiâ, sed æquitate, ducuntur, C. — Mores puerorum se *inter ludendum* simpliciùs detegunt. Q.

Nos numerus sumus et fruges *consumere* nati. H.

116. PRONUS AD ULCISCENDAM INJURIAM. — Palpebræ

_____

[1] *Cùm... esset*, se trouvant confondu. [2] *Auctores*, auteurs — [3] *Neque mihi licet, neque est integrum, ut*, je ne suis point maître de. [4] *Impertire*, consacrer. — [5] *Bene beateque vivere*, mener une vie juste et heureuse.

aptissimæ sunt et *ad claudendas pupulas* et *ad aperiendas.* C. — Boum terga *ad onus accipiendum* non sunt figurata; cervices autem natæ ad jugum; tùm vires humerorum et latitudines [1], *ad aratra extrahenda.* C. — E terrâ cavernis ferrum elicimus, rem *ad colendos agros* necessariam. C. — Aves ad *imitandum* humanæ vocis *sonum* dociles sunt. CURT. — *Ad connectendas amicitias* tenacissimum vinculum est morum similitudo. P. j. — Pythagoras Babyloniam *ad perdiscendos* siderum *motus* profectus est. Indè Cretam et Lacedæmona *ad cognoscendas* Minois et Lycurgi *leges* contendit. J.— Musicen natura ipsa videtur *ad tolerandos* faciliùs *labores* velut muneri nobis dedisse. Q.

117. DEDIT MIHI LIBROS LEGENDOS. — Antigonus Eumenem mortuum propinquis ejus *sepeliendum tradidit.* Hi ossa ejus in Cappadociam *deportanda curárunt.* N. — Pueris sententias *ediscendas damus.* S. — Cyrus infans *datur occidendus* Harpago, isque pastori regii pectoris puerum *exponendum tradit.* J. — Natura mulieri domestica negotia *curanda tradidit.* COL. — Natura *distribuit* viro calores et frigora *perpetienda,* itinera et navigationes, labores pacis ac belli. C. — Diomedon, rogatu Artaxerxis, Epaminondam pecuniâ ·corrumpendum suscepit. N. — Astyages liberos Harpago *epulandos apposuit.* S.

118. REDEO AB AMBULANDO. — Pœnâ mali, virtutis amore boni *à peccando* deterrentur. — Fabius *à cunctando* Cunctator appellatus est. — *Ex mentiendo* multa mala nascuntur.

119. IN JUDICANDO CRIMINOSA EST CELERITAS. — Cernuntur *in agendo* virtutes. C. — Adhibenda est *in jocando* moderatio. C. — Prohibenda est ira *in puniendo.* C.

120. CONSUMIT TEMPUS LEGENDO. — Nerva optimè reipublicæ consuluit, Trajanum *adoptando.* E. — Lycurgi leges laboribus erudiunt juventutem *venando* [2],

---

[1] *Vires humerorum et latitudines*, épaules larges et fortes — [2] *Venando*, en s'exerçant à la chasse.

currendo, esuriendo[1], *sitiendo, algendo, æstuando*. C.
— Hominis mens *discendo* alitur. C. —Multi patrimonia
effuderunt, inconsultè *largiendo*. C. — *Vigilando,
agendo,* bene *consulendo,* prospere omnia cedunt. SALL.

121.' REDIBAM AB AGRIS INVISENDIS. — Senectus *à rebus gerendis* abstrahit. C. — Nulla vitæ pars neque
publicis, neque privatis in rebus, vacare officio potest :
in eoque colendo sita est [2] vitæ honestas omnis, et *in
negligendo* turpitudo. C. —Boni viri *in augendá re* non
avaritiæ prædam, sed instrumentum bonitati quærere
videntur. C. — Multi *in equis parandis* adhibent curam, et *in amicis eligendis* negligentes sunt. C. —Fortitudo in laboribus, periculisque cernitur : temperantia
in prætermittendis voluptatibus : prudentia in delectu
bonorum et malorum : justitia *in suo* cuique *tri-
buendo.* C. — *In omnibus officiis persequendis* animi
est adhibenda contentio. C. —Brutus *in liberandá pa-
triá* est interfectus. C. — Augustus *de reddendá repu-
blicá* bis cogitavit, sed *in retinendá* perseveravit. SUET.
— Exercenda est memoria *ediscendis scriptis* philosophorum. C. — Dando et accipiendo, *permutandis*que
facultatibus et *commodis* nullâ re egemus. C.

122. JUSTITIA ERGA DEUM. FULGERE IN TENEBRIS. —
Tendit *ad ardua* virtus. O. — Sophocles *ad summam
senectutem* tragœdias fecit. C. — Cæsar *adversùm
Pompeium* dimicavit. E. —Patrium habet Deus *adversùs bonos viros* animum. S.—Propone Deum *ante oculos.* C. — Latrocinia *apud Germanos* nullam habent
infamiam, quæ *extra fines* cujusque civitatis fiunt. CÆS.
— *Circa flumina* et *lacus* frequens nebula est. S.—
Præparetur animus *contra omnia,* S. — Terra se *circùm
axem* convertit et torquet. C. — Justitia *erga Deum*
religio dicitur, *erga parentes* pietas. C. — *Infra Sa-
turnum* Jovis stella fertur. C. — Alexander Clitum
inter epulas transfodit. S. — Omnes virtutes *inter se*
nexæ et jugatæ sunt. C.—Multi *intra vicesimum diem*
dictaturâ se abdicaverunt. L. — Atticus sepultus est
juxtà viam Appiam ad quintum lapidem. N — Rari

___
[1] *Esuriendo*, en lui faisant souffrir la faim. [2] *Sita est* , consiste

cometæ, et *ob hoc* mirabiles sunt. S.—Principio rerum, gentium nationumque imperium *penès reges* erat. J. — Brutum consulem matronæ romanæ *per annum* luxerunt. E. — Condita Massilia est *propè ostia* Rhodani amnis. J. — Janus bis *post* Numæ *regnum* clausus fuit. L. — Septem Græciæ sapientes omnes, *præter Milesium Thalen*, civitatibus suis præfuerunt. C. — Athenienses, *propter* Pisistrati *tyrannidem*, omnium suorum civium potentiam extimescebant. N. —*Secundùm deos*, homines hominibus maximè utiles esse possunt. C — Nulla potentia *suprà leges* esse debet. C. — Græci incoluêre terras priùs *cis Apenninum*, posteà *trans Apenninum*. L. — Medus ad mare *meridiem versùs* evehitur. Curt. —Adriaticum mare *ab Adriá* Tuscorum *coloniá* vocavêre Italicæ gentes. L. — Cantabit vacuus *coram latrone* viator. Juv. — Leonidas, rex Spartanorum, *cum quatuor millibus* militum, angustias Thermopylarum occupavit. J. — Propè est *à te* Deus, *tecum* est. S. — Omnia mea *mecum* porto, inquit Bias. C. — Sæpè animus *à se* ipse dissidet, *secumque* discordat. C. — Difficulter reciduntur vitia quæ *nobiscum* creverunt. S. — Aristoteles *de arte rhetoricá* tres libros scripsit. Q. — Duas *ex uná civitate* discordia facit. L. —Iphicrates genus loricarum mutavit et *pro ferreis* atque *æneis* linteas dedit. N. — Est vita insuavis *sine* litterarum *studiis*. C. — Nullius boni jucunda possessio est *sine socio*. S. — Alexander omnia *Oceano tenùs* vicit. S. — *E Lacedæmoniis* unus, cùm Perses hostis *in colloquio* dixisset glorians : solem *præ* jaculorum *multitudine* et sagittarum non videbitis; *in umbrá* igitur, inquit, pugnabimus. C. —Arar *in Rhodanum* influit. Cæs. — Annus dividitur *in ver et æstatem*, et *autumnum* et *hyemem*. Varr. — T. Manlius perindulgens *in patrem*, idemque acerbus et severus *in filium* fuit. C. — *In fugá* fœda mors est, *in victoriá* gloriosa. C.—Socrates triginta dies *in carcere* et *in exspectatione* mortis exegit. S. — Timotheus Corcyram *sub imperium* Atheniensium redegit. N. — Sæpè est etiam *sub palliolo sordido* sapientia. C. —Plato rationem in capite, iram in pectore, cupiditatem *subter præcordia* locavit. C. — *Super tabernaculum* Darii imago solis fulgebat. Curt. — *Super arce* (vulgatum Græcorum fabulis [1] miraculum) pensiles horti sunt. Curt.

123. Veniet die dominica. — Augustus obiit *septuagesimo* et *sexto* ætatis *anno.* Suet. — Arabes campos et montes *hyeme* et *ætate* peragrant. C. — Elephantos Italia primùm vidit Pyrrhi regis *bello.* P. — Condita est Carthago *octoginta duobus annis* antequàm Roma. J. — *Suo* quæque *tempore* facienda sunt. P.

Socrates supremo vitæ die de immortalitate animorum multa disseruit, et *paucis* antè *diebus*, cum facilè posset educi è custodiâ, noluit. C. — Corpus Alexandri à Ptolemæo, cui Ægyptus cesserat, Memphim, et indè *paucis* post *annis* Alexandriam translatum est. Curt.

124. Regnavit tres annos ou tribus annis. — *Decem* quondam *annos* urbs oppugnata est ob unam mulierem ab universâ Græciâ. L. — *Noctes* atque *dies* patet atri janua Ditis. V. — Quædam bestiolæ *unum diem* vivunt. C. — *Duodequadraginta annos* tyrannus Syracusanorum fuit Dionysius. C. — Macedonum regnum, à summo culmine fortunæ ad ultimum finem ; *centum quinquaginta annos* stetit. L. — Xerxes bellum à patre cœptum adversùs Græciam *quinquennium* instruxit. J. — Nestor *tertiam ætatem* hominum vixit. C. — Equites romani natalem Augusti *biduo* semper celebrârunt. Suet. — *Tredecim annis* Alexander regnavit. L. — Sunt regiones, ubi sol *sex mensibus continuis* non videtur. Varr. — Mithridates regnavit *annis sexaginta*, vixit *septuaginta duobus*, contra Romanos bellum habuit *annis quadraginta*. E. — Arbores magnæ diù crescunt, *unâ horâ* exstirpantur. Curt.

A Romanis nihil publicè sine auspicio nec *domi* nec *militiæ* gerebatur. C.

125. Deus mundum creavit intra sex dies ou sex diebus. — Decemviros legibus scribendis *intra decem annos* et creavimus, et è republicâ sustulimus. L. — Germani *intrà annos quatuordecim* tectum non subie-

---

[1] *Vulgatum Græcorum fabulis*, dont les Grecs ont tant parlé.

runt. C*æs*. — Agamemnon cum universâ Græciâ vix *decem annis* unam cepit urbem. N. — Saturni stella *triginta* ferè *annis* cursum suum conficit ; Jovis stella eumdem *annis duodecim* conficit. C. — Pompeius *unde-quinquagesimo die* ad imperium populi romani Ciliciam adjunxit. C. — Hannibal in Italiam pervenit, *quinto decimo die* Alpibus superatis. L.

126. Phaeton currum paternum in diem petit. — Solis defectiones itemque lunæ prædicuntur *in multos annos*. C. — Sardianis Tiberius, quantùm ærario aut fisco pendebant [1], *in quinquennium* remisit. T. — Major pars mortalium conqueritur, quòd *in exiguum ævi* gignimur. S. — Athenis perpetui Archontes esse desierunt, cœperuntque *in denos annos* creari. Vell..

127. Tertium annum ou a tribus annis regnat. — Mithridates, qui uno die tot cives romanos trucidavit, non modò adhuc pœnam nullam suo dignam scelere suscepit, sed ab illo tempore *annum* jam *tertium et vicesimum* regnat. C. — Rex Archelaus *quinquagesimum annum* Cappadociâ potiebatur. T. — *A ducentis quadraginta quatuor annis* reges habebant Romam, quùm consulatus institutus est.

128. Tres abhinc annos ou tribus abhinc annis regnat — Carthago diruta est, cùm stetisset annis sexcentis sexaginta septem, *abhinc annos centum septuaginta septem* Vell. — Roscius litem decidit [2] *abhinc annis quatuor.* C

129. Decessit Philippus quadraginta septem annos natus, ou quadraginta septem annorum. — Romulus *decem et octo annos natus* urbem, quam ex suo nomine Romam vocavit, in Palatino monte constituit. E. — Alcibiades, *annos* circiter *quadraginta natus*, diem obiit supremum. N. — Cato primum stipendium meruit [3] *annorum decem septemque.* N. — Hamilcar secum in Hispaniam duxit filium Hannibalem *annorum novem.* N.

Hannibal minor *quinque et viginti annis* natus, imperator factus est. N. — Julius Cæsar sanxit ne quis civis *major annis*

---

[1] *Quantum ærario aut fisco pendebant*, ce qu'ils payaient, soit au trésor public, soit à celui du prince. — [2] *Litem decidere*, transiger. — [3] *Primum stipendium merere*, faire ses premières armes.

viginti minorve quadraginta plus triennio continuo Italiâ abesset. SUET. — Cautum est Pompeiâ lege ne quis capiat magistratum *minor annorum triginta.* P. j. — Edicto Augusti magistratum capere poterant ii qui non *minores duorum et viginti
annorum* essent. P. j.

130. VELUM LONGUM TRES ULNAS OU TRIBUS ULNIS.
— Arabes gladios habebant tenues, longos *quaterna
cubita.* L. — Antiochus fossam, *sex cubita* altam,
duodecim latam, duxit [1]. P. — Milites aggerem latum
pedes trecentos et *triginta*, altum *pedes octoginta*,
exstruxerunt. CÆS. — Mausoli sepulcrum patet ab
austro et septentrione *sexagenos ternos pedes.* L.

131. DUOBUS DIGITIS MAJOR ME NON ES. — Turres in
muris Babylonicis *denis pedibus*, quàm murus, altiores
sunt. CURT. — Pompeius *biennio* major (natu) fuit
quàm Cicero. C. — Crassus erat *triennio* minor quàm
Antonius. C. — Siculi nonnunquàm *uno die* longiorem
mensem faciunt aut *biduo.* C.

132. ABEST OU DISTAT VIGINTI PASSUS, OU VIGINTI
PASSIBUS. — Campus Marathon abest ab oppido Atheniensium circiter *millia* passuum *decem* [2]. N. — Sa-
guntum civitas longè opulentissima fuit, sita *passus
mille* fermè à mari. L. — Zama quinque dierum *iter*
à Carthagine abest. L. — Æsculapii templum *quinque
millibus* passuum ab Epidauro abest. L. — A Chalcide
Aulis trium millium *spatio* distat. L. — Ancus Martius
apud ostium Tiberis civitatem *sexto decimo milliario*
ab urbe Româ condidit. L.

133. VAS EX AURO. — Verres vocat ad cœnam ipse
prætorem : exponit suas copias omnes : multum argentum [3]; non pauca etiam pocula *ex auro.* Erat etiam
vas vinarium *ex unâ gemmâ pergrandi*, cum manubrio
aureo. C. — Nego in Siciliâ totâ, ullum *argenteum*
vas fuisse [4], quidquam [5] *ex auro*, aut *ebore* factum;
signum ullum *æneum, marmoreum, eburneum*, quin
Verres abstulerit. C.

---

[1] *Duxit*, fit faire. — [2] *Millia decem*, dix mille. — [3] *Multum argentum*,
beaucoup d'argenterie. [4] *Nego ullum vas fuisse*, je nie qu'il ait existé un
seul vase. [5] *Quidquam*, un seul ouvrage.

134. FERIRE GLADIO. PALLERE METU. VINCIS FORMA.
TENEO LUPUM AURIBUS. — Manlius Torquatus *securi*
filium percussit [1]. C. — Pallida mors *æquo* pulsat *pede*
pauperum tabernas, regumque turres. H. — Homines
annum solis *reditu* metiuntur. C. — Nonnulli sive
felicitate quâdam, sive *bonitate* naturæ, sive parentûm *disciplinâ* [2], rectam vitæ secuti sunt viam. C. —
Nemo unquàm imperium, *flagitio* quæsitum, *bonis
artibus* [2] exercuit. T. — *Concordiâ* res parvæ crescunt,
discordiâ maximæ dilabuntur. S.—Epaminondæ nemo
Thebanus par erat *eloquentiâ*. N. — Plerasque urbes
munitionibus ac *naturali situ* inexpugnabiles, *fame
sitique* tempus ipsum vincit atque expugnat. L. —Hannibal Italiam per annos sexdecim *variis cladibus* fati-
gavit. J. — Medici graviores morbos *asperis remediis*
curant. CURT. — Socrates, omnium eruditorum *testi-
monio*, totiusque *judicio* Græciæ, philosophorum omni-
nium fuit princeps. C. —Pyrrhus patriam suam angus-
tam ignobilemque, *famâ* rerum gestarum et *claritate*
nominis sui, toto orbe illustrem reddidit. J. — *Doctrinâ* Græcia Romanos et *omni* litterarum *genere* su
perabat. C. — Celsæ *graviore casu* decidunt turres. H.
—Horridus [4] miles esse debet, non cælatus *auro argen-
toque*, sed *ferro* et *animis* fretus [5]. Virtus est militis
decus [6]. L. — *Dente* lupus, *cornu* taurus petit. H.

135. HIC LIBER CONSTAT VIGINTI ASSIBUS. — *Viginti
talentis* unam orationem Isocrates vendidit. P. —
Otium non *gemmis*, neque *purpurâ* venale [7], nec
auro. H. — Antonius regna addixit [8] *pecuniâ*. C. —
Quidam *pretio parvo* ea, quæ acceperunt à majoribus,
vendunt. — Spem *pretio* non emo. TER.

Venditori expedit, rem venire quàm *plurimo*. C. — Nùm
nimio emptæ tibi videntur ædes? PLAUT. — Cœlius conduxit in
Palatio non *magno* domum. C.

136. SUM IN GALLIA. — Quis clarior *in Græciâ*
Themistocle, quis potentior? C. — Disciplina Pytha-

---

[1] *Securi percutere*, punir de mort [2] *Disciplinâ*, les instructions. [3] *Bonis
artibus*, par la vertu. [4] *Horridus*, hérissé de fer. [5] *Ferro fretus*, qui met
sa confiance dans son épée. [6] *Decus*, parure —[7] S. est. [8] *Pecuniâ addicere*,
mettre à l'encan [9] *Tantus* ut, tel que

goræorum aliquot secula *in Italiâ Siciliâque* viguit. C.
—Tyriorum coloniæ penè orbe toto diffusæ sunt; Carthago *in Africâ , in Bœotiâ* Thebæ , Gades ad Oceanum. Curt. —Philippus *in acie* tutior quàm *in theatro* fuit; hostium manus sæpè vitavit, suorum effugere non valuit. Curt.

137. Natus est Avenione. — *Babylone* Alexandei est mortuus. C. — *Lacedæmone* erat honestissimum domicilium senectutis. C. — Pisistratus et Pericles *Athenis* tyrannidem gesserunt. V. M.—Quintus *ruri* agere vitam constituit. L.

138. Habitat Romæ , Lugduni. — Quadringinta millia librorum *Alexandriæ* arserunt. S. — Ut *Romæ* consules, sic Carthagine quotannis bini reges creabantur. N. — Artemisia , Mausoli Cariæ regis uxor, nobile illud *Halicarnassi* fecit sepulcrum. C. —Conon plurimùm *Cypri* vixit, Iphicrates in Thraciâ, Timotheus *Lesbi* N.—Dionysius *Corinthi* pueros docebat. C.

139. Sum domi. Jacet humi. — Condiunt Ægyptii mortuos et eos *domi* servant. C. — Cochleæ et serpentes *humi* repunt. — *Domi* puer ea sola discere potest , quæ ipsi præcipientur : in scholâ , etiam quæ aliis Q.

140. Cœnabam apud patrem. — Nunquam sine aliquâ lectione *apud Atticum* cœnatum est N

141. Redeo ex Gallia. — Cato *ex Sardiniâ* Ennium poetam deduxerat. N. — Ibes avertunt pestem *ab Ægypto*, cùm volucres angues [1], *ex vastitate* [2] Libyæ vento Africo invectas, interficiunt [3] atque consumunt. C. — Potest *ex casâ* vir magnus exiie. S.

142. Redeo Lugduno.—Timoleon *Corintho* arcessivit colonos, quòd ab his [4] initio Syracusæ erant conditæ. N. — Æschines cessit *Athenis*. C. — Cùm Tullius *rure* redierit , mittam eum ad te. C. — Princeps Academiæ Philo cum Atheniensium optimatibus , Mithridatico bello [5], *domo* [6] profugit. C.

---

[1] *Volucres angues*, serpens volaus. [2] *Vastitas* désert [3] *Cùm . interficiunt*, en tuant — [4] *Ab his*, par des Corinthiens. [5] *Mithridatico bello*, a cause de la guerre de Mithridate. [6] *Domo*, de sa patrie

143. **Venio a patre, a venatione.** — Occisus est ad balneas Palatinas, rediens *à cœná*, Sext. Roscius. C. — Apud Romanos consules *ab aratro* arcessebantur. C. — Sylla nusquàm Atticum *ab se* dimittebat. N.

144. **Eo in Galliam.** — Scipionis consilio atque virtute Hannibal *in Africam* redire atque ex Italiâ decedere coactus est. C. — Primus *in Græciam* ex Ægypto Danaus advenit. P. — *Ad Lycum amnem* Alexander pervenit. Curt.

145. **Ibo Lutetiam.** — Demaratus, Tarquinii regis pater, fugit *Tarquinios* Corintho, et ibi suas fortunas constituit. C. — Pompeius Luceriâ proficiscitur *Canusium* atque indè *Brundusium.* C. — Lycurgus *Cretam* profectus est, ibique perpetuum exilium egit. J. — Aristoteles, Theophrastus, Zeno, innumerabiles alii philosophi nunquàm *domum* reverterunt. C. — Lælius et Scipio *rus* ex urbe, tanquam è vinculis, evolabant. C.

146. **Eo ad patrem, ad sacram concionem.** — Nemo aut miles aut eques à Cæsare *ad Pompeium* transierat. Cæs. — Hannibal, patriâ profugus, pervenit *ad Antiochum* L. — Regulus *ad supplicium* redire maluit, quàm fidem hosti datam fallere. C.

147. **Iter feci per Galliam** — Phœbidas Lacedæmonius, cùm exercitum Olynthum duceret, iterque *per Thebas* faceret [1], arcem oppidi, quæ Cadmea nominatur, occupavit. N. — Nilus, incertis ortus fontibus, it *per deserta et ardentia loca.* P.

148. **Consisterunt Corinthi in loco nobili** — Archias poeta *Antiochiæ* natus est, *celebri* quondam *urbe et copiosá.* C. — Cæsar discedit *Tarracone, ex oppido maritimo* Hispaniæ; pedibusque [2] *Narbonem,* atque inde *Massiliam, in urbem* à Phocæis *conditam,* pervenit.

149. **Cimon in oppido Citio mortuus est.** — Unà nocte omnes Hermæ, qui *in oppido* erant *Athenis,* dejecti sunt N. — Dolopes Cimon *ex urbe insuláque Scyro* ejecit. N. — Æschines se contulit *in insulam Rhodum*

150. **Habitat in domo Cæsaris.** — Alcibiades educatus est *in domo Periclis,* eruditus à Socrate. N. — Ex vitâ discedo, tanquam ex hospitio, non tanquam *ex domo.* C. — Marius septi-

---

[1] *Cùm duceret, interque faceret,* menant, passant — [2] *Pedibus,* par terre.

mum consul, *domi suæ* enex est mortuus. C. — Habitat *in rure suburbano.*

151. MULTUM AQUÆ. — *Multùm* habet *jucunditatis* soli cœlique mutatio. P. j. — Inerat Catilinæ *satis eloquentiæ, sapientiæ parùm.* SALL. — *Quantùm* animis *erroris* inest ! O. — Quid absurdius avaritiâ senum ? cur hi quibus *minùs viæ* restat, *plùs viatici* quærunt ?

152. MAGNA DOCTRINA, — *Pecunia magna magnam curam* affert. — *Major spes, major* est *animus* illi qui infert vim, quàm illi qui arcet. L. — Juventuti *parva* inest *prudentia.* — Q. Curio non *minor vanitas*[1] inerat, quàm *audacia.* SALL. — *Nimia fiducia* damno est. — *Quantam voluptatem* affert benefactorum recordatio ! — *Multo sanguine* Pœnis victoria stetit. L.

153. MULTI LIBRI — Satiùs est tradere te *paucis auctoribus*, quàm errare per *multos.* S. — *Paucis hominibus* carior fides quàm pecunia est. SALL. — *Multi homines* contentionis sunt cupidiores quàm veritatis C. — In omnibus seculis *pauciores viri* reperti sunt, qui suas cupiditates, quàm qui hostium copias vincerent. C. — Adolescentia *plures* quàm senectus mortis *casus* habet. C. — *Quot* Pompeius *calamitates* hausit ! C. — Solus homo, ex *tot* animantium *generibus*, rationis est particeps. C.

154. UBI TERRARUM? — Qui virtutem adeptus erit, *ubicumque* erit *gentium* à nobis diligetur. C — Nec sane *usquàm terrarum* locum honoratiorem senectus habet quàm Lacedæmonc. J. — Non herclè, *quò* hinc nunc *gentium* aufugiam, scio PLAUT — Rhodum, aut *aliquò terrarum*, migrandum est. C.

155. HUC ARROGANTIÆ. Eò IMPUDENTIÆ. — Populus romanus *eò magnitudinis* crevit, ut viribus suis conficeretur. F.

156. TUNC TEMPORIS. — Civitas Hannibalem, *tum temporis* consulem, in foro exspectabat. J.

157. PRIDIÈ, POSTRIDIÈ CALENDARUM OU CALENDAS. — Caligula natus est *pridie calendas* septembris. SUET. — *Postridiè ejus dici,* Cæsar milites equitesque in expeditionem misit, ut eos, qui fugerant, persequerentur CÆS

---

[1] *Vanitas*, legèrcte.

158. OBVIAM HOSTIBUS. — Antiochus, si tàm in agendo bello parere voluisset consiliis Hannibalis quàm in suscipiendo instituerat, *propiùs Tiberi* quàm *Thermopylis*, de summâ imperii dimicâsset. N. — Potiùs serò quàm nunquàm *obviam* eundum *audaciæ temeritati*que. L. — Summum bonum à stoicis dicitur, *convenienter naturæ* vivere. C. — Bello Punico secundo adeò varia belli fortuna fuit, ut *propiùs periculum* fuerint, qui vicerunt. L. — *Proximè Hispaniam* Mauri sunt. SALL.

159. EN, ECCE LUPUS; EN, ECCE LUPUM. — En *illa*, quam sæpe optâstis, *libertas!* SALL — En quatuor *aras* : ecce *duas* tibi Daphni, *duoque altaria* Phœbo. V. — Ecce *Palæmon*. V.

160. VÆ VICTIS! — Væ *miseræ mihi!* TER.

161. HEU! ME MISERUM. — *O præclarum diem*, cùm [1] ad illud divinum animorum concilium cœtumque proficiscar! C. — Si turpia sunt, quæ facis, quid refert, neminem scire, cùm *tu* scias? *O te miserum*, si contemnis hunc testem. S. — *Heu me miserum!* cur senatum cogor, quem laudavi semper, reprehendere? C. — *Me miserum*, te in tantas ærumnas propter me incidisse. C

---

[1] *Cùm*, que celui ou

LIVRE TROISIÈME.

DÉPENDANCE DES PROPOSITIONS.

162. LEX JUBET. — Pueri ludis *tenentur*. C. — Hannibal, quotiescumque cum Romanis *congressus est* in Italiâ, semper *discessit* superior. N.

163. SPERNE VOLUPTATES. — Cœlestia semper *spectato*, humana *contemnito*. C. — Fructu, non foliis arborem *æstima*. PH. — In rebus prosperis superbiam arrogantiamque magnoperè *fugiamus*. C. — *Vivite* fortes [1], fortiaque adversis *opponite* pectora rebus. H.

Virgines vestales in urbe *custodiunto* ignem foci publici sempiternum. C.

164. NE INSULTA. NE INSULTES. NOLI INSULTARE. — Impius *ne audeto* placare donis iram deorum. C. — *Ne* magnus tenuem *despicito*. PH. — Potentes *ne tentes* æmulari. PH. — *Noli* in conservandis bonis viris *defatigari*. C. — *Nolite* id *velle*, quod fieri non potest. C.

165. VOLO UT MIHI RESPONDEAS. — Philosophia adhortatur ut Deo libenter *pareamus* C. — Ut *jugulent* homines, surgunt de nocte latrones. H. — Licet ipsa vitium *sit* ambitio, frequenter tamen causa virtutum est. Q. — Deus intelligit quid quisque *sentiat*. C. — Mortalis nemo est, quem non *attingat* dolor morbusque. C. — Assentatio, vitiorum adjutrix, procul *amoveatur* [2]. C. — Qui dedit beneficium, *taceat*; *narret*, qui accepit S. — Pueri *legant* et *discant*, non modò quæ diserta sunt, sed magis quæ honesta. Q.

166. DEUS QUI REGNAT. — Augustus rempublicam Tiberio reliquit, *qui* privignus ejus, mox gener, postremò adoptione filius fuerat. E. — Turpissima est jactura, *quæ* fit per negligentiam. S. — Vivunt ii *qui*

______

[1] *Vivite fortes*, ne perdez pas courage. — [2] S *oportet ut*.

ex corporum vinculis, tanquàm è carcere, evolârunt. C.
— Sardanapalus tertio et tricesimo loco [1] à Nino et
Semiramide *qui* Babylona condiderant, natus est. VELL.

167. REFERT MEA QUI DOCEO. — *Judices, refert vestra qui* ex
lege *judicatis, legibus obtemperare.* — Omnia sunt *meâ culpâ*
commissa, *qui* [1] ab his me amari putabam, qui invidebant. C.

168. DEUS, QUI REGNAT, EST OMNIPOTENS, etc. —
Navis optimè cursum conficit ea *quæ* scientissimo gu-
bernatore *utitur.* C. — Mithridates Scythas invictos
anteà, *qui* Sopyriona Alexandri Magni ducem cum
triginta millibus armatorum *deleverant, qui* Cyrum
Persarum regem cum ducentis millibus *trucidaverant,*
qui Philippum Macedonum regem *fugaverant,* ingenti
felicitate perdomuit. J. — Arbores serit diligens agricola, *quarum* adspiciet *baccam* ipse nunquam. C. —
Non tenuit iram Alexander, *cujus potens* non erat. CURT.
— Negare aliquid ei, *cui carissimus* essem, durum
mihi videbatur. C. — Duo sunt aditus in Ciciliam ex
Syriâ, *quorum uterque* parvis præsidiis propter angustias intercludi potest. C. — Alexander phàlangem,
quâ nihil apud Macedonas *validius* erat [3], in fronte
constituit. CURT. — Horatii unius manu parta victoria
est, *quam* ille mox parricidio *fædavit.* F. — Genus,
forma, vires, opes, cætera *quæ* fortuna *dat,* non habent in se veram laudem. C. — Volsci bellum repara-
verunt, et victi acie, etiam Coriolos civitatem, *quam*
habebant optimam, perdiderunt. E. — Marcellum,
cui maximè *succensebat,* cum summâ illius dignitate [5],
Cæsar restituit. C. — *Cui prodest* scelus, is facit. S. t.
— Nox longa videtur ægris, *quibus* somni pars *est*
nulla. H. — Atheniensium sapientissimus Solon leges,
quibus hodiè quoque *utuntur,* scripsit. C. — Theophrastus moriens accusâsse naturam dicitur, quòd cer-
vis et cornicibus vitam diuturnam, *quorum* id nihil
interesset; hominibus, *quorum* maximè *interfuisset,*
tàm exiguam vitam dedisset. C. — Sunt homines *quos*

---

[1] *Tertio et tricesimo loco natus ab*, par succession de père en fils, le trente-
troisième roi issu de. — [2] *Meâ culpâ qui*, pour *culpâ meâ qui.* — [3] *Cursus,*
traversée [4] *Quâ .. erat*, qui était le corps le plus vigoureux des troupes ma-
cédoniennes [5] *Cum summâ illius dignitate*, de la manière la plus honorable

libidinis infamiæque suæ neque *pudeat*, neque tædeat. C. — Grave est ingrati animi vitium, intolerabile, et concordiam, *quâ* humana imbecillitas *fulcitur*, scindit ac dissipat. S. — Res familiaris [1] *quæri* debet iis rebus [2] *à quibus abest* turpitudo. C. — Fundamentum perpetuæ commendationis et famæ [3] est justitia, *sine quâ* nihil potest esse laudabile. C. — Eloquentia non modò eos ornat, *penès quos* est, sed etiam universam rempublicam. C. — Omnium rerum *ex quibus* aliquid acquiritur [4], nihil est agriculturâ melius, nihil uberius, nihil homine libero dignius. C.

169. QUEM METUUNT, ODERUNT. — Bis vincit, *qui* se vincit in victoriâ. P. S. — Magnus vir fuit, *qui* sonos vocis, qui infiniti videbantur, paucis litterarum notis terminavit [5]. C.—Etiam oblivisci *quod* scis, interdùm expedit. P. S.—Non hoc præcipuum amicorum munus est, prosequi defunctum ignavo questu [6], sed *quæ* voluerit meminisse, *quæ* mandaverit exsequi. T. — *Qui* ea [7] relinquit reipublicæ causâ à quibus cum summo dolore divellitur, ei patria cara est. C — *Quorum* patres aut majores aliquâ gloriâ præstiterunt, *ii* student plerumquè eodem in genere laudis [8] excellere. C. — *Quos* flagitium aut facinus domo expulerat, *hi* Romam confluxerunt. SALL. — *Iis* cum *quibus* de imperio certetur, nec virtute, nec patientiâ, nec disciplinâ rei militaris cedendum est. L.

170 QUAM URBEM STATUO VESTRA EST. — *Quæ pœna* à diis immortalibus perjuro, hæc eadem mendaci constituta est C — *Quas herbas* pecudes non edunt, homines edunt. PLAUT. — *Quam* quisque nôrit *artem*, in hâc se exerceat. C. — Illi sapienter faciunt, qui adolescentes maximè castigant, ut, *quibus virtutibus* omnem vitam tueri possunt, eas in ætate maturissimâ velint comparare. AD H. — Diem scito esse nullum, *quo die* non dicam pro reo. C — Nullo modo animus audientis aut incitari, aut leniri potest, *qui modus* à me non tentatus sit C.

171 ANIMAL QUEM VOCAMUS LEONEM. — Thrasybulus *Phylen* confugit, *quod* est castellum in Atticâ munitissimum. N. — Est *carcer* à crudelissimo tyranno Dionysio factus Syracusis, *quæ* Lautumiæ vocantur. C. — *Animal* hoc providum, sagax, acutum, memor, plenum rationis et consilii, *quem* vocamus

---

[1] *Res familiaris*, la fortune [2] *Rebus*, par des moyens [3] *Commendatio et fama*, reputation et gloire. [4] *Omnium .. acquiritur*, de toutes les sources de richesses. — [5] *Paucis litterarum notis terminare*, renfermer dans un petit nombre de caractères. [6] *Prosequi defunctum ignavo questu*, déplorer inutilement la perte de quelqu'un. [7] *Ea*, les objets [8] *Eodem in genere laudis*, dans la même carrière.

hominem, præclarâ quâdam conditione generatum [1] est à supremo Deo. C. — Homines *domicilia* conjuncta, *quas* urbes di-
cimus, mœnibus sepserunt. C.

172. BONIS NOCET QUISQUIS PEPERCERIT MALIS. — Levius fit
patientiâ, *quidquid* corrigere est nefas. H. — *Quæcumque* opinio
veritati repugnat, falsa est S. — Nos et eam patriam duci-
mus, *ubi* et nati : et illam quâ excepti sumus. C. — Augustus
Alexandriâ, *quò* Antonius cum Cleopatrâ confugerat, brevi
potitus est. SUET. — Mens peccat, non corpus; et *undè* consilium abfuit, culpa abest [2]. L. — Agesilaus non destitit, *quibuscumque* rebus posset, patriam juvare N. — *Ubicumque* mul-
titudo est [3], et legitimus rector multitudinis debet esse. L.

173. SUADEO TIBI UT LEGAS, NE LUDAS. — Italici,
qui Cirtam incolebant, Adherbali suadent *uti* seque et
oppidum Jugurthæ *tradat*. SALL. — Ante senectutem
curavi *ut* benè *viverem :* in senectute, *ut* benè *moriar*. S.
— Fac *ut* principiis *consentiant* exitus. C. — Temperantia sedat appetitiones et efficit *ut* hæ rectæ rationi
pareant. C. — Committam *ut* nullum meum factum
reprehendere jure *possis*. C. — Senatus imperavit
decemviris *ut* libros sibyllinos *inspicerent* [4]. L. — Te oro
ut in negotio tuo diligentissimus *sis*. C. — *Ut* plurimis
prosimus eniti debemus. C. — Qui stadium currit
eniti et contendere debet *ut vincat* · supplantare eum,
quîcum certet, aut manu depellere nullo modo debet. C.
— Quem ego *ut mentiatur*, inducere possum ; *ut pe-
jeret*, exorare facilè potero. C. — Hoc age *ut* te quotidiè meliorem *facias*. S. — Verum *ne* me *celet*, con-
suefeci filium. — Quàm difficile est obtinere, *ne* molesta
videatur oratio de se aut de suis disserentis. P. j. — Te
moneo *ne* magnitudinem animi tui unquàm *inflectas* [5]
cujusquam injuriâ. C. — Hoc te rogo, *ne dimittas*
animum. C. — Opera danda est, *ne* quid [6] contra
æquitatem *contendas* [7]. C.

Magnum fac animum *habeas* et spem bonam C. — Exercitus
lacrymis Alexandrum deprecatur finem tandem belli *faceret* CURT.

---

[1] *Præclarâ quâdam conditione*, avec une noble destinée. — [2] *Undè..
abest*, là où il n'y a point de consentement, il ne peut y avoir de crime. —
[3] *Est*, se réunit — [4] *Inspicere*, consulter [5] *Magnitudinem animi sui in-
flectere*, laisser vaincre sa grandeur d'âme. [6] *Quid* pour *aliquid*. [7] *Contendere*, entreprendre

174. Sæpè evenit ut utilitas cum honestate certet.
— Fit nescio quomodò, *ut* magis in aliis *cernamus*,
quàm in nobismetipsis, si quid delinquitur [1]. C —
Beatus est ille cui etiam in senectute contigit, *ut*
sapientiam, verasque opiniones [2] assequi *possit*. C. —
Plerisque accidit *ut* præsidio litterarum [3] diligentiam
in perdiscendo ac memoriam *remittant*. Cæs. — Multum abest *ut* philosophia, proindè ac de hominum est
vitâ merita, *laudetur*. C.

175. Cave ne cadas. — Cavendum est, *ne* assentatoribus *patefaciamus* aures. C. —Videndum est, *ne* major
sit benignitas quàm facultates. C. — Qui tibi dissuasit
ne quid contra æquitatem *ageres*, is est verus amicus.

176. Timeo ut præceptor veniat. Timeo ne præceptor veniat. — Vereor *ne*, dùm minuere velim laborem, *augeam*. C. — Timebam *ne evenirent* ea, quæ
acciderunt. C. — Homo improbus nunquam ob eam
causam scelere abstinebit, quòd id natura turpe judicet,
sed quòd metuat *ne emanet*. C. — Id paves *ne ducas* [4]
illam : tu autem, *ut ducas*. Ter. — Omnes labores te
excipere video. Timeo *ut sustineas*. C. —Adulatores,
si quem [5] laudant, vereri se dicunt, *ut* illius facta verbis consequi *possint*. Ad H. — O puer ! *ut sis* vitalis
metuo. H. — Vereor *ne non* fortunæ tuæ sufficere
possis. Curr. — Unum vereor *ne* senatus Pompeium
nolit dimittere. C.

Periculum est [6] *ne*, nimis facilè victis ignoscendo, plures ob
idipsum ad experiendam adversus nos fortunam belli *incitemus*. L. — *Pavor* ceperat milites, *ne* mortiferum *esset* vulnus
Scipionis. L. —Improbi aut afficiuntur pœnâ, aut semper sunt
in *metu, ne affic antur* aliquandò. C. —Non est *periculum*, qui
leonem aut taurum pingat egregiè, *ne* idem in multis aliis
quadrupedibus facere *non possit*. C.

177. Deus prohibet ne mentiamur. Non impedio,
quis impedit quin proficiscaris ? — Darius edicto prohibuit *ne* Pœni humanas hostias *immolarent* et caninâ
vescerentur. —Nihil prohibet *quin* mense Julio vervacta

---

[1] *Si quid delinquitur*, les défauts. [2] *Præsidio litterarum*, en écrivant.
[3] *Veræ opiniones*, la vérité. — [4] *Ducere*, S. *uxorem*, epouser. *Paves*, vous,
vous avez peur. *tu autem*, et vous [5] *Quem* pour *aliquem*, quelqu'un
[6] *Periculum est*, il est à craindre.

subigantur [1] Col. — Nec ætas impedit *quominùs* et cæterarum et in primis agri colendi studia *teneamus*, usquè ad ultimum tempus senectutis. C. — Non deterret sapientem mors, *quominùs* in omne tempus reipublicæ suisque *consulat*. C. — Isocrati, *quominùs haberetur* summus orator, non offecit quòd infirmitate vocis, *ne* in publico *diceret*, impediebatur. P. j. — Temperare mihi [2] non possum, *quominùs* bonos *laudem*. P. j.

178. Per me non stat quin sis beatus. — Per me non stetit *quominùs* hæ *fierent* nuptiæ. Ter. — Virgilii et Titi Livii scripta, paulùm abfuit, *quin* ex omnibus bibliothecis *amoverit* Caligula. Suet. — Non multùm abfuit, *quin* à Bructero quodam *occideretur* Tiberius. Suet. — Orgetorix mortuus est, neque abest suspicio *quin* ipse sibi mortem *consciverit*. Cæs.

179. Dignus est qui imperet. — Qui modestè paret, videtur, *qui* aliquandò *imperet*, dignus esse. C. — Suscepi magnum fortassè onus et mihi periculosum; verumtamen dignum *in quo* omnes nervos ætatis industriæque meæ *contenderem* [3]. C. — Non sum indignus *cui* copiam scientiæ tuæ *facias* [4]. P. j. — Idonea mihi Lælii [5] persona visa est, *quæ* de amicitiâ *dissereret*. C.

180. Exspecta dum ou donec rex advenerit. — Vivendi rectè qui prorogat horam, rusticus [6], exspectat *dum defluat* amnis. H.

182. Morbus causa fuit cur te non inviserim. — Excidium Sagunti causa fuit *cur* secundum bellum Pœnos inter et Romanos *sit exortum*.

182. Ut ameris, amabilis esto. — Vir sapiens omnia, quæ in vitam humanam incurrunt [7], fert libenter, *ut pareat* legi naturæ. S. — Tactus toto corpore æquabi-

---

[1] *Subigere*, labourer. [2] *Temperare mihi*, m'empêcher. — [3] *Omnes nervos ætatis industriæque meæ contendere*, déployer toute la force de l'âge et toutes les ressources du talent. [4] *Copiam facere*, communiquer. [5] Lelius, l'ami de Scipion l'Africain, est le principal interlocuteur du dialogue de Cicéron sur l'*Amitié*. [6] *Rusticus*, comme ce paysan. — [7] *Quæ in vitam humanam incurrunt*, auxquels la vie de l'homme est exposée.

liter fusus est, *ut* omnes ictus [1] omnesque nimios et frigoris et caloris appulsus [2] sentire *possimus*. C. — Edere oportet, *ut vivas* ; non vivere, *ut edas*. Ad H. — Si omnia fecit, *ut sanaret*, peregit medicus partes suas. S.

Illud [3], nosce te ipsum, non *ad arrogantiam minuendam* solùm est dictum, verum etiam, ut bona nostra nòrimus. C. — Philippus pacem cum Ætolis facit, non quasi aliò bellum *translaturus*, sed ut Græciæ quieti *consulturus*. J.

183. — MISIT HOMINEM QUI ME MONERET. — Pyrrhus ad Romanos legatum misit *qui* pacem æquis conditionibus *peteret*. E. — Sunt multi qui eripiunt aliis, *quod* aliis *largiantur*. C. — Philippus rex Aristotelem Alexandro filio doctorem accivit, *à quo* ille et agendi *acciperet* præcepta et loquendi. C. — Cùm Artaxerxes Ægyptio regi bellum inferre voluit, Iphicratem ab Atheniensibus petivit ducem, *quem præficeret* exercitui conducticio. N. — Leges sunt inventæ, *quæ* cum omnibus semper unâ atque eâdem voce *loquerentur*. C.

184. OTIARE QUÒ MELIUS LABORES. — Ager non semel aratur, sed novatur et iteratur, *quò meliores* fœtus *possit* et *grandiores* edere. C. — Socrates, *quò melius cœnaret*, obsonabat ambulando famem. C. — Agesilaum, extra patriam mortuum, amici ejus, *quò* Spartam *faciliùs* perferre *possent*, quòd mel non habebant, cerâ circumfuderunt, atque ita domum retulerunt. N.

285. NE VOBIS TÆDIUM AFFERAM. — Gallinæ avesque reliquæ pennis fovent pullos, *ne* frigore *lædantur*. C. — Nemo mihi videtur magis virtuti devotus, quàm qui boni viri famam perdidit, *ne* conscientiam *perderet*. S. — Piis omnibus retinendus est animus in custodiâ corporis [4], nec injussu ejus à quo animus vobis est datus, ex hominum vitâ [5] migrandum est, *ne* munus humanum assignatum à Deo defugisse [6] *videamini*. C.

186. UTINAM VERIS DOMUM HANC AMICIS IMPLEAM [1] — *Uti-*

---

[1] *Ictus*, impressions. [2] *Nimios appulsus*, les vives atteintes. [3] *Illud*, cette maxime. — [4] *In custodiâ corporis*, dans son enveloppe terrestre. [5] *Hominum vita*, vie mortelle. [6] *Munus defugere*, se soustraire à la tâche.

uam, Cn. Pompei, cum L. Cæsare societatem aut nunquam *coîsses*, aut nunquàm *diremisses!* fuit alterum gravitatis, alterum [1] prudentiæ tuæ. C. — *Ne vivam*, si tibi concedo, ut ejus rei tu cupidior sis, quàm ego sum. C. — *Ne sim* salvus, si aliter scribo, ac sentio. C.

187. Ut ab urbe discessi. — *Ut* silentium *fuit*, ordine cuncta, *ut* gesta *erant*, Virginius exposuit. L. — Gaditanus quidam, Titi Livii nomine gloriâque commotus, ad visendum eum ab ultimo terrarum orbe venit, statìmque *ut viderat*, abiit. P. j. — Pisistratus primus Homeri libros, confusos anteà, sic disposuisse dicitur, *ut* nunc *habemus*. C. — Cato tribunus militum in Siciliâ fuit. Indè *ut rediit*, castra secutus est Claudii Neronis. N.

188. Postquam legi, scripsi. — *Postquàm* pro modestiâ et pudore ambitio, vis aliæque cùpiditates *incessére*, leges conditæ sunt. SALL. — Humiles laborant, *ubi* potentes *dissident*. Ph. — *Ubi primùm* ætas militiæ patiens *fuit*, Marius stipendiis faciendis, non græcâ facundiâ, neque urbanis munditiis sese exercuit. SALL. — Juventus *simul* laboris ac belli patiens *erat*, in castris usu militiam discebat SALL. — Vir bonus legibus non propter metum paret, sed *quia* id salutare maximè *judicat*. C. — Patronus libertum ingratum jure libertatis exuebat, ei dicens : Esto servus *quoniàm* liber esse *nescîsti*. V. M. — Medici, *quanquàm* sæpè *intelligunt*, tamen numquàm ægris dicunt, illo morbo eos esse morituros. C. — Antiochum *etsi* multa stultè conari *videbat* Hannibal, tamen nullâ deseruit in re. N. — *Tametsi* vicisse *debeo*, tamen de meo jure decedam. C. — *Dùm* juga montis aper, fluvium *dùm* piscis *amabit*, *dùm*que thymo *pascentur* apes, *dùm* rore cicadæ, semper honos [2], nomenque tuum, laudesque manebunt [3]. V. — *Donec eris* felix, multos numerabis amicos. O. — Atticus, quæ ipse tribuerat beneficia, tamdiu meminerat, *quoad* ille gratus *erat* qui acceperat. N. — *Quamdiù* in Italiâ *fuit* Hannibal, nemo ei in

---

[1] *Fuit alterum gravitatis, alterum*, l'un convenait à votre dignité, l'autre. — [2] *Honos, S. tuus*, ton culte. [3] *Manebunt*, se conserveront parmi nous

acie resistit. N. — Tarquinii *tamdiù* dimicârunt, *donec*
Aruntem filium regis manu suâ Brutus *occidit.* F.

189. Quum id velis. — Multi omnia recta et honesta
negligunt, *dummodò* potentiam *consequantur.* C. —
Nihil largiatur princeps, *dùm* nihil *auferat.* P. j. —
Manent ingenia senibus, *modò permaneat* studium et
industria. C. — Iratis subtrahendi sunt ii, in quos
impetum conantur facere [1], *dùm* se ipsi *colligant* [2];
aut rogandi orandique sunt, ut, si quam habent ulciscendi vim [3], differant, *dùm defervescat* ira. C. —
Cùm solitudo et vita sinè amicis insidiarum et metûs
plena *sit,* ratio ipsa monet amicitias comparare. C. —
Cùm feriant unum, non unum fulmina terrent. O. —
Druentia amnis *cùm* aquæ vim *vehat* ingentem, non
tamen navium patiens est. L. — Quod turpe est, id,
quamvis occultetur, tamen honestum fieri nullo modo
potest. C. — Non est magnus pumilio, *licet* in monte
constiterit : colossus magnitudinem servabit, *etiamsi
steterit* in puteo. S. — Stultum est, in luctu capillum
sibi evellere, *quasi* calvitio mœror levetur. C. — Zeno
perpessus est omnia *potiùs quàm* conscios delendæ ty-
rannidis *indicaret.* C. — Sic vive cum hominibus *tanquàm* Deus *videat;* et videt : sic loquere cum Deo, *tanquàm* homines *audiant.* S. — Quæ perdifficilia sunt,
perinde habenda sæpè sunt, *ac si* effici non *possint.* C.

190. Manlius filium suum, quòd is contra imperium
pugnaverat, necari jussit. — Socrates accusatus est
quòd corrumperet juventutem. — Quædam terræ partes
sunt incultæ, *quòd* aut frigore *rigent,* aut *uruntur* ca-
lore. C. — Quid lætaris, *quòd* ab hominibus iis *laudaris,*
quos non potes ipse laudare ? S. — Alexandrum filium
Philippus accusat, *quòd* largitione benevolentiam Macedonum *consectetur.* C. — Valerius laudabat fortunam
Bruti, *quòd* liberatâ patriâ in summo honore pro
republicâ dimicans mortem *occubuisset.* L. — Divinus
Plato escam malorum voluptatem appellat, *quòd* eâ
videlicet homines *capiantur,* ut hamo pisces. C.

---

[1] *In aliquem impetum conari facere,* en vouloir a quelqu'un. [2] *Se ipsum
colligere,* se remettre. [3] *Si quam habent ulciscendi vim,* s'ils ont quelque
vengeance à exercer.

191. DUM LOQUIMUR. DUM CANIS CARNEM FERRET. — Beneficiorum maxima sunt, quæ à parentibus accipimus, *dùm* aut *nescimus* aut *nolumus* [1]. S. —Quisque hostem ferire, murum adscendere, conspici, *dùm* tale facinus *faceret*, properabat. S. — *Cùm* in amicitiâ, quæ honesta non sunt, *postulabuntur*, religio et fides anteponatur amicitiæ. C. — Antigonus, *cùm* adversùs Seleucum Lysimacumque *dimicaret*, in prælio occisus est. N. — Curio magnum auri pondus Samnites *cùm attulissent*, repudiati ab eo sunt. C.

Me *cùm* quæstorem in primis, ædilem priorem, prætorem primum cunctis suffragiis populus Romanus *faciebat :* homini ille honorem, non generi ; moribus, non majoribus meis ; virtuti perspectæ, non auditæ nobilitati deferebat. C.

192. SI VIS AMARI. SI VELIS INTERPRETARI. — Pecuniam *si* cuipiam fortuna *ademit*, aut *si* alicujus *eripuit* injuria . tamen, dùm existimatio est integra, facilè consolatur honestas [2] egestatem. C. — His duabus maximè rebus amicitia [3] violatur : *si* socios meos pro hostibus *habeas, si* cum hostibus te *conjungas*. L. — Nulla est excusatio peccati, *si* amici causâ *peccaveris*. C. — *Si* ridere *concessum sit*, vituperatur tamen cachinnatio. C. — Sincerum *est nisi* vas, quodcumque infundis, acescit. H. — Parvi sunt foris arma, *nisi est* consilium domi. C. — *Nisi* Deus corporis custodiis *liberaverit*, in cœlum tibi aditus patere non potest. C. — Non potest jucundè vivi [4], *nisi* cum virtute *vivatur*. C. —*Si*, primo prælio, Catilina superior aut æquâ manu *discessisset*, profectò magna clades rempublicam oppressisset. SALL. — *Nisi* Ilias illa *exstitisset*, idem tumulus, qui corpus Achillis contexerat, nomen etiam obruisset. C. — Non *priùs* sum conatus misericordiam aliis commovere, *quàm* misericordiâ *sum* ipse captus. C. — In omnibus negotiis, *priùsquam aggrediare*, adhibenda est præparatio diligens. C. — Mithridates Datamem ferro transfixit, *priùs*que *quàm* quisquam *posset* succurrere, interfecit. N. — Ventidio fui semper amicus *antequàm* ille

___

[1] *Dùm aut nescimus, aut nolimus*, sans nous en apercevoir, ou malgré nous. — [2] *Honestas*, honneur. [3] *Amicitia*, un traité d'alliance. [4] *Non potest vivi*, on ne peut vivre

reipublicæ bonisque omnibus tàm apertè *est* factus inimicus. C. — *Ante* videmus fulgurationem *quàm sonum audiamus.* — Ducentis annis *antequàm* Romam *caperent*, in Italiam Galli transcenderunt. L.

193. HUNC LIBRUM SI LEGES, LÆTABOR. — Dolorem justissimum *si* non *potero* frangere, *occultabo.* C. — Neque contra rempublicam, neque contra jusjurandum ac fidem, amici causâ, vir bonus *faciet*, ne *si* judex quidem *erit* de ipso amico : ponit enim personam amici cùm induit [1] judicis. C.

Telo *si* primam aciem [2] *præfregeris*, reliquo ferro vim nocendi *sustuleris.* J. — *Si scieris*, aspidem occultè latere uspiam, et velle aliquem imprudentem super eam assidere, cujus mors tibi emolumento futura sit : improbè *feceris*, nisi monueris, ne assideat. C.

Regum exitus *si reputaveritis*, plures à suis quàm ab hoste interemtos *numerabitis.* CURT. — Mihi *dolebit*, non tibi, *si* quid [3] ego stultè *fecero.* PLAUT. — Actio recta non *erit*, *nisi* recta *fuerit* voluntas. S.

194 et 195. CREDO TE LEGERE, TE LEGISSE, TE LECTURUM ESSE. — *Solem* Persæ unum Deum *esse* credunt. L — Quis animo æquo [4] videt eum *quem* impurè ac flagitiosè putet *vivere* [5] ? C. — Galli, pro vitâ hominis nisi vita hominis reddatur, non *posse* deorum *numen* placari censebant. CÆS. — Scimus *legiones nostras* in eum sæpè locum *profectas* alacri animo, undè *se* nunquàm *redituras* arbitrarentur. C. — Philocles sentiebat *se* nullius momenti apud exercitum *futurum* [6]. N. — Lapidum conflictu atque tritu *elici ignem* videmus. C. — *Pompeios*, celebrem Campaniæ urbem, *desedisse* terræ motu audivimus. S. — Publius Scipio dicere solebat nunquam *se* minùs otiosum *esse* quàm cùm otiosus, nec minùs solum quàm cùm solus esset. C. — Adrianus finem imperii *esse* voluit *Euphratem.* EUT. — Periisset omnis Ægyptus fame, nisi monitu Josephi rex edicto

---

[1] S. *personam.* [2] *Prima acies*, pointe [3] *Quid* pour *aliquid.* — [4] *Animo æquo*, sans repugnance. [5] *Impurè et flagitiosè vivere*, être plongé dans les désordres les plus honteux. [6] *Nullius momenti esse*, n'avoir aucune consideration.

servari per multos annos *fruges* jussisset. J. — Nemo est qui non *liberos suos* incolumes et beatos *esse* cupiat. C. — Ex inimico cogita *posse fieri amicum*. S. — Lycurgus auctorem [1] legum *Apollinem Delphicum* fingit. J. — Numa simulat sibi cum Egeriâ *congressus nocturnos esse*. L. — *Orpheum poetam* docet Aristoteles nunquam *fuisse*. C. — Scipio Africanus suo cognomine declarat tertiam partem orbis terrarum *se subegisse*. C. — Pollio Asinius *Cæsarem* existimat suos *rescripturum* et *correcturum* commentarios *fuisse*. SUET. — Cùm prælium inibitis, memineritis *vos* divitias, decus, gloriam, prætereà libertatem atque patriam in dextris vestris *portare*. SALL. — Quæ volumus et [2] credimus libenter. quæ sentimus ipsi, *reliquos sentire* speramus. Cæs. — Domitianus *statuas* sibi in Capitolio non nisi aureas et argenteas *poni* permisit. SUET. — Alcibiades *Athenas* Lacedæmoniis *servire* non poterat pati. N. — In urbe *sepeliri* [3] lex vetat. C.

Græcarum litterarum constat *Catonem* perstudiosum *fuisse* in senectute. C. — *Virum bonum* nec pretio, nec gratiâ, nec periculo à viâ rectâ *deduci* oportet. C. — Plurimùm refert *colonos* à primo mane opus *aggredi*. COL. — *Omnes homines* qui de rebus dubiis consultant, ab odio, amicitiâ, irâ atque misericordiâ vacuos *esse* decet. SALL.

Non sum inscius *esse utilitatem* in historiâ, non modò *voluptatem*. C. — Lætus sum *laudari me* abs te, pater, laudato viro. C. — Veteribus benefactis *nova pensari maleficia* æquum est. L. — Opus est *te* animo *valere* [4], ut corpore possis. C. — A Deo necesse est *mundum regi*. C. — *Socratem* doctum et sapientem *fuisse* memoriæ traditum est. C. — Verè dici potest *magistratum esse* loquentem legem, *legem* autem mutum magistratum. C. — Memoriæ proditum est, *Latonem confugisse* Delum, atque ibi Apollinem Dianamque *peperisse*. C. — Epaminondas ferrum in corpore retinuit, quoad renuntiatum est *vicisse Bœotios*. N. — Facinus est *vinciri civem romanum*; scelus,

---

[1] S. *esse*. [2] *Et* pour *etiam*. [3] S. *homines*. [4] *Animo valere*, jouir de la sante de l'esprit

verberari : propè parricidium, *necari.* C — Mihi scelus
videtur, *me* parenti *proloqui.* mendacium. PLAUT. —
Omnes boni semper nobilitati favemus, et, quia utile
est reipublicæ, *nobiles homines esse* dignos majoribus
suis, et quia valet apud nos clarorum hominum et benè
de republicâ meritorum memoria, etiam mortuorum. C.
— Vetus hæc opinio Græciam opplevit, *vinctum Sa-
turnum* à filio Jove. C. — Res mali exempli est, *imperatores legi* ab exercitibus. L.

196. CREDEBAM FORE UT TE POENITERET. — Video te
altè spectare, et velle in cœlum migrare. Spero *fore
ut contingat* id nobis. C.

Persuasum est, *fore* aliquandò, *ut* omnis hic mundus ardore
deflagret. C. — Otho speraverat *fore ut adoptaretur* à Galba. SUET.
— Illud tibi affirmo, si rem ex sententiâ gesseris [1], *fore ut
ab omnibus collaudere.* C.

197. GAUDEO QUÒD TIBI PROFUERIM. GAUDEO ME TIBI
PROFUISSE. — *Quòd* in Matii, doctissimi hominis, familiaritatem *venisti,* valdè gaudeo. C. — Gaudeo id
te mihi *suadere,* quod ego meâ sponte feceram. C. —
Cato mirari se aiebat, *quòd non rideret* haruspex,
haruspicem cùm vidisset. C. — Agesilaus prædicabat,
mirari se non gravioribus pœnis [2] *affici,* qui religionem
minuerent [3], quàm qui fana spoliarent. N.

198. VOLO UT MIHI RESPONDEAS. SI VIS ME FLERE. —
Pater vult, *ut* filius sibi *pareat.* — Amicus sum : *eve-
niant* volo tibi, quæ optas. PLAUT. — Plebicolæ, tanquam artifices improbi, opus quærunt : qui [4] et semper
ægri *aliquid* [5] *esse* in republicâ volunt, ad cujus curationem adhibeantur. L. — Phaeton optavit, *ut* in
currum patris *tolleretur.* C. — Sic cum inferiore vivas,
quemadmodùm tecum *superiorem vivere* optares. —
Sine *ut veniat.* TER. — Sine te hoc *exorem.* TER. —
Germani *vinum* ad se omninò *importari* non sinunt,
quòd eâ re ad laborem ferendum remollescere homines
atque effeminari arbitrantur. CÆS — Præclarum illud
est et rectum, *ut* eos, qui nobis carissimi esse debeant,

---

[1] *Rem ex sententiâ gerere,* réussir. — [2] S. *eos.* [3] *Religionem minuere,*
affaiblir le respect dû a la religion. — [4] *Qui* pour *illi* [5] *Ægri aliquid,*
quelque chose de malade, quelque maladie

æquè ac nosmet ipsos *amemus.* C. — Non est rectum , minori *parere majorem.* C. — Qui se metui volent, à quibus metuentur, eosdem *metuant* ipsi , necesse est. C. — Cùm sit in nobis consilium, ratio, prudentia, necesse est, *Deum* hæc ipsa *habere* majora [1]. C. —Súis te oportet illecebris ipsa virtus *trahat* ad verum decus. C. — In omni vitâ suâ *quemque* à rectâ conscientiâ transversum unguem [2] non oportet *discedere.* C. — Magni interest ad decus et laudem civitatis, *litteras florere.* — Interest imperatoris, *ut* milites eum magni *faciant.* —Mos est hominum , *ut nolint* eumdem pluribus rebus excellere. C. — Philippo mos erat, periculis *se temerè offerre.* J.

199. Mone illum ut sibi caveat. Mone illum me advenisse. — Te moneo *ut* omnem gloriam ad quam à pueritiâ inflammatus fuisti, omni curâ, atque industriâ [3] *consequare.* C. — Hoc tantùm moneo , hoc tempus [4] si amiseris, *te esse* nullum unquàm magis idoneum *reperturum.* C. — Dicam tuis, *ut* librum meum *describant*, ad teque *mittant.* C. — Dico providentiâ Dei *mundum* et *omnes* mundi *partes* et initio *constitutas esse* et omni tempore *administrari.* C. — Jovis Hammonis antistites Macedonibus responderunt, *ut* Alexandrum pro Deo, non pro rege *colerent.* J. — Solon, cùm interrogaretur, cur nullum supplicium constituisset in eum, qui parentem necâsset, respondit, *se* id neminem facturum *putásse.* C. — Cæsar ad Lamiam scripsit, *ut* ad ludos omnia *pararet.* C. — Plerique scripserunt *Themistoclem*, Xerxe regnante, in Asiam *transiisse.* N.

Hannibal Antiocho *persuaserat*, *ut* cum exercitibus in Italiam *proficisceretur.* N — Druides imprimis hoc volunt *persuadere*, *non interire animos*, sed ab aliis post mortem *transire* ad alios. Cæs

Satis nobis (si modò in philosophiâ aliquid profecimus) *persuasum esse* debet , si omnes deos hominesque celare possimus, *nihil* tamen avarè, *nihil* injustè, *nihil* libidinosè, *nihil* inconti nenter *esse faciendum* [5]. C.

---

[1] *Majora*, dans un degré plus éminent. [2] *Transversum unguem*, de l'épaisseur de l'ongle, le moins du monde. — [3] *Omni curâ atque industriâ*, par toutes sortes d'efforts et de soins. [4] *Tempus*, conjoncture [5] *Nihil avarè facere*, ne commettre aucun acte d'avarice

200. CREDO ME LEGISSE. — Plerique amicos tànquàm
pecudes, eos potissimùm diligunt, ex quibus sperant *se*
maximum fructum esse capturos. C. — Ego *me* Phi-
diam esse mallem, quàm vel optimum fabrum tigna-
rium, C. — Hannibal promisit Gallis, non *se* stricturum
antè gladium quàm in Italiam venisset. L. — Socrates
se omnium rerum inscium fingebat et rudem. C. — Fuit
fama, venenum sumpsisse Themistoclem, cùm *se*, quæ
Xerxi de Græciâ opprimendâ pollicitus esset, præstare
posse desperaret. N. — Licet mihi gloriari *me* dolorem [1] atque inimicitias meas reipublicæ concessisse [2]. C.

Alexander sepulcrum Cyri jussit *aperiri*. CURT. — Pelias rex
Jasonem in Colchos *abire* jubet, pellemque arietis memorabilem
gentibus [3] *reportare*. J. — Vetat Deus injussu *nos* suo vitâ *demi-
grare*. C.

201. PARTIBUS FACTIS, SIC LOCUTUS EST LEO. — Medici, *causá* morbi *inventá*, curationem esse inventam
putant. C. — Darius copias in Ciliciam duxit, *insequen-
tibus* more patrio agmen *conjuge* et *matre*. CURT. —
Mucius solus in castra Porsennæ venit, eumque interfi-
cere, *propositá* sibi *morte*, conatus est. C. — Pompeius,
captis Hierosolymis, victor ex illo fano nihil attigit. C.
— *Fide abrogatá*, omnis humana societas tollitur. L.
— Scipio, *duabus urbibus eversis*, *inimicissimis* huic
imperio, non modò præsentia, verùm etiam futura
bella delevit. C. — Græci Thermopylas, *advenientibus
Persis*, occupavêre. J. — Abderitæ, propter ranarum
muriumque multitudinem *relicto* patriæ *solo*, sedes
novas quærebant. J. — Ingratus est qui, *remotis tes-
tibus*, agit gratiam. S. — Camillus dictator Romam ad
scribendum novum exercitum redit, *nullo detrectante*
militiam. L. — Pisistratus obtinet ad custodiam corporis sui satellitum auxilium; per quos *occupatá ty-
rannide*, per annos XXXIII regnavit. J. — Æs alienum et desperatio rerum suarum [4] *eodem manente
statu*, multos ad novanda omnia præcipites agit. L. —
Theopompus Lacedæmonius, *permutato* cum uxore

---

[1] *Dolor*, ressentiment [2] *Concedere*, sacrifier. [3] *Memorabilem gentibus*,
si fameuse chez toutes les nations. — [4] *Æs alienum et desperatio rerum
suarum*, les dettes et la crainte de ne pouvoir retablir leurs affaires.

habitu, è custodiâ, ut mulier, evasit. Q. — Vix inve-
nitur, qui, *laboribus susceptis, periculis*que *aditis*,
non quasi mercedem rerum gestarum desideret gloriam. C. — Mira fulminis opera sunt. *Loculis integris*
ac *illæsis* conflatur argentum. *Manente vaginâ* gladius
liquescit. S. — Quænam sollicitudo vexaret impios,
sublato suppliciorum *metu?* C. — Artes innumerabiles
repertæ sunt, *docente naturâ.* C. — Xerxes, rex Persarum, terror antè gentium, *bello* in Græciâ infeliciter
gesto, etiam suis contemptui esse cœpit. J. — Aruns
Tarquinius et Tullia minor junguntur nuptiis, magis
non *prohibente Servio* quàm *approbante.* L. — Aliquis
vir bonus nobis eligendus est, ac semper ante oculos
habendus, ut sic tanquàm *illo spectante* vivamus, et
omnia tanquàm *illo vidente* faciamus. S. — Datames,
omnibus insciis, eò, ubi erat rex, venit. N. — Romani,
Hannibale vivo, nunquàm se sine insidiis futuros existimabant. N. — *Caninio consule*, scito neminem pran-
disse. C. — Omnia summa consecutus es, *virtute duce*,
comite fortunâ. C. — Senex laudator (est) temporis
acti *se puero.* II. — Quod *Deo teste* promiseris, id
tenendum est. C.

202. Quis sua sorte contentus est ? — *An* quisquam *potest* sine perturbatione mentis irasci ? C. —
Cur nescire, pudens pravè [1], quàm discere, *malo?* H. —
Quare vitia sua nemo *confitetur?* S. — *Quomodò* id
quod temerè fit cæco casu præsentiri et prædici *potest?* C. — *Quàm* difficilis *est* virtutis diuturna simulatio! C. — Ii qui de vobis loquuntur, *quamdiù lo-
quentur?* C. — *Quoties* felicitatis causa et initium *fuit*,
quod calamitas vocabatur? S. — *Quis* non paupertatem
extimescit? C. — Hora *quota est?* Octava. H. — *Quas*
urbes Semiramis *condidit! quas* gentes *redegit* in potestatem ! *quanta* opera *molita est!* Curt.

203. Quis sapiens bono confidat fragili ? — *Quis* non
admiretur splendorem pulchritudinemque virtutis? C. — Cari
sunt parentes, cari liberi, propinqui, familiares : sed omnes
omnium caritates patria una complexa est, pro quâ *quis bonus*

---

[1] *Pudens pravè*, esclave d'une fausse honte

dubitet mortem oppetere, si ei sit profuturus? C. — *Quid videatur* ei magnum in rebus humanis, cui æternitas omnis, totiusque mundi nota sit magnitudo? C.

204. QUID VIRTUTE PULCHRIUS? QUID AGIS? — *Quid* interest inter perjurum et mendacem? C. — *Quid* stultius quàm incerta pro certis habere, falsa pro veris? C. — *Quid* faciet is homo in tenebris, qui nihil timet, nisi testem et judicem? C. — *Cujus rei* Alexandrum pœnituit? — *Quá re* caret sapiens?

205. AN NESCIS LONGAS REGIBUS ESSE MANUS? — *An* tu, Pylades cùm sis, *dices* te esse Orestem, ut moriare pro amico? — *Nùm* talpam desiderare lumen *putas?* C. —*Numquid* potentior sum Philippo? illi tamen impunè maledictum est. S. — Ubi aut qualis est tua mens? *Potesne* dicere? C. — *Nonne* philosophi in his ipsis libris, quos scribunt de contemnendâ gloriâ, sua nomina *inscribunt?* C.

206. TUANE EST AN MEA CULPA? — Quidquid terra profert, ferarum*ne an* hominum causâ gignit? C. — Quod nomen' huic cœtui dabo? milites*ne* appellem? qui filium imperatoris vestri vallo et armis circumsedistis [1] : *an* cives? quibus tàm projecta senatûs auctoritas [2]. T. *Nùm* pluris æstimabis pecuniam Pyrrhi, quam Fabricio dabat, *an* continentiam Fabricii, qui illam pecuniam repubiabat? C.

207. UTER EST DOCTIOR TUNE AN FRATER? — Utrum pluris facis, Socratem*ne an* Catonem?— Uter nostrûm popularis est, tu*ne an* ego? C. — Uter*ne* Ad casus dubios fidet sibi certius [3]? Hic qui pluribus [4] assuêrit mentem, corpusque superbum [5] : *An* qui contentus parvo, metuensque futuri, In pace, ut sapiens, aptârit idonea [6] bello? H.

208. SUNT HÆC TUA VERBA NECNE? — Amazones fuerunt, *necne*?

---

[1] *Vallo et armis cucumsedere*, assiéger à main armée. [2] *Tàm projicere auctoritatem*, fouler aux pieds l'autorité. — [3] *Ad casus dubios fidere sibi certius*, braver avec plus de confiance les caprices du sort. [4] *Pluribus*, à mille superfluites. [5] *Superbus*, difficile à contenter. [6] S. *negotia*

209. PATERE TUA CONSILIA NON SENTIS? — Infelix est Fabricius, quòd rus suum ipse fodit? S. — Venandi studium ac voluptas homines per nives ac pruinas in montes sylvasque rapit : belli necessitatibus eam patientiam non adhibebimus, quam vel lusus ac voluptas elicere solet? L.

210. QUIS TE REDEMIT? JESUS-CHRISTUS. — Qui sunt, qui crudele bellum in Italiâ gesserunt? *Carthaginienses*. AD H. — Thales interrogatus, an facta hominum Deum fallerent? *Nec cogitata*, inquit. — Quem apud Arbela vicit Alexander? *Darium*. — Cujus est senes revereri? *Adolescentis*. — Quem pœnitet suæ culpæ? *Illum* qui suæ culpæ pœnas luit. — Cui opus est æquo judice? *Innocenti*. — Cujus refert vitam ex philosophiæ præceptis accommodare? *Tuâ*, et *cujusvis hominis*. — Quanti æstimanda est virtus? *Pluris* quàm omnia externa bona.

211. FRATERNE? ITA. VIDISTINE REGEM? VIDI. — Visne sermoni reliquo demus operam [1] sedentes? *Sanè quidem*. C. — Fuisti sæpè, credo, càm Athenis esses, in scholis philosophorum? *Verò* ac lubenter quidem. C. — Dasne [2] deorum immortalium numine naturam omnem regi? *Do sanè*. C. — Estisne vos legati oratoresque missi à populo Collatino [3], ut vos populumque Collatinum dederitis [4]? *Sumus*. Deditisne vos populumque Collatinum, urbem, agros, aquam [5], delubra, utensilia [6], in meam populique romani ditionem? *Dedimus*. L. — Hùc abiit Clitipho. (Chremes) Solus? (Menedemus.) *Solus*. TER.

212. NONNE VIDISTI REGEM? NON VIDI. — Nonne sapiens, si fame ipse conficiatur, abstulerit cibum alteri homini ad nullam rem utili? *Minimè verò*. C. — Estne frater intùs? *Non est*. TER.

213. NESCIS QUIS EGO SIM. — *Quid* de quoque viro, et *cui dicas*, sæpè videto. H. — Semper graves et sapientes judices in rebus judicandis, *quid* utilitas civitatis, *quid* communis salus, *quid* reipublicæ tempora posce-

---

[1] *Sermoni reliquo dare operam*, s'occuper du reste de la discussion. [2] *Dare*, accorder. [3] *Populus Collatinus*, le peuple de Collatia. [4] *Ut dederitis*, pour remettre en mon pouvoir. [5] *Aquam*, les rivières. [6] *Utensilia*, les richesses mobilières.

rent, cogitaverunt. C. — Incertum est *quo* te loco mors *exspectet;* itaque tu illam omni loco exspecta. S. — Ciconiæ *quonam* è loco *veniant*, aut *quò* se *conferant*, incompertum adhuc est. P. — Numerate *quot* ipsi *sitis*, *quot* adversarios *habeatis.* L — *Qualis sit* animus, ipse animus nescit. C. — Homo quod crebrò videt, non miratur, etiamsi, *cur fiat*, nescit. C. — Non video *quomodò* sedare *possint* mala præsentia prætcritæ voluptates. C. — Videtis *ut* apud Homerum sæpissimè Nestor de virtutibus suis *prædicet.* C. —*Quid deceat* vos, non *quantùm liceat* vobis, spectare debetis. C. — Qui multùm in misericordiâ ponunt, ignorant *quàm* celeriter lacrymæ *inarescant.* CURT. — Incertum est *quàm* longa nostrûm cujusque vita *futura sit.* C. — Spero, homines intellecturos, *quanto sit* omnibus odio crudelitas et quanto amori probitas et clementia. C. — Pecunia, honores, forma, valetudo, *quamdiù affutura sint,* certum sciri nullo modo potest. C. — Omnes tendunt ad gaudium, sed *undè* stabile magnumque *consequantur*, ignorant. S. — Unus imperator in exercitu providere, et consulere *quid agendum sit* debet, nuuc per se, nunc cum iis quos advocaverit in concilium. L.

214. DUBITO AN VALEAT. — Dubito *an* vitium *sit* magis detestabile quàm ira. S. — Dubium est *an* ira unquàm aliquid boni *suaserit.*

215. NON DUBITO QUIN VALEAT. — Quis dubitat *quin*, si Saguntinis obsessis impigrè tulissemus opem, totum in Hispaniam *aversuri* bellum *fuerimus?* L. —Quis dubitare potest *quin* Dei immortalis munus *sit*, quòd vivimus? S. —Non debet dubitari *quin fuerint* ante Homerum poëtæ. C. — Non est dubium *quin* beneficium *sit,* etiam invito prodesse : sicut non dedit beneficium, qui invitus profuit. S.

Alcibiades regem Peisarum amicum sibi cupiebat adjungi. Neque dubitabat id *se facilè consecuturum.* N.

216. NATOS SUOS INTERROGAVIT AN ESSET BOVE LATIOR. Cogita tecum *an*, quibuscumque debuisti gratiam, *retuleris.* S. — Tarquinius Nævium augurem rogavit,

fieri*ne* *posset*, quod ipse mente conceperat. Ille; posse, respondit. Atqui hoc, inquit rex, agitabam [1] *an* cotem illam secare novaculâ *possem*. Potes ergò, inquit augur, et secuit. F. — Nùm eorum senectus miserabilis fuit qui se agri cultione oblectabant? Meâ quidem sententiâ haud scio *an* nulla beatior esse *possit*. C. — Quæritur *sitne* æquum amicos cognatis anteferre. C. — A Solone quæsivit Crœsus *nonne* eum beatum *putaret*.

217. NESCIO UTRUM DORMIAT AN AUDIAT. — Desine dubitare *utrùm* sit utilius propter multos improbos uni parcere, *an* unius improbi supplicio multorum improbitatem coercere. C. — Nihil differt *utrùm* ægrum in ligneo lecto, *an* in aureo colloces : quòcumque illum transtuleris, morbum suum secum transfert. S. — Si sitis, nihil interest, *utrùm* aqua sit, *an* vinum : nec refert, *utrùm* sit aureum poculum, *an* vitreum, *an* manus concava. S. — Permultùm interest, *utrùm* perturbatione aliquâ animi, quæ plerumquè brevis est, *an* consultò et cogitatò fiat injuria. C.

Diù magnum inter mortales certamen fuit, vi*ne* corporis *an* virtute animi res militaris magis procederet [2]. SALL. — (Theodoro) cùm Lysimachus rex crucem minaretur, Istis, quæso, inquit, ista horribilia minitare purpuratis tuis [3] ! Theodori quidem nihil interest, humi*ne* *an* sublimè putrescat. C.

Benè præcipiunt, qui vetant, quidquam agere, quod dubites, æquum sit *an* iniquum. Æquitas enim lucet ipsa per se, dubitatio autem cogitationem significat injuriæ. C. — Fuit incertum vir melior, *an* dux esset Epaminondas. J. — Deum esse, qui dubitet, haud sanè intelligo, cur non idem, sol sit, *an* nullus [4] sit, dubitare possit. C.

Hominibus prodesse natura jubet : servi liberi*ne* sint, quid refert ? S. — In Æquis variè bellatum [5], adeò ut in incerto fuerit vicissent victi*ne* essent Romani. L. — Tarquinius Superbus Prisci Tarquinii regis filius nepos*ne* fuerit, parùm liquet. L.

218. PARUM CURO UTRUM ME AUDIAS NECNE. — Antigonus nondùm statuerat servaret Eumenem *necne*. N.

---

[1] *Agitare*, penser. — [2] *Vi corporis res militaris procedit*, les forces du corps contribuent aux succès militaires. [3] *Isti purpurati tui*, les courtisans [4] *Nullus* pour *non*. [5] *In Æquis variè bellatum*, dans la guerre contre les Eques, les succès furent variés.

—Sapientia sola per se beatos [1] efficiat, *necne*, quæstio est. C. — Priusquàm aliquid aggrediare, perpende utròm id utile sit, *necne*.

219. Magis pius quam tu. — Nihil *magis* voluptarios et iracundos facit, *quàm* educatio mollis et blanda. S. — Victus est Xerxes *magis* consilio Themistoclis *quàm* armis Græciæ. N. — Amicitiæ sunt dissuendæ [2] *magis quàm* discindendæ. C.

220. Paulus est doctior quam Petrus. — Certè ignoratio futurorum malorum *utilior* est *quàm* scientia. C. — Nullum est *certius* amicitiæ vinculum, *quàm* consensus et societas consiliorum et voluntatum. C. — Natura virum, *quàm* mulierem, fecit *audaciorem*. Col. — Decet *cariorem* esse patriam nobis *quàm* nosmetipsos. C. — Defectio virium adolescentiæ vitiis efficitur *sæpiùs, quàm* senectutis. C. — Morbi *perniciosiores* sunt animi, *quàm* corporis. C.

Emori per virtutem *præstat, quàm* vitam miseram atque inhonestam per dedecus amittere. Sall. — Esse, *quàm* videri, bonus *malebat* Cato. Sall.

221. Felicior est quam prudentior. — Triumphus dictato is *clarior quàm gratior* fuit. L. — Mutius *tristior* Porsennæ salute *quàm* suâ *lætior* fuit. V. M. — Amœnitate urbium et mollitie atque opibus hostium, *ditiores quàm fortiores* fiunt exercitus. L. — Alexander hostes *prudentiùs quàm avidiùs* persecutus est. Curt.

222. Id præclarum magis est quam difficile. — Demosthenes et Cicero, inquit Quintilianus, sunt *magis pares quàm similes.*

223. Doctior est quam putas. — In castris Virginius *majorem quàm reliquerat* in urbe motum excivit. L. — *Majore* studio Lucullus philosophiæ deditus fuit, *quàm*, qui illum ignorabant, *arbitrabantur*. C. — Senatus fuit *frequentior, quàm putabamus* esse posse mense decembri sub dies festos [3]. C. — Thebis morte

---

[1] S. *homines.* — [2] *Amicitiæ dissuendæ sunt*, il faut délier le nœud de l'amitié. [3] *Sub dies festos*, vers le temps des fêtes.

mulctabatur qui imperium *diutiùs* retinebat *quàm* lege *præfinitum erat*. N.

224. MAJOR QUAM PRO NUMERO HOMINUM EDITUR PUGNA. — Alexander consedit in regià sellà, multò excelsiore, *quàm pro habitu* corporis. CURT. — Erat in exercitu Martius, eques romanus, impiger juvenis, animique et ingenii aliquantò *quam pro fortunâ*, in quâ erat natus, majoris. L.

225. MAJOR SUM QUAM UT MIHI POSSIT OU QUAM CUI POSSIT FORTUNA NOCERE. — Major sum et ad majora genitus, *quàm ut* mancipium sim mei corporis. S. —Memafenorum urbs munitior erat, *quàm ut* primo impetu çapi posset. CURT. —Majus erat imperium romanum, *quàm ut* ullis externis viribus opprimi posset F. — Famæ damna majora sunt, *quàm quæ* æstimari possint. L. — Insueto Philippo vera audire, ferocior Æmilii oratio visa est, *quàm quæ* habenda apud regem esset. L.

226. Eò MODESTIOR EST QUÒ DOCTIOR. — *Eò crassior* aer est, *quò* terris *propior*. S. — Ut balistæ lapidum, et reliqua tormenta telorum, *eò graviores* emissiones [1] habent, *quò* sunt contenta atque adducta *vehementiùs :* sic vox, sic cursus, *hoc graviora*, *quò* sunt missa *contentiùs*. [2] C. — *Tantò* nos geramus *submissiùs* [3], *quantò superiores* sumus. C.

Quò major gloriâ, *eò propior* invidiæ est. L —Homines *quò plura* habent, *eo ampliora* cupiunt. J. —*Quò plus* potestis, *eò moderatiùs* imperio uti debetis. L. — *Quantò* sæpius monuerit præceptor, *tantò* rarius castigabit. Q.

227. ID Eò MIRABILIUS VISUM EST QUÒD A NEMINE EXSPECTABATUR. — *Eò* ad te *tardiùs* scripsi, *quòd* quotidiè te ipsum exspectabam. C. — Ut si grammaticum se professus [4] quispiam barbarè loquatur, aut si absurdè canat is qui se haberi velit musicum, *hòc turpior* sit, *quòd* in eo ipso peccet; cujus profiteatur scientiam · sic philosophus in ratione vitæ peccans [5], *hòc turpior* est, *quòd* in officio, cujus magister esse

---

[1] *Eò graviores emissiones*, une portée d'autant plus étendue [2] *Quòd sunt missa contentiùs*, que l'élan a été plus vigoureux. [3] *Se gerere submissè*, être modeste.—[4] *Grammaticam se profiteri*, se donner pour grammairien. [5] *In ratione vitæ peccare*, vivre mal.

vult, labitur, artemque vitæ professus, delinquit in
vitâ. C.

228. PLUS FORTITUDINIS QUAM PRUDENTIÆ. — *Plus*
in amicitiâ valet similitudo morum, *quàm* affinitas. C.
— Nulla pestis humano generi *pluris* stetit, quàm
ira. S. — *Plus* in ipsâ injuriâ *detrimenti* est, *quàm* in
iis rebus *emolumenti* quæ pariuntur injuriâ. C. — Huic
arbori sunt *plures* fructus *quàm* folia. — In referendâ
gratiâ [1], debemus imitari agros fertiles, qui *plus multò*
afferunt, *quàm* acceperunt. C. — Agere consideratè
pluris est, *quàm* cogitare prudenter. C.

229. MINUS FORTITUDINIS QUAM PRUDENTIÆ. — Non
minùs nobis jucundi atque illustres sunt ii dies, quibus
conservamur, *quàm* illi quibus nascimur. C. — Sunt
et belli, sicut pacis, jura justèque ea non *minùs quàm*
fortiter gerenda sunt. L. — Non *minùs* est imperatoris consilio superare, *quàm* gladio. Cæs. — *Minùs*
Lacedæmone studia litterarum, quàm Athenis, *honoris*
merebantur [2]. Q. — Pompeio *pauciores* erant milites
quàm Sertorio. — Omnium sermonum *minoris* facio,
quàm meam conscientiam.

230. TANTUM MODESTIÆ QUANTUM DOCTRINÆ. — Corpori *tantùm* indulgeas [3], *quantùm* bonæ valetudini
satis est. S. — Non *tantùm mali* est, peccare principes (quanquam est magnum hoc per se ipsum malum),
quantùm illud, quòd permulti imitatores principum
existunt. C.

Paretur librorum, *quantùm* satis est, nihil in apparatum. S.

231. TANTA MODESTIA QUANTA DOCTRINA. — Cùm re-
ferri gratia *tanta* non potest, *quanta* debetur; habenda
tanta est, *quantam* maximam animi nostri capere
possunt. C. — Nemo unquàm ullâ arte *tantum* nomen
adeptus est, *quantum* medicinâ Hippocrates sibi pa-
ravit. P.

____

[1] *In referendâ gratiâ*, quand il s'agit de reconnaître un bienfait. —
[2] *Minùs honoris merere*, être moins honoré. — [3] *Indulgere corpori*, soigner
le corps.

232. **Tot fructus quot flores.** — Non speraverat Hannibal fore ut *tot* in Italiâ populi ad se deficerent, *quot* defecerunt post Cannensem cladem. L.

233. **Tanti te facio quanti me facis.** — Canius hortos emit *tanti quanti* Pythius voluit [1]. C. — Mercatores non *tantidem* vendunt, *quanti* emerunt. C.

234. **Tantò illi præstas quantò aliis præstat.** — Hannibal *tantò* præstitit cæteros imperatores prudentiâ, *quantò* populus romanus antecedit fortitudine cunctas nationes. N.

In republicâ *multò præstat* beneficii quàm maleficii immemorem esse [2] : bonus tantummodò segnior fit [3] ubi negligas? at malus improbior. SALL. — Agesilaus *multò gloriosiùs* duxit, sⁱ institutis patriæ paruisset, quàm si bello superâsset Asiam. N. — Alcibiades fuit omnium ætatis suæ *multò formosissimus*. N. — *Quantò latiùs* officiorum patet quàm juris regula ! S. — Stoici mihi videntur fines officiorum *paulò longiùs*, quàm natura vellet, protulisse. C. — Cœparius, *paulò antè* domo egressus, ex urbe profugerat SALL. — Pausanias in æde Minervæ obstruitur, et *paulò post* interit.

235. **Tam prudens est quam fortis.** — Nil est *tàm* volucre, *quàm* maledictum [4], nihil faciliùs emittitur, nihil citiùs excipitur, nihil latiùs dissipatur. C. — Imperatori *tàm* prudenter *quàm* fortiter pugnandum est. — Nihil innocenti *tàm* optandum *quàm* æquum judicium. C.

236. **Quantum doctrinæ, tantum modestiæ.** — Marius *quantùm* bello optimus, *tantùm* pace pessimus ; immodicus gloriæ, insatiabilis, impotens, semperque inquietus. VELL. — *Quot* [5] capitum vivunt, *totidem* studiorum millia. H. — Xerxis introitus in Græciam *quàm* terribilis, *tàm* turpis ac fœdus discessus fuit. J.

237. **Non sum talis qualis tu. Non is sum qui tu.** — *Talis* Romæ Fabricius, *qualis* Aristides Athenis fuit. C. — Socratis non *ea* frons erat, *quæ* Crassi illius veteris, quem semel ait in omni vitâ risisse Lucilius,

---

[1] S *Eos vendere.* — [2] *In republicâ... esse*, un gouvernement doit plutôt laisser dans l'oubli les bonnes actions que les mauvaises. [3] *Segnior fit*, se relâche. — [4] *Maledictum*, la médisance. — [5] S. *millia.*

sed tranquilla et serena. C. — Simus *ii qui* haberi volumus. C.

238. QUALIS PATER EST, TALIS FILIUS. — Plato scripsit *quales* in republicâ principes essent, *tales* reliquos solere esse cives. C. — *Qualis* ipse homo est, *talis* ejus est oratio. C. — Multi sua vitia emendare non conantur; *qui* sunt, *ii* semper erunt : boni autem viri meliores esse semper cupiunt.

239. NON IDEM ES ERGA ME QUI FUISTI OLIM. — Nemo nostrûm *idem* est in senectute, *qui* fuit juvenis. C. — Ego non *eadem* volo senex, *quæ* puer volui. S. — An censes me tantos labores suscepturum fuisse, si *iisdem* finibus gloriam meam, *quibus* vitam, essem terminaturus? C.

240. ESTNE TIBI TANTUM OTII UT FABULAS LEGAS ? — *Tantùm*ne à re tuâ otii est [1] tibi, aliena *ut cures*. TER. — Otho cùm *tanti* se non esse dixisset, *ut* propter eum civile bellum *commoveretur*, voluntariâ morte obiit. E. — Constantinus urbem nominis sui ad *tantum* fastigium evexit, *ut* Romæ æmulam *faceret*. E. — Justitiæ *tanta* vis est, *ut* ne illi quidem, qui maleficio et scelere pascuntur, *possint* sine ullâ particulâ justitiæ vivere. C. — Dolor *tantulum* malum est, *ut* à virtute *obruatur* [2]. C. — Quis est *tàm* miser, *ut* non Dei munificentiam senserit ? S. — Nemo *adeò* ferus est, *ut* non mitescere *possit*. H. — Quid est sanctius, quàm domus uniuscujusque civium ? Hîc aræ sunt, hîc foci, hîc dii penates : hoc perfugium est *ità* sanctum omnibus, *ut* indè abripi neminem fas *sit*. C. — Nec *ità* claudenda est res familiaris [3], *ut* eam benignitas aperire non possit; nec *ita* reseranda, *ut pateat* omnibus. C.

Nihil *tàm* munitum est, *quod* non expugnari pecuniâ *possit*. C. — Nihil *tam* lætum est, *quod* non per litteras lætius *fiat* : nihil *tàm* triste, *quod* non per has sit minus triste. P. j. — Quis *tantus* est, *quem* non fortuna indigere etiam infimis *cogat*? S. — Nihil *tanti* est, *quo vendamus* fidem nostram et libertatem. C.

---

[1] *Tantùmne à re tuâ otii est tibi ?* vos affaires vous laissent-elles tant de loisir ? [2] *Obrui*, être dompté. [3] *Res familiaris*, la bourse.

241. DEBET EA ESSE LIBERALITAS UT NEMINI NOCEAT.
— *Is* solis tactus est non *ut tepefaciat* solùm, sed *comburat*. Quorum neutrum faceret, nisi esset igneus. C.
— *Eâ* sapientiâ majores nostri fuerunt *ut*, in legibus scribendis nihil sibi aliud, nisi salutem atque utilitatem reipublicæ *proponerent*. C. — Urbis Syracusarum *hic* situs, atque *hæc* natura esse loci cœlique dicitur, *ut* nullus unquàm dies tàm turbulentâ tempestate *fuerit*, quin aliquo tempore ejus diei solem homines viderint. C. — *Tales* nos esse putamus, *ut* jure *laudemur*. C.

Hannibal assiduis patris obtestationibus *eò* est perductus, *ut* interire, quàm Romanos non experiri, *mallet*. N. — Ferietne ulla civitas latorem *istius modi* legis, *ut condemnaretur* filius aut nepos, si pater aut avus deliquisset? C.

242. EA GESSI QUÆ ME MORTUO VIVANT. — *Ea* nolui scribere, *quæ* nec indocti intelligere *possent*, nec docti legere *curarent*. C. — Videndum est, ut *eâ* liberalitate utamur, *quæ prosit* amicis, *noceat* nemini. C. — In consulatu meo, sicut in reliquâ vitâ, fateor, *ea* me studiosè secutum [2], ex *quibus* vera gloria nasci *posset*. C. — *Talem* te esse oportet, *qui* te ab impiorum civium societate *sejungas*. C.

243. NON ALIUS EST QUAM ERAT OLIM. — Alexander edixit, ne quis ipsum *alius quàm* Apelles pingeret. P. — Dissimulátio est, cùm *alia* dicuntur *ac* sentias. C. — Eventus fallit cùm *aliter* accidit *atque* homines arbitrati sunt. C. — Cæca invidia est; nec quidquam *aliud* scit, *quàm* detrectare virtutes, corrumpere honores ac præmia earum. L.

Non convenit moribus meis [1], *aliud* palàm, *aliud* agere secretò. P j. — Lux *longè alia* est solis *ac* lychnorum C. — Nihil *æque* vel augetur curâ, vel negligentiâ interciditur, *quàm* memoria. Q — Et lætamur amicorum lætitiâ *æquè atque* nostrâ, et pariter dolemus angoribus. C.

244. QUICUMQUE IS EST, EI ME PROFITEOR INIMICUM.[2]— Sequimur te... *quisquis es*. V. — Homines benevolos [3],

<hr>

[1] *Mores mei*, mon caractère. — [2] S. *fuisse.* [3] *Homines benevoli*, les hommes qui nous veulent du bien.

qualescumque sunt, grave est insequi contumeliâ [1]. C.
— Vellem equidem vobis placere, sed multò malo vos
salvos esse, *qualicumque* erga me animo *futuri estis*. L.

245. UTRACUNQUE PARS VICERIT, PERITURI SUMUS. —
Ità magnæ sunt utrinque copiæ, ut, *utercumque vicerit*, non sit mirum futurum. C.

246. QUODCUMQUE CONSILIUM CAPIAS, RES MALÈ CEDET.
— Qui Sibyllæ versus composuit, callidè perfecit, ut,
quodcumque accidisset, prædictum videretur, hominum et temporum definitione sublatâ [2]. C.—Alcibiades
effecit, ut, apud *quoscumque esset*, princeps poneretur,
habereturque carissimus. N.

247. QUANTACUMQUE SIT EJUS MEMORIA... — *Quantá-
cumque fueris* virtute instructus, difficilè admodùm
res tibi prosperè cedet, nisi accesserit industria. —
Alexander *quantuscumque* ignavis videri *potest* (inquiebat Darius suis militibus), unum animal est. CURT.
— *Quantulæcumque sint* tuæ ædes, nunquàm veris
amicis eas poteris implere.

248. QUANTUMVIS SIT DOCTUS... — Remiges cantus
excitat, et fatigatos, *quantùmvis sit* rudis, modulatio
consolatur.

249. ENNIUS NON CENSET LUGENDAM ESSE MORTEM QUAM IM-
MORTALITAS CONSEQUATUR. — Quæ te ratio in istam spem in-
duxit, ut eos tibi fideles putares fore *quos* pecuniâ *corrupisses*? C.
— Quid potest esse tàm apertum tamque perspicuum, cùm cœlum suspeximus, cœlestiaque contemplati sumus, quàm esse
aliquod numen præstantissimæ mentis, *quo hæc regantur*? C. —
Socrates dicere solebat, omnes in eo *quod scirent* satis esse elo-
quentes. C.

Epaminondas, cùm in circulum venisset, in quo aut de republicâ *disputaretur*, aut de philosophiâ sermo *haberetur*; nunquam
indè prius discessit quàm ad finem sermo esset perductus. N.
— Cimoni quotidie sic cœna coquebatur, ut, *quos* invocatos *vidisset* in foro, omnes devocaret. N.

Quis est *qui* non *oderit* libidinosam, protervam adolescentiam? C. — Quis est, quamvis sit adolescens, *cui sit* explo-
ratum se ad vesperem esse victurum? C. — Quotusquisque

---

[1] *Insequi contumeliâ*, dire du mal. — [2] *Hominum et temporum definitio-
nem tollere*, ne désigner ni les personnes ni les temps.

philosophorum reperitur, *qui sit* ità moratus, ità animo ac vità constitutus ut ratio postulat [1]? *qui* disciplinam [2] suam non ostentationem scientiæ, sed legem vitæ *putet? qui obtemperet* ipse sibi, et decretis suis *pareat* [3]? C.

Si sic erimus affecti, ut [4] propter suum quisque emolumentum spoliet aut violet alterum, disrumpi necesse est eam, *quæ* maximè *est* secundùm natuiam [5], humani generis societatem. C. — Me velim existimes ea, *quæ* tibi *promitto* ac *recipio*, sanctissimè esse observaturum. C. — Themistocles certiorem fecit Xerxem, id agi, ut pons, quem ille in Hellesponto *fecerat*, dissolveretur [6]. N.

250. NIHIL EST QUOD DEUS EFFICERE NON POSSIT. — Nemo est, *qui* non equo, quo consuevit, libentiùs *utatur*, quam intractato et novo. C. — Nihil est, *quod* tam miseios *faciat*, quàm impietas et scelus C. — Nulla est laus, ibi esse integrum ubi nemo est, *qui* aut *possit* aut *conetur* corrumpeie. C.

251. EST QUOD GAUDEAS. — Si animum [7] vicisti, potiùs quàm animus te, *est quod gaudeas*. PLAUT. — *Non est quod* turba ingratoium nos *faciat* ad benè merendum tardiores [8], cùm ne deos quidem immoitales sacrilegi negligentesque eorum ab eftusâ benignitate deterreant. S. — Gloiiâ detiactâ, quid est *quod* in hoc tàm exiguo vitæ curriculo tantis nos in laboribus *exerceamus?* C. — Doloies nunquam vim tantam habent, ut non plus habeat sapiens, *quod gaudeat*, quàm *quod angatur*. C.

252 CANINIUS FUIT MIRIFICA VIGILANTIA, QUI SUO TOTO CONSULATU SOMNUI NON VIDERIT. — Alexander, cum ad Achillis tumulum adstitisset : O foitunate, inquit adolescens! *qui* tuæ virtutis Homerum præconem *inveneris!* C — Gustatus, *qui* sentire eorum, quibus vescimur, genera *deberet*, habitat in eâ parte oris, quâ esculentis et potulentis iter natura patefecit. C.

253. ADULATOR NON FACILÈ AGNOSCITUR, QUIPPÈ QUI ETIAM ADVERSANDO SÆPÈ ASSENTIATUR. — Mihi quidem tribunorum plebis potestas pestifera videtur, *quippè quæ* in seditione et ad seditionem nata *sit*. C.

Qui posteros cogitant, et memoiiam suî operibus extendunt, his nulla mors non iepentina est, *ut quæ* semper inchoatum aliquid *abrumpat*. P. J.

---

[1] *Qu. sit ità. postulat*, dont les mœurs, dont la façon de penser, dont la conduite soit conforme à la raison. [2] *Disciplina*, art. [3] *Suis decretis parere*, mettre ses propres maximes en pratique. [4] *Sic affectus ut*, disposé de telle façon que [5] *Quæ.. naturam*, qu est le grand objet de la nature. [6] *Id agi ut pons dissolveretur*, que l'on se disposait à couper le pont. — [7] *Animum*, S. *tuum*, ta passion. [8] *Ad benè merendum tardior*, moins empresse à rendre service.

LIVRE QUATRIÈME.

IDIOTISMES.

254. FREQUENS FUIT PLATONIS AUDITOR. — Fugientes Volscos *eques romanus* libero campo adeptus, parte victoriæ fruitur, territos cædendo. L. — *Anser* in obsidione Capitolii, adventu Gallorum, vociferatus est, canibus silentibus. COL. — Ceres frumenta invenit, cùm antea *glande* vescerentur. P.

255. SENECTUS EST NATURA LOQUACIOR. — Neque cuiquam mortalium injuriæ suæ parvæ videntur : multi eas *graviùs æquo* habuêre. SALL. — Romanæ leges *grandiorem* ætatem ad consulatum constituebant. C. — Qui in ulciscendo *remissior* fuit, mox apertè laudatur ; at gravissimè vituperatur qui in beneficiis remunerandis est *tardior*. C. — Themistocles, cùm in epulis recusâsset lyram, habitus est *indoctior*. C. — Non vereor ne *jactantior* videar, quùm de me aliorum judicium, non meum, profero. P. j.

256. ADHIBUIT QUAM PLURIMAM POTUIT DILIGENTIAM. — Gallinæ avesque reliquæ et quietum requirunt ad pariendum locum et cubilia sibi nidosque construunt, eosque, *quàm possunt mollissimè* substernunt, ut *quàm facillimè* ova serventur. C. — Cæsar, *quàm maximis* itineribus *potest*, in Galliam ulteriorem contendit, et provinciæ toti, *quàm maximum potest*, militum numerum imperat. CÆS. — Persæ mortuos cerâ circumlitos condunt, ut *quàm maximè* permaneant *diuturna* corpora. C. — Opera danda est ut verbis utamur *quàm usitatissimis* et *quàm maximè aptis*. C.

257. OPTIMUS QUISQUE ILLI FAVET. — Effugit mortem quisquis contempserit ; *timidissimum quemque* consequitur. CURT. — Credulitas error est magis quàm culpa, et quidem in *optimi cujusque* mentem facillimè irrepit. C. — Stultissimum credo, ad imitandum non *optima quæque* proponere. P. j. — Nonne *optimus* et *gravissimus quisque* confitetur multa se ignorare ? C.

258. QUINTO QUOQUE ANNO SICILIAM CENSOR CENSET. — *Trice simo quoque* die triginta talenta Attica Pompeio solvuntur. C. — Olea non continuis annis, sed ferè *altero quoque* fructum affert. COL.

259. A TE SEXCENTAS EPISTOLAS ACCEPI. — Quid delectationis habent *sexcenti* muli in Clytemnestiâ [1] ? C.

260. PARS TUÎ MELIOR IMMORTALIS EST. — Tiberius Gracchus magnum desiderium *suî* reliquit apud populum romanum. C. — Quid sit animus, ille rector dominusque *nostrî*, non magis tibi quisquam expediet, quàm ubi sit. S.

Si unusquisque *nostrûm* rapiat ad se commoda aliorum, emolumenti sui gratiâ, societas hominum et communitas evertatur necesse est. C.

261. SUPERBUS SE LAUDAT. — Lysander Lacedæmonius magnam reliquit *suî* famam, magis felicitate quàm virtute partam. N. — Minimè *sibi* quisque notus est. C. — Omne animal *se* ipsum diligit, ac simul ut ortum est, id agit, ut *se* conservet. C. — Homo doctus in *se* semper divitias habet. PH.

262. SYLLA SE CREMARI POST MORTEM VOLUIT. — Catilina consulatum petebat, sperans, si designatus foret, facilè *se* ex voluntate Antonio usurum. SALL. — Eos viros suscipiunt homines, maximisque efferunt laudibus [2], in quibus existimant, *se* excellentes quasdam et singulares virtutes perspicere. C. — Præstantes viri nunquàm tanta conati essent, quæ ad posteritatis memoriam pertinent, ni animo vidissent posteritatem ad *se* pertinere posse. C.

263. HERCULÎ EURYSTHEUS REX IMPERAVIT UT ARMA REGINÆ AMAZONUM SIBI AFFERRET. — Multi nil rectum, nisi quod placuit *sibi*, ducunt. H. — Solon Pisistrato tyranno quærenti, quâ tandem spe fretus *sibi* tàm audaciter obsisteret, respondisse fertur: « Senectute. » C. — Medicus Pyrrhi nocte ad Fabricium venit, eique pol-

---

licitus est, si præmium *sibi* proposuisset, se Pyrrhum veneno necaturum.

Persæ, mortuo Alexandro, non alium, qui imperaret *ipsis*, digniorem fuisse confitebantur. C. — Lacedæmonii pertimuerunt ne Alcibiades, caritate patriæ ductus, aliquandò ab *ipsis* desciscerct, et cum suis in gratiam rediret. N.

264. Pater amat suos liberos. — Cimon complures pauperes mortuos *suo* sumptu extulit. Sæpè cùm aliquem offensum fortunâ videret, minùs benè vestitum, *suum* amiculum dedit. N. — Pro *suâ* patriâ, pauci reperti sunt qui, nullis præmiis propositis, vitam *suam* hostium telis objecerint. C.

265. Sua eum commendat modestia. — Phaëton currum paternum regere voluit : *sua* ei temeritas exitio fuit. — Deum colenti stat *sua* merces. Ph. — Trahit *sua* quemque voluptas. V.

Alexandrum, qui apud Pheræos in Thessaliâ tyrannidem occupârat, uxor *sua*, cui Thebe nomen fuit, noctu occidit C.

266. Philosophum Aristippum rogavit paterfamilias ut filium suum susciperet erudiendum. — Pythius piscatores ad se convocavit, et ab iis petivit ut ante *suos* hortulos posterâ die piscarentur. C. — Quàm (pater [1]) graviter ferret [2] quòd voluntatem *suam* interpretari non potuissent Attici! Ph.

Alexander à Lysippo impetravit, ut eorum equitum, qui apud Granicum flumen ceciderant, faceret statuas, et *ipsius* quoque iis interponeret. Vell. — De Magonis interitu duplex memoria, prodita est [3]. Namque alii naufragio, alii à servis *ipsius* interfectum scriptum reliquerunt. N.

267. Ejus indoles est optima. — Augustus, reconciliatus Antonio, privignam *ejus* Claudiam duxit uxorem. Suet. — Nihil victori pulchrius est quàm si victi sic

---

[1] Le père de famille dont Ésope seul put expliquer le testament. [2] *Quàm graviter ferret*, combien serait-il fâché (s'il pouvait savoir ce qui se passe). [3] *De Magonis. . est*, la mort de Magon est rapportée de deux manières.

statuant [1], meliùs se sub *ejus* imperio quàm legibus suis victuros [2]. L. — Æneas adversùs Mezentium, regem Etruscorum, bellum gessit, in quo cùm ipse occidisset, in locum *ejus* Ascanius filius successit. J. — Germani agriculturæ non student, majorque pars victûs *eorum* lacte et caseo et carne consistit. Cæs. — Dii non tàm lætantur precibus adorantium concinnatis arte et curâ, quàm *illorum* innocentiâ et sanctitate. P. j. — Alexander moriens annulum suum dederat Perdiccæ, ex quo omnes conjecerant, eum regnum [3] ei commendâsse, quoad liberi *ejus* in suam tutelam pervenissent [4]. N.

268. In PHILOSOPHIÆ STUDIO ÆTATEM CONSUMPSI. — *Manus* lava et cœna. C. — Trahit Hectorem ad *currum* religatum Achilles. C.

269. RESPUBLICA MEA UNIUS OPERA EST LIBERATA. — Aves fœtus suos, cùm visi sunt adulti, libero cœlo, suæque *ipsorum* fiduciæ permittunt. Q. — *Mea* nemo scripta legit, vulgò recitare *timentis*. H. — Sæpè rogabis, ut *mea defunctæ* molliter ossa cubent. O.

270. TE IPSE LAUDAS. — Qui *se ipse* nôrit, aliquid sentiet se habere divinum, tantoque munere Dei semper dignum aliquid et faciet et sentiet. C. — Noli imitari malos medicos, qui in alienis morbis profitentur tenere se medicinæ scientiam, *ipsi se* curare non possunt. C. — Socrates ita in judicio capitis pro *se ipse* dixit, ut non supplex aut reus, sed magister aut dominus videretur esse judicum. C. — Sæpè nihil inimicius homini quàm sibi *ipse*. C.

271. CUPIDITATES SUNT INSATIABILES : QUÆ NON MODÒ SINGULOS HOMINES, SED UNIVERSAS FAMILIAS EVERTUNT. — Omnes antiquæ gentes regibus quondam paruerunt : *quod* genus imperii primùm ad homines justissimos et sapientissimos deferebatur. C. — Epaminondas philosophiæ præceptorem habuit Lysim Tarentinum : *cui* quidem fuit sic deditus, ut adolescens tristem et severum senem omnibus æqualibus suis in familiaritate anteposuerit. N. — Multi homines bona præterita non memine-

---

[1] *Statuere*, être persuadé [2] *Melius vivere*, être plus heureux [3] *Regnum*, regence de l'état. [4] *In suam tutelam pervenire*, atteindre sa majorité

runt , præsentibus non fruuntur, futura modò exspec-
tant : *quæ* quia certa esse non possunt , conficiuntur
et angore et metu. C. — Sophocles ad summam senectutem tragœdias fecit : *quod* propter studium cùm rem
familiarem negligere videretur , à filiis in judicium vo-
catus est. C. — Nunquàm esuriens Ptolemæus ederat :
cui cùm peragranti Ægyptum cibarius in casâ panis
datus esset, nihil visum est illo pane jucundius. C. —
Hoc volunt leges , incolumem esse civium conjunctionem [1] : *quam* qui dirimunt, eos morte , exilio, vinculis, damno coercent. C.

272. Lacedæmonii Agin regem, quod nunquam antea apud
eos acciderat, necaverunt. — Tanta vis probitatis est, ut
eam vel in iis , quos nunquàm vidimus , vel *quod* majus est ,
in hoste etiam diligamus. C. — Thucydides libros suos tùm scrip-
sisse dicitur, cùm à republicâ remotus, *id quod* optimo cuique
Athenis accidere solitum est, atque in exilium pulsus esset. C.
— Massiliensibus magna cum Gallis fuêre bella : *quæ res* urbis
gloriam auxit. J.

273. Uter est doctior, tune an frater ? — Dioge-
nem miraris et Dædalum : *uter* ex his sapiens tibi videtur? S. — Ad Anienem fluvium Gallus processit , et ,
quem nunc , inquit , Roma fortissimum virum habet
procedat ad pugnam , ut eventus ostendat , *utra* gens
bello sit major. L. — Quæritur ex duobus *uter* dignior,
ex pluribus *quis* dignissimus. Q. — *Quis* omnium Græcorum doctior, *quis* acutior, *quis* in rebus vel inve-
niendis vel judicandis acrior [2] Aristotele fuit ? C.

274. Prior ridebat , posterior indesinenter flebat.
— Cave Catoni anteponas ne istum quidem ipsum ,
quem Apollo sapientissimum judicavit. *Prioris* enim
facta, *posterioris* dicta laudantur. C. — Milvo est quoddam bellum quasi naturale cum corvo , ergo *alter alterius* ova frangit. C. — *Prima* officia diis immortalibus,
secunda patriæ , tertia parentibus , deinceps gradatìm
reliqua reliquis debentur. C.

---

[1] *Incolumem esse civium conjunctionem*, le maintien de la société civile
dans toute son integrite. — [2] *In rebus... acrior*, plus habile à inventer ou
à juger.

275. ALII LUDUNT, CANTANT ALII. — Divitias *alii* præponunt, bonam *alii* valetudinem. C. — Diei noctisque vicissitudo conservat animantes, tribuens *aliud* agendi tempus, *aliud* quiescendi. C. — Virtutes ità copulatæ connexæque sunt, ut omnes omnium participes sint, nec *alia* ab *aliá* possit separari. C. — Animantium *aliæ* coriis tectæ sunt, *aliæ* villis vestitæ, *aliæ* spinis hirsutæ; plumâ *alias*, *alias* squamâ videmus obductas. C.

Injustitiæ genera duo sunt : *unum* eorum qui inferunt; *alterum* eorum qui ab iis quibus infertur, si possint, non propulsant injuriam. C. — Hoc doctoris intelligentis est, sic instituere adolescentes, ut *alteri* calcaria adhibeat, *alteri* frenos. C. — Tribuni legem promulgârunt, ut [1] consul *alter* ex plebe crearetur. L.

276. ALII ALIIS REBUS DELECTANTUR. — *Alius alium* ingenio prærstat. Q. — *Aliud aliis* videtur optimum. C. — *Alios alio* more videmus exta interpretari. C. — Sibyllæ versus *aliàs* in *aliam* rem possunt accommodari. C. — Multi homines *aliàs aliud* iisdem de rebus et sentiunt et judicant. C — *Alius alió* curam suam mittit. S. — *Aliter alii* cum suis vivunt. C.

277. QUÆRE UTER UTRI INSIDIAS FECERIT. — Virgilius sæpissimè cum Homero confertur : non facilè dijudicari potest, *uter utri* anteponendus esse videatur.

278. AVARITIA PEJOR EST INOPIA : HUIC MULTA DESUNT, ILLI OMNIA. — Cùm sint duo genera decertandi [2], unum per disceptationem, alterum per vim : cùmque *illud* proprium sit hominis, *hoc* belluarum : confugiendum est ad posterius, si uti non licet superiore. C.

Melior tutiorque est certa pax quàm sperata victoria. *Hæc* in tuâ, *illa* in deorum manu est. [3] L.

279. REDIT ACRIOR AD PUGNAM. DIDICÈRE IMBERBES. — Mortem venientem nemo *hilaris* excipit, nisi qui se ad illam diù composuerat. S. — Tu mihi qui imperitas, aliis servis *miser*. H. — Si veniam meretur qui *impru-*

---

dens nocuit , non meretur præmium, qui *imprudens*
profuit. Q. — Quidquid præcipies [1], esto brevis ; ut
citò dicta percipiant animi dociles [2], teneantque *fide-*
les. [3] H. —Junius ædem Salutis, quam *consul* voverat,
censor locaverat , *dictator* dedicavit. L.

280. Si QUIS TE INTERROGET. — Neminem hoc errore
duci oportet, ut , *si quid* Socrates aut Aristippus contra
morem consuetudinemque civilem [4] fecerint locutive
sint , idem sibi arbitretur licere. C. — In provinciâ *si*
quem es nactus, qui in tuam familiaritatem penitùs
iutrârit : huic quantùm credendum sit , vide. C. — *Ne*
quis tanquàm parva fastidiat grammatices elementa. Q.
— Quis nescit , primam esse historiæ legem, *ne quid*
falsi dicere audeat ? C. — *Nùm quis* irascitur pueris ,
quorum ætas nondùm novit rerum discrimina ? S. —
Augustus , *si quò* pervenire mari posset, potiùs navi-
gabat. SUET.—Demosthenes dolere se aiebat, *si quandò*
opificum antelucanâ victus esset industriâ. C.

281. QUIDQUID HONESTUM EST , IDEM EST UTILE. — Necesse
est, qui fortis sit, *eumdem* esse magni animi. C. —Viros fortes ,
magnanimos, *eosdem* bonos et simplices veritatis amicos, mi-
nimèque fallaces esse volumus. C. — Prælium atque arma ,
quæ fortibus honesta , *eadem* etiam ignavis sæpè tutissima
sunt. T.

Locri urbs sub defectionem Italiæ desciverat *et ipsa* ad
Pœnos. L. —Facultas dicendi, si in malos incidit, *et ipsa* judi-
canda est malum ; pejores enim illos facit, quibus contingit. Q.

282. DEPLORANT VITAM MULTI ET II DOCTI. —Privatas causas,
et *eas* tenues agimus subtiliùs : capitis aut famæ ornatius [5] :
epistolas verò quotidianis verbis [6] texere solemus. C. — Vincula, *et ea* sempiterna, certè ad singularem pœnam nefarii sceleris inventa sunt. C.

283. HUNC LIBRUM DE SENECTUTE MISIMUS. — Novitatem nominis virtute nostrâ *nobilitavimus.* C. — Flacco utinam aliquandò gratiam referre *possimus! habebimus* quidem semper. C.

---

[1] *Quidquid præcipies,* quelque genre d'instruction que vous donniez
[2] *Ut animi dociles percipiant citò sua dicta* [3] *Teneantque fideles*, et les
retiennent si telement. — [4] *Morem consuetudinemque civilem*, les usages et
les coutumes de leur pays. — [5] *Capitis aut famæ ornatius*, les cau es qui
regardent la vie ou la reputation , avec plus d'eclat et d'ornement. [6] *Quoti-*
diana verba, expressions familieres

284. PISIDAS RESISTENTES DATAMES INVADIT. — Bruto Col-
latinoque ducibus populus romanus Tarquinium regem *desti-
tuit*, bona *diripit;* imperium in eosdem libertatis suæ vindices
transfert, mutato tamen et jure [1] et nomine. F.

285. VOLUMNIA DEBUIT IN TE OFFICIOSIOR ESSE QUAM FUIT.
—Mazæus, si transeuntibus flumen Macedonibus supervenisset,
haud dubie oppressurus *fuit* incompositos. CURT.

286. POPULUS ROMANUS REDIERAT, in statum pristinæ libert-
tatis, nisi aut Pompeius liberos, aut Cæsar hæredem reliqui s
set. F. — *Perierat* imperium, si Fabius tantum ausus esset-
quantum ira suadebat. S.

287. VALEBIS, MEAQUE NEGOTIA VIDEBIS. — Me, Deo juvante,
ante brumam *exspectabis*. C. — Imbecillioribus ingeniis neces-
sarium est, aliquem præire [2] : hoc *vitabis*, hoc *facies*. S. — Tu
nihil invitâ *dices faciesve* Minervâ. H.

288 QUEM NON GLORIA EXCITAT, NEQUICQUAM HORTERE. —Ubi
socordiæ te atque ignaviæ tradideris, nequicquam deos *implores;*
irati infestique sunt. SALL.

289. IN PUBLICA COMMODA PECCEM, SI LONGO SERMONE MORER
TUA TEMPORA. — Si Deus te *interroget*, num amplius quid de-
sideres, quid *respondeas?* C.

290. QUOD TIBI FIERI NON VIS, ALTERI NE FECERIS. — Quod
dubitas, ne *feceris*. P. j — Si quis *voluerit* animi sui complicatam notionem evolvere [3], jam se ipse doceat, eum virum
bonum esse, qui prosit, quibus possit; noceat nemini. C.

291. HOMERUS FUIT ET HESIODUS ANTE ROMAM CON-
DITAM. — Lacedæmoniis nulla res tanto erat damno,
quàm disciplina Lycurgi, cui per septingentos annos
adsueverant, *sublata*. L.—Thebæ, ante Epaminondam *natum* et post ejus *interitum*, perpetuo alieno
paruerunt imperio. N. —Major ex civibus *amissis* dolor, quàm lætitia *fusis* hostibus fuit. L.—*Occisus* dictator Cæsar aliis pessimum, aliis pulcherrimum facinus
videbatur. T. — Sol *oriens* et *occidens* diem noctem-
que conficit. C. — Omnis loquendi elegantia augetur
legendis oratoribus et poetis. C. — Dolorem aut exti-
mescere *venientem* [4] aut non ferre præsentem turpe est.C.

---

[1] *Mutato jure et nomine*, en lui donnant une étendue différente et un
autre nom —[2] S. *dicentem.*—[3] *Animi sui complicatam notionem evolvere*,
sonder le fond de son cœur. —[4] *Dolor veniens*, les approches de la douleur;
præsens, ses atteintes.

292. Vidi eum ingredientem. — Socratem audio *dicentem*, cibi condimentum esse famem : potionis sitim. C. — Iracundus non semper iratus est. Lacessé : jam videbis *furentem*. C. — Quòcumque te flexeris, ibi Deum videbis *occurrentem* tibi. S.

293. Te unum monitum volo. — Hoc natura præscribit, ut homo homini, quicumque sit, ob eam ipsam causam, quòd is homo sit, *consultum velit*. C. — Patres ordinem publicanorum *offensum nolebant*. L. — Non est æquè miser, qui patriæ consulit, et is, qui illam *exstinctam cupit*. C.

294. Urbem captam hostis diripuit. — Ægyptum Nilus irrigat, *mollitosque* et *oblimatos* agros ad serendum [1] relinquit. C. — Hannibal Minutium Rufum, magistrum equitum, pari ac dictatorem imperio, dolo *productum* in prælium fugavit. N. — Cæsar Britannis bellum intulit; quibus ante eum ne nomen quidem Romanorum cognitum erat : et eos *victos*, obsidibus acceptis, stipendiarios fecit. E.

295. Nihil feci non diu consideratum. — Sapientis est, *nihil* contra leges, mores, instituta *facientem*, habere rationem rei familiaris. C. — Hamilcarem sui cives *inauditum* damnârunt. J. — Quàm multa *non exspectata* venerunt, quàm multa exspectata nunquàm comparuerunt ! S. — Demosthenes summâ voce versus multos uno spiritu pronuntiare consuescebat, *neque* is *consistens* in loco, sed inambulans. C.

296. Civibus ferro necandis victor pepercit. — *Quærenti* mihi quânam re possem prodesse quàm plurimis, nulla major visa est, quàm si optimarum artium [2] vias traderem meis civibus. C. — Oresten Dianæ *immolandum* Iphigenia soror agnovit. — Diogenes *quærenti* quid apud homines celerrimè senesceret, beneficium, respondit.

297. Nullus agenti dies longus est. — Non quæret æger medicum *eloquentem*, sed *sanantem*. S. — Darius

---

[1] *Ad serendum*, pour les semailles — [2] *Optimæ artes*, les nob'es études.

Charidemum, maximè util a *suadentem*, abstrahi jussit ad capitale supplicium. Curt. — Nobilitatem certò peperisse [1] melius est quàm *acceptam* corrupisse. Sall. — Pythagoras Crotonam venit, populumque in luxuriam *lapsum* auctoritate suâ ad usum frugalitatis revocavit. J. — Populi grati est, præmiis afficere benè *meritos* de republicâ cives. C. — Sapiens bona semper *placitura* laudat. S. — Prudentia est rerum *expetendarum fugiendarum*que scientia. C.

298. ALEXANDER MORIENS DETRACTUM ANNULUM DIGITO PERDICCÆ TRADIDIT. — Triginta tyranni plurimorum Atheniensium bona *publicata* inter se diviserunt. N. — Oxidates nobilis Perses, à Dario capitali supplicio destinatus, cohibebatur in vinculis; huic *liberato* Alexander satrapiam Mediæ attribuit. Curt. — Iphicrates nisi appropinquâsset, non priùs Thebani Spartâ abscessissent, quàm *captam* incendio delêssent. N.

299. MENDACI NE VERUM QUIDEM DICENTI CREDIMUS. — Perfectionem in altero *desiderans*, à quâ ipse longè absum, facio impudenter. C. — Sol matutino tempore, *et vergens* ad occasum, minùs virium habet. S. — *Cogitantes* cœlestia, hæc nostra, ut exigua et minima, contemnimus. C. — Ne mente quidem rectè uti possumus, multo cibo et potione *completi*. C. — Hæc prima lex in amicitiâ sanciatur, ut neque rogemus res turpes, nec faciamus *rogati*. C.—Equum *empturus*, solvi jubes stratum, ne qua vitia corporis lateant. S. — Ægyptii ex suis quisque vicis urbibusque concurrunt ad delenda præsidia Persarum, qui, *territi*, tamen spem obtinendi [2] Ægyptum non amiserunt. Curt.

300. EUM NE VIDI QUIDEM. — Viri fortis, *ne* suppliciis *quidem* moveri, ut fortiter fecisse pœniteat. C. — Sæpè *ne* utile *quidem* est scire, quid futurum sit. C. — Bonus vir non modò facere, sed *ne* cogitare *quidem* quidquam audebit, quod non audeat prædicare. C.

---

[1] *Nobilitatem peperisse*, être l'auteur de sa noblesse — [2] *Obtinere*, conserver.

301. Medicina et sceleratis opem ministrat. — Epicurus gloriatur in scriptis, se magistrum habuisse nullum. Quod *et* non prædicanti, tamen facilè quidem crederem : sicut mali ædificii domino glorianti, se architectum non habuisse. C. — Pati *vel* difficillima malumus, quàm servire. C.

302. Nemo non benignus est suî judex. — *Nulli non* ad nocendum satis virium est. S. — Iris *nunquàm non* adversa soli est. S. — *Neque* tamen *non* te cautum esse volo et insidias vitantem. C. — *Nemini* ego possum esse benè de republicâ merenti *non* amicus. C.

303. Multi omnia se simulant scire, nec quidquam sciunt. — Multi omnia metiuntur emolumentis et commodis, *neque* ea volunt præponderari honestate[1]. C. — Omnis ignis pastûs indiget, *nec* permanere *ullo* modo potest, nisi alatur. C. — Avari plùs semper appetunt, *nec* eorum *quisquam* adhuc inventus est, cui, quod haberet, esset satis. C. — Omnium rerum *nec* aptius est *quidquam* ad opes tuendas[2], quàm diligi; nec alienius, quàm timeri. C. — Horæ cedunt, et dies, et menses, anni : *nec* præteritum tempus *unquàm* revertitur. C. — Si te amicus tuus moriens rogaverit, ut hæreditatem reddas suæ filiæ, *nec usquàm* id scripserit, *nec cuiquam* dixerit : quid facies ? C.

304. Philosophi cum recentiores, tum veteres. — Musica et excitat languentes, et languefacit excitatos[3], et *tùm* remittit animos, *tùm* contrahit[4]. C. — *Cùm* omnium rerum simulatio est vitiosa, *tùm* amicitiæ repugnat maximè. C. — Animi tranquillitas et securitas affert *cùm* constantiam, *tùm etiam* dignitatem. C. — Insignis consul Papirius cursor, *quà* paternâ gloriâ, *quà* suâ. L. — Est *non modò* liberale paulùm nonnunquàm de suo jure decedere, *sed* interdùm *etiam* fructuosum. C.

305. Ut ignis aurum probat, sic miseria fortes viros. — *Ut* in corporibus magnæ dissimilitudines sunt,

---

[1] *Præponderari honestate*, que l'honnêteté emporte la balance. [2] *Opes contrahere*, soutenir son crédit. — [3] *Excitatos*, les plus exaltés. [4] *Remittere, tueri*, relâcher, resserrer.

sic et in animis existunt etiam majores varietates. C. — *Ut* iis, qui imprudenter læserunt, ignosci convenit : *ità* iis, qui necessariò profuerunt, haberi gratia non oportet. C. — *Quemadmodùm* temperantia sedat omnes appetitiones [1], et efficit ut hæ rationi pareant; *sic* huic inimica intemperantia omnem animi statum inflammat, conturbat, incitat. C. — *Tanquam* bona valetudo jucundior est iis qui è gravi morbo recreati sunt, quàm qui nunquàm ægro corpore fuerunt : *sic* omnia desiderata [2] magis quàm assiduè percepta delectant. C.

306. Si non homines, at certè Deum time. — Quos conjunctos summâ benevolentiâ plurimisque officiis amisisti, eorum desiderium, *si non* æquo animo, *at* forti feras. C. — Nemo est tàm agrestis, quem non, *si* ipsa *minùs* honestas, contumelia *tamen* et dedecus magnoperè moveat. C. — Sunt remedia quæ *si non* dolorem eripiunt, *saltem* minuunt.

307 Si illud quod volumus eveniet, gaudebimus; sin stcus, patiemur animis æquis — Scytharum legati ad Alexandrum : *Si* Deus es, inquiunt, tribuere mortalibus beneficia debes, non sua eripere, *sin autem* homo, id quod es, semper esse te cogita. Curt. — Omnis cura mea solet in hoc versari semper, *si* possim, ut boni aliquid efficiam : *sin* id *minùs*, ut certe ne quid mali. C.

308. Communis utilitatis derelictio contra naturam est, est enim injusta. — Multa sunt civibus inter se communia. Arctior *verò* colligatio est societas propinquorum. C. — Cavendum est ne major pœna quàm culpa sit. Prohibenda *autem* maxime est ira in puniendo. Nunquàm *enim* iratus qui accedet ad pœnam [3], mediocritatem [4] illam tenebit, quæ est inter nimiùm et parum [5]. C. — Quis neget, eximiam *quoque* gloriam sæpius fortunæ, quàm virtutis esse beneficium ? Curt. — Plurima exempla *quidem* proferre possimus, sed modus adhibendus. N.

---

[1] *Appetitiones*, mouvemens intérieurs [2] *Desiderata*, S. *bona*, biens dont la jouissance a été interrompue · *assiduè percepta* ceux qu'on n'a pas cessé se de posseder —[3] *Accedere ad pœnam*, infliger une peine. [4] *Mediocritas*, juste milieu [5] *Parum*, trop peu.

EXERCICES
SUR LA GRAMMAIRE LATINE.

SECONDE PARTIE.
THÈMES.

LIVRE PREMIER.

SYNTAXE DE CONCORDANCE.

Nota. Les mots entre parenthèses ne doivent pas être rendus.

1. Appius *vieux* et *aveugle* gouvernait très-bien quatre fils *robustes*, cinq filles, une *grande* maison, une *nombreuse* [1] clientèle. — La vengeance est toujours le plaisir d'une âme *étroite, petite* et *faible*. —La philosophie est la science des choses *divines* et *humaines*. —Les hommes *de bien* [2] obéissent toujours à la volonté *divine*. — *Juste* et *sage* Aristide ! *ton* nom est immortel. — Les abeilles *ouvrières* [3] sont armées d'un aiguillon *venimeux*.

2. Romulus et Rémus *jumeaux* ont été allaités par une louve. — La fourmi et l'abeille sont *laborieuses*. — César et Pompée *rivaux* se disputèrent l'empire du monde [4]. — La musique est seulement agréable, la grammaire et la rhétorique sont *nécessaires*.

3. La fille et le fils *pieux* sont *chers* à leurs parens. —Tobie et sa [5] femme étaient *justes*; Dieu *les* protégea. — Dieu avait créé l'homme et la femme *justes* et *immortels*.

---

[1] Nombreux, *frequens.* [2] Homme de bien, *vir bonus.* [3] Abeilles ouvrières, *apes operariæ.* — [4] Se disputer l'empire du monde, *contendere de imperio mundi.* — [5] Sa, *ejus.*

4. La fortune et les vents sont *changeans*. — Les richesses et le pouvoir sont *incertains*. — L'eau et l'air sont *transparens* comme le verre.

5. Les plus hautes montagnes sont couvertes d'une glace et d'une neige *éternelles*. — Le monde est gouverné par une intelligence et une sagesse [1] *divines*.

6. Souvent *les choses douces* nuisent, et *les choses amères* sont utiles. — *Les biens mal acquis* se dissipent de même [2]. — La terre est un lit pour *les hommes fatigués*. — Quoi (de plus sot que de préférer *l'incertain* au *certain !* — Le soleil brille pour *tous les hommes*. — Les *sots* regrettent le *passé*, les *sages* prévoient *l'avenir*

7. *Notre devoir* est (d') imiter les bons exemples. — Enfant, (c') est *à toi* (d') apprendre. — (C') est *à vous*, jeunes gens, (à) avoir de la déférence [3] pour les vieillards. — Je fais volontiers ce qu'il est (*de*) *mon devoir* (de) faire.

8. Virgile, Horace et Ovide, *poëtes* fameux, florissaient sous Auguste. — Nous louons le désintéressement d'Hippocrate, *médecin* très-célèbre. — A Romulus, premier *roi* des Romains, a succédé Numa Pompilius. — Cicéron aimait et admirait beaucoup le célèbre *comédien* Roscius. — Les Tarquins furent chassés par Junius Brutus et Tarquinius Collatinus, premiers *consuls*. — Des Phocéens fondèrent la *ville* (de) Marseille. — Le jour le plus court de l'année est dans le *mois* (de) décembre, le jour le plus long est dans le *mois* (de) juin. — Le *fleuve* (du) Rhin sépare la Gaule de la Germanie. — *L'île* (de) Délos est la plus petite des Cyclades.

9. La lune tantôt *croît*, tantôt *décroît*. — Le champ *est labouré*, la graine *est semée*, le blé mûr *est coupé*. — Les minéraux *croissent ;* les végétaux *croissent* et *vivent ;* les animaux *croissent*, *vivent* et *sentent*.

10. *Nous* avons commencé, *vous* continuez, d'autres finiront. — *Tu* es son père par la nature, *je* (le) suis par les conseils. — César dit en mourant [4] : « *Toi* aussi, mon fils Brutus, tu me frappes. »

---

[1] Intelligence et sagesse, *mens et consulta m.* — [2] Se dissiper de même, *malè dilabi.* — [3] Avoir de la déférence pour quelqu'un, *obsequi alicui.* — [4] En mourant, *moriens.*

11. Brutus et Cassius, meurtriers de César, *excitèrent* une grande guerre. — Le bœuf, le cerf et le lièvre *ruminent*. — Le bélier, le mouton, la brebis et l'agneau *portent* de la laine.

12. Résistez à la faveur lorsque le devoir et la probité (l.) *exigeront*. — La Grèce et l'Asie *étaient* au pouvoir[1] des Romains. — La justice et la religion de Numa Pompilius *étaient* en grande réputation[2]. — La piété et la sainteté nous *rendront* les dieux favorables. — Ni la pauvreté, ni la mort, ni les fers (n') *effraient* le sage.

13. Impie Achab! toi et ta femme *vous périrez*. — Patrocle! disait Achille à son ami, vous et moi nous attaquerons Troie. — Votre frère et vous vous *avez joué*; mon frère et moi *nous avons lu*. Le temps s'est écoulé utile pour nous, inutile pour vous.

14. Les uns *saisissent* (leurs) javelots, les autres[3] (leurs) épées. — Une si grande[4] multitude *jetait* des pierres et des traits. — En vain Tigrane se ligue avec Mithridate contre les Romains, l'un et l'autre *seront vaincus*.

15. *Les belles-lettres*, *consolation* dans les disgrâces, embellissent la prospérité.

16. Tous les champs ne sont pas *fertiles*. — La véritable amitié est *éternelle*. — Les choses humaines sont *fragiles* et *périssables*. — Le visage est souvent l'*image* de l'âme — La faim est *le meilleur cuisinier*. — Tout papillon fut d'abord *une chenille*. — Le peuple romain fut *le vainqueur* et *le maître* de toutes les nations. — La justice est *la maîtresse* et *la reine* de toutes les vertus.

17. Les vices sont appelés avec raison[5] *les mauvais penchans*[6] du cœur. — Celui qui est bon désire toujours devenir *meilleur*. — Socrate peut être appelé à bon droit *le père* de la philosophie. — Annibal fut élu *chef* des Carthaginois. — L'ancienne Grèce est nommée avec

---

[1] Au pouvoir, *in ditione*. [2] En grande réputation, *inclytus*. — [3] Les uns, les autres, *alii ... alii*. [4] Une si grande, *tanta*. — [5] Les mauvais penchans, *pravæ* ... — Avec raison, à bon droit, *rectè*, *merito*, *jure*.

raison *la mère* des arts. — Après Numa , Tullus Hostilius fut créé *roi*. — Le chant du cygne , qui n'a jamais été entendu, passe avec raison *pour fabuleux*. — Les étoiles nous semblent *petites*. — Celui qui est né *sourd* est aussi muet.

18. Il est *difficile* de bien parler [1], il est facile de se taire. — Il est *doux* de pardonner. — Il est *beau* de faire à sa patrie le sacrifice de ses ressentimens [2]. — Il est *plus difficile* et *plus glorieux* de se vaincre soi-même que [3] de triompher d'un ennemi.

Il est beau d'être *clément* dans la victoire — Il est honteux d'être un *citoyen inutile*.

[1] Bien parler, *aptè loqui.* [2] Faire le sacrifice de ses ressentimens, *memoriam simultatum remittere.* [3] *Quæ, quàm.*

LIVRE DEUXIÈME.

SYNTAXE DE RÉGIME.

19. Les revenus publics [1] sont les nerfs *de l'état.* — La principale qualité *du discours* est la clarté. — Tout art est une imitation *de la nature.* — L'événement est l'autorité des sots. — L'honneur est le prix *de la vertu.* — L'éloquence est la compagne *de la paix* et *du repos.* — Donner et recevoir des conseils (c') est le propre [2] *de la vraie amitié.* — Une mauvaise langue est l'indice *d'une méchante âme.* — La peau *de la plupart des quadrupèdes* [3] est couverte de poil.

20. Moïse fut un homme *d'une grande autorité.* — Un colosse est une statue *d'une grandeur démesurée.* — Cimon l'Athénien fut une homme *d'une extrême libéralité,* et un général *d'une incroyable valeur.* — Cicéron fut un consul *d'une grande vigilance* et un orateur *d'une éloquence* peu *commune.*

21. Ce qui est rare a coutume d'être *d'un grand prix.* — Socrate était *d'un caractère très-doux* — Les Éthiopiens *ont le teint* [4] *noir.* — Catilina *avait une grande force morale et physique* [5] ; mais un *esprit méchant et dépravé.* — Agésilas était *d'une petite stature*

22. Le bœuf, le serpent, le chien, le chat et quelques autres animaux étaient adorés en Egypte *comme des divinités.* — Quelques poissons déploient leurs nageoires *comme des ailes* et volent au-dessus des eaux. — L'acier poli réfléchit les objets [6] *comme un miroir.*

23. Beaucoup de gens sont amis *pour le profit.* — Jésus-Christ est mort *pour moi, pour vous, pour tous les hommes.* — Fais *pour ton ami* ce que tu ferais *pour toi.* — Les chevaux et les bœufs travaillent *pour nous.* — Celui-là mérite d'être appelé méchant qui est bon seulement *pour lui.* — Le bon prince ne fait point de guerre *pour la gloire.*

[1] Les revenus publics, *vectigalia* [2] Donner et recevoir des conseils, c'est le propre. tournez avertir et être averti est le propre. [3] La plupart des quadrupèdes, *plurimæ quadrupedes* — [4] T. sont d'un teint. [5] Force morale et physique, *vis animi et corporis* [6] T. représente l'image des choses.

24. Il n'y a *rien de nouveau* sous le soleil. — Tobie enfant ne faisait *rien de puéril*. — La fortune n'a *rien de stable*. — Les comètes ne présagent *aucun malheur*. — Celui-là est bien malheureux qui n'attend de Dieu *aucun secours*.

25. Les moineaux nous procurent *cet avantage* qu[1] 'ils dévorent les insectes nuisibles. — *Quelle sorte de femme* avait Socrate ! — L'homme laborieux entreprend toujours *quelque ouvrage*. — Ce qu'il y avait [2] *de vases précieux*, *de statues* dans les villes de Sicile, Verrès l'enleva.

26. Le temps amène toujours *quelque chose de nouveau*. — *Tout ce que* tu peux faire *de bon*, fais-le. — Ne laisse passer [3] aucun jour sans faire [4] *quelque chose d'utile*.

27. Alexandre mourut à trente-trois ans. *A cet âge*, César n'avait encore rien fait de mémorable.

28. Un bon général choisir *des positions favorables* [5] ; il craint les *surprises* [6] *de la guerre*.

29. Il est *d'une âme généreuse* d'être utile même à des ennemis. — Il n'est pas *d'un sage* de dire : je n'avais pas pensé. — Il est *d'un bon pilote* de s'accommoder aux vents. — *Le devoir d'un soldat* est de vaincre ou de mourir. — Il n'*appartient* pas *à un aveugle* de disputer sur les couleurs. — Il n'y a pas *courage* [7] mais *démence* à s'exposer témérairement au danger de perdre la vie [8].

30. Lorsque la victoire était *aux Thébains*, Épaminondas fut grièvement blessé. — Calais fut long-temps *aux Anglais* Henri II reprit enfin cette ville. — La Corse et la Sardaigne appartinrent d'abord *aux Carthaginois* et tombèrent ensuite *au pouvoir des Romains* [9].

31. Les hommes habiles sont *fort* estimés. — Nous faisons avec raison *très-grand cas* de la sagesse et de la vertu. — Diogène estimait *peu* les richesses. — Ovide est *moins* estimé que [10] Virgile. — Je fais *très-peu de cas* des amis de table [11].

J'estime *plus* celui qui se commande (à lui-même), que celui

---

[1] Que, *ut.* [2] Il y avait, *erat.* — [3] Laisser passer, *prætermittere.* [4] Sans faire, *quin facias.* — [5] Positions favorables, *opportuna locorum.* [6] Surprises, *subita.* — [7] T. Il n'est pas du courage. [8] S'exposer au danger de perdre la vie, *se in vitæ discrimen conjicere.* — [9] Tomber au pouvoir des Romains, *fieri ditionis romanæ.* — [10] Que, *quàm.* [11] Ami de table, *amicus ad epulas.*

qui prend des villes. — L'avare estime *le plus* ce qu'un sage doit estimer *le moins.*

32. Lorsque tu seras près de mourir [1], *le souvenir de ta vie passée se retracera à ton esprit.*

33. Les vieux Romains furent toujours *avides de gloire.* — La plupart des hommes sont *désireux de nouveauté* [2]. — Épaminondas était *habile dans la guerre,* il *avait du goût pour les lettres* et *pour les arts.* — Celui *qui a la conscience d'une bonne vie* [3] ne craint pas la mort. — Souviens-toi [4] d'un bienfait reçu. — Oublie [5] un bienfait donné. — Dieu seul *connaît* [6] *l'avenir.* — Un orateur, a dit Cicéron, ne doit pas même *ignorer la physique* [7]. — Celui qui *a pris part au travail* [8] doit *prendre part au salaire.* — L'homme en colère n'est pas *maître de lui* [9]. — La vie sans amis est une solitude *pleine d'embûches* et *de crainte.* — Le courage *qui manque de prudence* est témérité. — Socrate *souffrait les injures* de sa femme Xantippe. — Le hibou *ne peut supporter* [10] la lumière. — Quel serviteur est plus *attaché à son maître* [11] que [12] le chien ?

34. Nos ennemis *nous* sont souvent plus *utiles* que [13] nos amis. — La mort du sage est *conforme à (sa) vie.* — Devant Dieu, le berger est *égal au roi.* — Coriolan banni était *irrité contre les Romains.* Aristide exilé pardonnait aux Athéniens. — Les Spartiates étaient *accoutumés à la frugalité.* — La vengeance est *contraire à la loi divine.* — Le sol de la patrie est *cher, doux* et *agréable à tous les hommes.* — La culture des champs est *salutaire à tout le genre humain* [14]. — Néron fut *l'ennemi de tous les gens de bien.* — Le chien est un animal *ami de l'homme.*

35. La langue du lion est *semblable à une lime.* —

---

[1] Près de mourir, *jam moriturus.* — [2] Nouveauté, *res novæ.* [3] Qui a la conscience d'une bonne vie, *qui est sibi conscius probæ vitæ.* [4] Souviens-toi, *sis memor.* [5] Oublie, *sis immemor.* [6] *Est prudens.* [7] T. doit être ignorant non, *ne,* de la physique, même, *quidem.* [8] Qui a pris part au travail, *qui laboris fuit particeps.* [9] Soi. [10] Ne peut supporter, *Est impatiens.* [11] Attaché à quelqu'un, *amans alicujus.* [12] et [13] Que, *quàm.* — [14] Tout le genre humain, *universum genus hominum.*

Souvent les enfans *ne ressemblent pas* [1] *à leurs parens.*
— Les Latins étaient *alliés aux Romains.* — La raison
et la parole sont *propres à l'homme;* les autres choses
lui sont *communes* avec les animaux.

36. Les hommes sont plus *enclins aux plaisirs*
qu'*à la vertu.* — Les villes de Capoue et de Sybaris
étaient *portées à la mollesse.* — Les Carthaginois
avaient du penchant pour la fourberie.

37. Nous sommes *nés pour la justice.* — L'homme
est *né pour le travail.* — Deux choses *te* sont *nécessaires,* la conscience et la réputation ; la conscience
pour [2] toi, la réputation pour les autres. — Les chiens
sont *nécessaires à la chasse.* — Tout âge est *propre à
l'amitié.* — Choisissez un genre de vie *conforme à vos
goûts* [3]. — La lune est quatre cents fois plus *près de
la terre* que le soleil. — Né dans une ville illustre, issu
d'une grande famille, Alcibiade était le plus beau des
Athéniens de son âge; il était *propre à tout* et plein
de jugement.

38. L'erreur involontaire est *digne de pardon.* —
Les plaisirs sensuels [4] sont *indignes de la noblesse* [5]
de l'homme. — Le marchand doit *se contenter* [6] *d'un
gain modéré* [7]. — Celui qui veut enseigner doit être
doué d'une grande patience.

39. Nul espace n'est *vide d'air.* — Il est *peu convenable au sage* de danser. — Annibal n'était pas *étran-
ger aux lettres.* — Nous serons, dans le ciel, *exempts
de tous maux.*

41. Rien n'est plus prompt *que la renommée.* —
L'argent est plus léger *que l'or.* — Les actions sont
plus difficiles *que les paroles.* — Il n'est rien de plus
digne d'une âme noble et d'un grand cœur *que la* [8]
facilité à pardonner, que la clémence. — Dis quelque
chose (de) meilleur *que le silence,* ou tais-toi.

---

[1] T. ne sont pas semblables. — [2] Pour, *propter.* [3] Goûts, *natura.* —
[4] Plaisirs sensuels, *corporis voluptas* [5] Noblesse, *præstantia* [6] T. être
content. [7] Médiocre. — [8] Facilité à pardonner, *placabilitas.*

42. Les Suèves étaient les plus belliqueux *de tous les Germains*. — Crésus fut le plus riche *des rois*. — Le rat est le plus petit *des quadrupèdes*. — Homère est le plus illustre *des poetes grecs*. — L'aquilon est le plus froid *des vents*. — Un ennemi caché est *de tous les ennemis* le plus dangereux.

43. Sichée, époux de Didon, était l'homme le plus riche *de la Phénicie*. — Le premier jour de l'été est le plus long *de toute l'année*. — Aristide était l'homme le plus juste *d'Athènes*. — Paris et Londres sont les villes les plus peuplées *de l'Europe*.

44. César et Pompée se disputèrent l'empire du monde dans les plaines de Pharsale ; César fut *le plus heureux*. — *Le plus jeune* des deux fils de Rachel était Benjamin. — De deux maux choisissez *le moindre*. — *La plus grande* partie des hommes regrettent le passé, jouissent peu du présent, et s'inquiètent de l'avenir.

45. Thalès, un *des sept sages* de la Grèce, prédit le premier une éclipse de soleil. — Qui *de nous* est exempt de défauts? — *Des pyramides* d'Egypte, trois subsistent encore. — Sardanaple fut le dernier *des rois assyriens*. — Chacun *de nous* a dans le ciel un père et un juge. — Lequel *des fils* de Jacob gouverna l'Egypte ?

46. Le travail affermit et conserve *la santé*. — La bonne marchandise trouve facilement *un acheteur*. — Aimer (ses) *parens* est la première loi de la nature. — Le pauvre ne trouve nulle part *d'argent à emprunter* [1]. — Les doigts de l'homme ont *trois articulations*, le pouce (en a) *deux*. — Les oiseaux changent *de plumes* [2] tous les ans [3] comme les quadrupèdes *de poil*. — Le renard change *de poil*, non *de mœurs*. — Loue *ce qui* [4] mérite *la louange*. — Celui qui craint *Dieu* partout ne pèchera ni en secret ni en public. — Le crépuscule suit *le coucher* du soleil. — La causticité ne convient pas *à un roi*. — Ce qui convient *à des enfans*, souvent ne convient point [5] *à des hommes*.

47. Tous n'*aiment* point les arbustes et l'humble bruyère. — Les hommes *aiment* la variété. — Cicéron n'*ignorait* point les

---

[1] Argent à emprunter, *pecunia mutua* [2] T changent les plumes. [3] Tous les ans, *quotannis*. [4] Ce qui, *id quod*. [5] Ne point convenir, *dedecere*.

projets de Catilina, il les fit échouer [1] par sa vigilance. — Nous *ignorons* les desseins de Dieu, il *sait* ce qui nous convient. — L'homme le plus instruit [2] *ignore* beaucoup de choses.

48. Un frein d'or ne rend pas le cheval *meilleur*. — Le malheur rend les hommes *plus modestes*. — Le Nil *fertilise* [3] l'Égypte. — *Les* Romains appelaient *ovation* le petit [4] triomphe. — Après Tullus Hostilius, les Romains créèrent *roi* Ancus Martius. — Auguste déclara *héritier* de l'empire Tibère, son beau-fils et son gendre. — Nerva adopta Trajan et le désigna pour *son successeur*. — Caton eut Valerius Flaccus *pour collègue* dans (son) consulat et dans (sa) censure. — Claude eut *pour femme* Agrippine, fille de Germanicus. — Agrippine donna *pour précepteurs* à Néron son fils Burrhus et Sénèque. — Montre-toi *courageux* dans l'adversité et *modeste* dans la prospérité.

49, 50 et 51. Le chien est le gardien de la maison, il *aboie contre les voleurs* [5]. — Pythagore parcourut l'Égypte et *alla voir* [6] les mages de la Perse. — Le Cocyte *entoure* [7] le *Tartare* et est formé des larmes des méchans. — *Prendre* [8] *une résolution* et l'exécuter, (ce) n'est pas la même (chose) pour tout le monde [9] — Pompée *entra dans le temple* de Jérusalem et ne toucha à aucune des choses sacrées [10]. — Le fleuve Marsyas, célèbre dans les poèmes fabuleux des Grecs, *traversait* [11] *la ville de Célènes*, en Phrygie. — Pendant l'été, les préteurs romains avaient coutume de *parcourir* [12] (leur) *province*. — Beaucoup de choses sont au-dessus de [13] l'intelligence humaine. — *Ne te charge pas* [14] *d'un fardeau* que tu ne peux pas porter. — Horatius Coclès tout armé *traverse le Tibre à la nage* [15]. — César *fit passer* [16] le Rubicon *à son armée*, et marcha contre Rome.

52. Ne *jouez* point *à des jeux* dangereux. — Diogène le Cynique *vécut* quelque temps *dans la servitude*. — Rarement deux frères *suivent la même carrière* [17]. — Pharaon *eut* dans la même nuit *deux songes* que Joseph expliqua.

53. Donnez la main [18] *au malheureux*. — Dieu promet *au juste* un bonheur éternel. — *Un père ver-*

[1] Faire échouer, *præcipere* [2] L'homme le plus instruit, *doctissimus quisque*. — [3] Fertiliser. T. rendre fertile. [4] Petit, *minor*. — [5] Aboyer contre, *allatrare*. [6] Aller voir, *adire* [7] Entourer, *circumfluere*. [8] Prendre. *inire*. [9] Pour tout le monde, *omnibus*. [10] A aucune des choses sacrées, *nil sacri* [11] Traverser, *interfluere*. [12] Parcourir, *obire*. [13] Être au-dessus de, *prætervolare*. [14] Ne te charge pas, *ne subeas*. [15] Traverser à la nage, *tranare*. [16] Faire passer, *trajicere*. — [17] Carrière, *vitæ cursus*. — [18] La main, *dextra*.

tueux laisse toujours *à ses enfans* un bel héritage, c'est-à-dire [1], l'exemple de sa vie. — Celui-là est juste, qui rend *à chacun* ce qui lui est dû [2]. — Celui qui se livre *à la volupté*, n'est pas digne du nom d'homme. — Les Juifs immolaient autrefois des victimes *à Dieu*. — Nous devons beaucoup de choses *à nos parens*, tout *à Dieu*. — La vertu unit l'homme *à Dieu*. — L'araignée tend des filets *aux mouches*. — Il est juste de sacrifier [3] *à l'intérêt public* [4] les ressentimens particuliers [5].

54. Catilina *menaça* Rome du fer et du feu [6]. — Lorsque Cicéron fut rappelé de son exil, des députés de toutes les villes d'Italie le *félicitèrent* de cet heureux événement.

55 et 56. Auguste *ajouta* l'Égypte *à l'empire romain*. — Vulcain, par l'ordre de Jupiter, *attacha* [7] Prométhée *sur le mont Caucase*. — Celui-là n'est pas juste qui *préfère* quelque chose *à l'équité*. — Anacharsis *comparait* finement les lois *aux toiles* d'araignée. — L'homme juste n'*enlève* rien à *personne*. — *Otez* le glaive *à celui* qui n'est pas maître de lui. — Xerxès *porta* la guerre *en Grèce* avec une armée innombrable. — Le lion par ses rugissemens *inspire* [8] la terreur à *tous les animaux*. — Romains, Clodius *a inscrit* son nom infâme *sur vos monumens*. — Nous *faisons porter* des fardeaux [9] et le joug *à certains animaux*. — Les consuls Valérius et Horatius *sacrifièrent* [10] leur pouvoir *à la liberté* du peuple. — César *donna* à Brutus *le gouvernement* [11] *de la Gaule*. — Sylla *mit à l'encan* [12] les biens des citoyens

57. Q. Servilius *abdiqua* le huitième jour *la dictature* qu'il avait reçue pour six mois. — Ni mes intérêts [13], ni mes plaisirs ne m'*ont* en aucun temps ni *détourné*, ni *distrait* [14] *des études littéraires*. — Quoi de plus cruel que d'*arracher* une fille *des bras* de sa mère! — Il fut un temps où [15] l'influence [16] et les discours d'un homme de bien auraient pu *arracher* les armes *des mains* des citoyens divisés par la colère. — Les abeilles *chassent de leurs ruches* les frelons paresseux. — Lés Athéniens *chassèrent* deux fois Alcibiade *de la ville*.

58. La colère conduisit Ajax *à la fureur* et la fureur

[1] C'est-à-dire, *id est*. [2] A chacun ce qui lui est dû, T. le sien, *suum*, à chacun [3] Sacrifier, *remittere*. [4] L'intérêt public, *publicæ utilitates*. [5] Les ressentimens particuliers, *privata odia*. — [6] Feu, *flamma*. — [7] Attacher, *affligere*. [8] Inspirer, *injicere*. [9] Faire porter, *imponere*. [10] Sacrifièrent leur pouvoir, *suas opes postferre*. [11] Donner le gouvernement de, *præficere*. [12] Mettre à l'encan, *subjicere voci præconis*. — [13] Intérêt, *commodum*. [14] Distraire, *abstrahere*. [15] Où, *cùm*. [16] Influence, *auctoritas*.

à la mort. — Salomon, par l'exemple de la fourmi, nous a exhortés *au travail.* — Les mauvais citoyens excitent le peuple *à la sédition.* — Le renard invita la cigogne *à un souper* dérisoire [1].

59. Cérès enseigna la première *aux hommes* l'usage du blé. — Le sage enseignera *à ses fils* la justice, la frugalité et la tempérance. — Salomon demanda *à Dieu* la sagesse. — Un fils ne doit rien cacher *à son père.*

60. Les grenouilles demandèrent un roi *à Jupiter.* — Nous avons reçu *de Dieu* tous les biens. — La loi (et) non le châtiment doit détourner les hommes *de l'injustice.* — La mort délivre les gens de bien *de tous les maux.* — Canius acheta *de Pythius* une maison de plaisance [2]. — Pratiquons la vertu et attendons notre récompense *de Dieu*, (et) non *des hommes.* — Eloignons *de nous* l'envie. — Dieu séparera un jour le juste *de l'impie.* — Le sénat romain voulait racheter les prisonniers *de la servitude*, Régulus le détourna *de ce dessein.* — Eponine ne put obtenir *de Vespasien* la grâce de son mari Sabinus.

61. L'ami ressent une joie vive [3] *du bonheur* de son ami. — Nous tirons *des puits* une eau limpide. — Ceux-là semblent ôter le soleil *du monde* qui ôtent *de la vie* l'amitié. — Denys avait suspendu *au plafond* une épée nue au-dessus de la tête de Damoclès.

62. Le sénat romain apprit *d'un esclave* les projets des fils de Brutus. — Il *me* demande ce que je ne puis lui dire.

63. Les abeilles remplissent leurs cellules *d'un doux nectar.* — Les succès des enfans comblent *de joie* leurs parens. — L'avare se prive *du nécessaire* [4]. — Les Carthaginois dépouillèrent Annibal *de tous ses biens.* — L'automne dépouille [5] les arbres *de leurs feuilles.*

64. Les hirondelles nous avertissent *du retour* du

---

[1] Dérisoire, *vanus* — [2] Maison de plaisance, *horti, orum* — [3] Vif, *magnus.* — [4] Nécessaire, *victus, ûs.* [5] Dépouiller, *nudare.*

printemps. — Joseph informa Pharaon *de l'arrivée* de son père et de ses frères. — Cicéron instruisit les sénateurs *des projets* de Catilina.

65. Mélitus accusa Socrate *d'impiété.* — Pilate avait absous Jésus-Christ (du crime) *de sédition.* —Cicéron accusa Verrès *de concussion.* — Brutus condamna ses fils (pour crime) *de trahison.* — Le jeune Daniel convainquit *de mensonge* les deux vieillards impudiques.

66 et 67. Alcibiade se retira à Lacédémone lorsqu'il eut appris que les Athéniens l'avaient condamné *à la peine capitale.*—Chez les anciens, les coupables qui étaient condamnés (à être exposés) *aux bêtes,* ou recevaient des armes pour se défendre, ou étaient exposés sans défense [1] pour être dévorés.

68. Les enfans sont aimés *de (leurs) pères* et *de (leurs) mères* [2]. — Nous ne pouvons ni être aimés ni être loués *par tous* (les hommes). —Romulus et Rémus ont été élevés *par le berger Faustulus.* — Les troupeaux de brebis sont gardés *par des chiens.* — Les empereurs romains étaient souvent élus *par l'armée.*

69. Les amis sont éprouvés *par l'adversité.* — La vérité est trahie [3] *par le mensonge* ou *par le silence.* — La haine peut être ou adoucie, ou calmée *par le temps.* — Le monde est gouverné *par la providence* de Dieu.

70. Il est très-difficile de faire quelque chose qui soit approuvé *de tout le monde.* — Le chant du cygne n'a été entendu *de personne.* — Il faut ou se taire ou dire des choses qui soient comprises *de tout le monde.* — Il est glorieux d'être loué *par celui* qui mérite lui-même la louange. — Un nouveau monde a été cherché *par Christophe Colomb.*

71. Antonin le Pieux est comparé avec raison à *Numa Pompilius.*—Autrefois les corps des morts étaient mis *sur* [4] *un bûcher* et brûlés. — L'homme de bien n'est jamais entraîné par l'intérêt *à des actions honteuses.* — La bienséance ne peut être séparée *de l'honnêteté* [5]. — Celui qui cache ce qu'il a trouvé est justement accusé *de vol.*

---

[1] Sans défense, *non armis accinctus.* — [2] Les pères et les mères *parentes.* — [3] Être trahi, *corrumpi.* — [4] Mettre sur, *imponere.* [5] Honnêteté, *honestum.*

73. Les vertus plaisent *à Dieu*, les vices *lui* déplaisent. — Le corps doit obéir *à l'âme*. — Celui-là n'est pas libre qui obéit *à ses passions*. —Celui qui épargne *les méchans* nuit *aux bons*. — L'homme de bien ne porte envie [1] *à personne*. — Nous devons nous fâcher *contre* [2] *les vices*, (et) non *contre les* [3] *personnes*. — Mécène favorisait *Horace* et *Virgile*. — Cicéron étudia *la philosophie* sous le stoïcien Antiochus. —Julie, fille d'Auguste, épousa *Marcellus*; après la mort de Marcellus, *Agrippa*; et après la mort d'Agrippa, *Tibère*. — Imposez silence à celui qui dit du mal *des absens*. — Le malhonnête homme qui dit du bien *de moi* m'offense.

74. Les médecins ne peuvent guérir *toutes les maladies*. — Le renard tend des pièges [4] *aux poules*, le loup *aux brebis*, le chien *aux lièvres*. — Je ne me fâche pas *contre ceux* que je dois aimer. — Tobie secourait *les pauvres* et ensevelissait les morts. —Celui qui *nous* flatte ne nous aime pas.

75. Ceux-là sont méprisés qui ne *sont utiles* ni *à eux* [5] ni *aux autres*. — Brutus *était présent* au *supplice* de ses fils. — Il *manquait* un chef habile *à l'armée innombrable* de Xerxès. —*Catilina avait* une grande audace [6]. —Timoléon fort âgé et aveugle *assistait aux affaires particulières et publiques*. — Quand nous avons tout perdu, la vertu *nous reste* [7] encore. — Les Dryades et les Hamadryades *présidaient aux forêts*; les Napées *aux prairies*; les Naïades *aux fleurs* et *aux fontaines*; les Oréades *aux montagnes*.

Celui qui a coutume de mentir n'*est* pas *éloigné du parjure*.— Prenons garde que notre discours n'indique qu'*il y a* quelque vice *dans nos mœurs* [8].

76 La fortune ne *seconde* pas [9] toujours *un premier effort*. — L'homme le plus grossier *est* fort *au-dessus* [10] *de la bête la plus intelligente*. — Que vos mœurs *s'accordent* [11] *avec vos discours*.

---

[1] Porter envie, *invidere*. [2] Se fâcher contre, *succensere*. [3] Les personnes, *homines*. — [4] Tendre des piéges, *insidiari*. — [5] A eux, *sibi*. [6] T. une grande audace était dans (*inesse*) Catilina. [7] Rester, *superesse*. — [8] T. quelque vice être dans nos mœurs — [9] Seconder, *adspirare*. [10] Être fort au-dessus, *multò antecellere*. [11] S'accorder, *consonare*.

— Quand je lis Platon, j'ai coutume de *verser des pleurs sur* [1] *la mort* de Socrate.—Celui-là pèche qui ne *s'oppose* [2] pas *à l'injustice*, s'il le peut. — Sestos, célèbre par l'amour de Léandre, *est vis-à-vis* [3] *d'Abydos*. — Un bon orateur, dit Cicéron, *l'emporte* [4] *sur un capitaine ordinaire* [5]. — Il est misérable de *succomber à la douleur*, ou de la supporter avec faiblesse [6]. —Un bon général tâche de *surprendre* [7] *l'ennemi* qui n'est pas sur ses gardes [8].

77. Une grande témérité *est voisine* [9] *de la folie*. — Métellus aima mieux *abandonner* [10] *Rome* [11] que *son sentiment*.—Les âmes, lorsqu'elles *sortent des corps mortels*, ne meurent pas. — Des feux *jaillissent* [12] *du sommet* de l'Etna. — Le malheureux Phaeton *tomba du char* du soleil.

78. Le paon *a* une très-belle queue. — Les araignées *ont* huit pates. — L'eau, si elle est bonne et pure, n'*a* ni couleur, ni odeur, ni saveur. — Les animaux carnivores *ont* des dents aiguës.

79. La Sicile *eut* d'abord *le nom de Trinacrie* [13] ; elle fut ensuite nommée Sicanie. — Les Romains gravèrent sur l'airain les lois *dites des douze tables* [14].—Scipion, *surnommé l'Africain* [15], défit Asdrubal, Syphax, Annibal et Antiochus.

80. L'espoir d'une vie future est *une grande consolation* pour les hommes vertueux. — Les vertus procurent aux hommes *de l'honneur* et *de la gloire*. — David ressentit une vive douleur de la mort de Jonathas [16]. — L'orgueil a causé la perte de l'homme [17]. — Un bon fils fait la joie de son père [18].

Tous les historiens *ont blâmé* [19] le triumvir Octave de sa cruauté et *ont loué* [20] l'empereur Auguste de sa clémence.

81. Le mauvais riche regorgeait *de biens*, et Lazare manquait *de tout* [21]. — Après la mort, notre corps

[1] Verser des pleurs sur, *illacrymare.* [2] S'opposer, *obsistere.* [3] Être vis-à-vis, *objacere.* [4] L'emporter sur, *præstare.* [5] Ordinaire, *minutus.* [6] Avec faiblesse, *humili animo imbecilloque.* [7] Surprendre, *supervenire.* [8] Qui n'est pas sur ses gardes, *securus.* — [9] Être voisin, *non procul abhorrere.* [10] Abandonner, *decedere.* [11] Rome, *civitas.* [12] Jaillir, *erumpere.* — [13] T. le nom Trinacrie fut d'abord à la Sicile. [14] T. auxquelles douze tables est le nom. [15] T. auquel le surnom d'Africain est donné. — [16] T. la mort de Jonathas a été à vive (*acer*) douleur à David. [17] T. l'orgueil a été à perte (*exitium*) à l'homme. [18] T un bon fils est à joie à son père. — [19] Blâmer, T. tourner à defaut. [20] Louer, T. donner à louange — [21] De tout, T. de toute chose.

fourmillera *de vers* — Les gens heureux abondent
en amis, les malheureux *en* manquent. — La France
abonde *en blé, en vin, en soldats.* — La lionne n'a
pas [1] *de crinière.* — Tout homme a besoin [2] *du secours, du conseil et de l'amitié* des autres. — Qui est
exempt *de chagrins ?*

82. L'année est composée *de cinquante-deux se-
maines et un jour.* — L'envieux ne se réjouit jamais
du bonheur des autres. — Le jeune homme aime [3]
les chevaux et les chiens. — Ceux-là sont sots qui
s'enorgueillissent *de leur beauté* et *de leurs richesses.*
— La république romaine était incommodée [4] *de sa*
(propre) *grandeur.*

83. Sers-toi plus souvent *des oreilles* que *de la langue.* — Alexandre-le-Grand s'empara *de tout l'empire*
des Perses. — Les Scythes se nourrissent *de lait* et
de miel. — Les méchans se réjouissent *du malheur* des
autres. — Tous ceux-là sont riches, disent les stoïciens,
qui jouissent *de l'air* et *de la terre.* —Épaminondas,
dans les combats, remplissait *le devoir* non-seulement
d'un général, mais encore d'un soldat très-courageux.
— Niobé se glorifiait *de ses sept fils et de sept filles ;*
Apollon et Diane les tuèrent tous.

84. Nous avons pitié *de ceux* qui luttent contre [5] la
douleur et l'infortune. — Dieu a pitié *de nous,* ayons
pitié *des autres.*

85. Celui là n'a pas le sens commun [6], qui *se tourmente l'esprit* [7] pour des bagatelles.

86. Le paresseux se repentira un jour *de sa paresse.*
— Le malheureux s'ennuie facilement *de la vie.* — Le
sage ne se repent ni *de ses actions* ni *de ses paroles.*
— Si tu n'as pas honte *de ta faute,* tu es indigne de
pardon. —Lorsque je me suis trompé [8], non-seulement
je suis fâché de *ma sottise,* mais encore j'en ai *honte.*

---

[1] N'avoir pas, *carere* [2] Avoir besoin, *egere.* — [3] Aimer, *gaudere.* [4] Être
incommode, *laborare* — [5] Lutter contre, *fortiter resistere,* avec le dat.
— [6] N'avoir pas le sens commun, *absurdè facere* [7] Pour, *de.*— [8] Se tromp-
per, *errare.*

— Ne te repens jamais *d'un bienfait donné.* — Les habitans [1] de Ninive se repentirent *de leurs égaremens* [2], et le Seigneur eut pitié *d'eux.*

87. Souvent nous nous repentons *d'avoir parlé*, rarement *de nous être tûs.* — Aie honte *de penser* ce que tu aurais honte *de dire.* — Le bavard s'ennuie *d'écouter.* — Alexandre se repentit amèrement *d'avoir tué* Clitus.

88. Ne fais rien dont *tu puisses* te repentir. — Beaucoup de gens *ont coutume* de se repentir aujourd'hui de ce qu'ils ont fait hier. — Lorsque votre colère sera apaisée, *vous commencerez* a vous repentir de ce que vous aurez dit et fait. — Si *vous* ne *voulez* pas vous repentir de vos fautes en cette vie, vous les expierez dans l'autre. — Les forts *doivent* avoir pitié des faibles.

89. Il importe *aux jeunes gens* de lire de bons livres. — Il importe *à tous les hommes*, non de vivre long-temps, mais de bien vivre. — Il importe *aux citoyens* d'obéir aux magistrats, *aux magistrats* d'obéir aux lois. — Il importe à *un juge équitable* de terminer les procès.

90. Il *m'*importe de bien mériter de ma patrie. — Il *vous* importe, parens, de donner à vos enfans des maîtres exempts de vices. — Que [3] *t'*importe de regorger de richesses, si tu ne sais en jouir ? — Il *nous* importe de joindre la modestie à la science.

91. Il *nous* importe à *tous* que les lois soient observées. — Il importe à *l'un et à l'autre de vous*, mes enfans, de pratiquer la vertu et d'acquérir la science ; car la vertu et la science sont les seuls biens que la fortune ne puisse pas nous ravir. — Il importe à *moi, médecin*, que les malades que je soigne se rétablissent promptement. — Il importe à *vous, magistrats*, de protéger les gens de bien et de sévir contre les méchans.

92. Il m'importe *beaucoup* d'avoir un esprit sain dans un corps sain. — Il nous importe *peu* de connaître l'avenir. — *Comb en* il importe à tous les gens de bien que l'audace des méchans soit réprimée par la juste sévérité des lois !

93 Il importe peu à *notre bonheur* que nous habitions de magnifiques palais, et que nous soyons servis par un grand nombre d'esclaves. — Il importe *au salut de l'état* que les magistrats fassent leur devoir.

[1] Habitans de Ninive, *Ninivitæ*, *arum.* [2] Égaremens, *errors* — [3] Que, *quid.*

94. L'esprit et le corps ont quelquefois besoin *de délassement.* — Nous avons souvent besoin *du secours* des autres. — Non-seulement les animaux, mais encore les plantes ont besoin *d'air.* — La jeunesse a besoin *d'un guide.* — Le malade a besoin *d'un médecin,* l'affligé *d'un ami.* — Un menteur a besoin *d'une grande mémoire.*

Beaucoup de gens parlent, lorsqu'il est besoin *d'agir.*

95. La vengeance appartient *à Dieu,* (et) non *aux hommes.* — Bien des gens [1] se mêlent des affaires [2] qui ne *les* regardent pas. — Le consul Fabius dit aux Romains : Faites les autres guerres, la guerre contre les Véiens regarde *les Fabiens.*

96. Un malheur ne *nous* arrive jamais seul. — Les artistes médiocres ne sont pas rares ; il arrive à *un petit nombre* [3] d'exceller [4] dans leur art. — Il ne serait point avantageux *à l'homme* de connaître l'avenir. — Le changement plaît *aux enfans* et déplaît *aux vieillards.* — Il *nous* est permis de repousser la force par la force.

97. Il n'est pas permis au riche d'être *fier* et *arrogant.* — Il n'est permis à personne d'être *injuste.* — Il ne nous est pas donné [5] à tous de devenir *des hommes supérieurs.*

98. Ceux qui se font de nouveaux amis oublient souvent *les anciens.* — L'homme de bien oublie facilement *l'injure,* mais il se souvient toujours *du bienfait.* — Il est doux de se rappeler *les maux passés.* — Il n'est pas d'un cœur généreux de se rappeler *les injures.* — Heureuse est cette mémoire qui n'oublie *rien* si ce n'est [6] *les injures reçues.*

99. Défiez-vous de celui qui *vous flatte.* — Les habitans de Vannes [7], dit César, *l'emportent sur tous les autres peuples de la*

<hr>

[1] Bien des gens, *multi* [2] Se mêler d'affaires, *res curare.* — [3] Un petit nombre, *pauci, orum.* [4] D'exceller, *ut excellant.* — [5] Il est donné, *licet.* — [6] Si ce n'est, *nisi.* — [7] Les habitans de Vannes, *Veneti.*

Gaule par leur habileté et leur expérience dans la marine [1]. —
Les chevaux de Turnus *surpassaient la neige* par leur blancheur
et *les vents* par leur célérité. — Je retins ma respiration [2],
j'approchai l'oreille et je *l'écoutai attentivement.* — A Carthage,
Térentius Varron eût payé de sa vie [3] sa témérité ; à Rome, des
actions de grâces lui furent rendues de ce qu'il *n'avait* pas *dés-*
espéré du salut de l'état. — *Alexandre eut le désir* [4] de consulter
l'oracle de Jupiter Ammon. — Personne *n'a surpassé Thrasybule*
en vertus, beaucoup *l'ont devancé* en renommée. — Quoique
l'aigle *soit surpassé* en grandeur par quelques oiseaux, il *l'em-*
porte néanmoins en force *sur tous les autres.* — Celui qui *vous*
attendra trop long-temps [5] dira du mal de vous.

100. Il est quelquefois permis de *mêler des plaisanteries à son*
discours. — Un bon fils *arrose de ses pleurs la tombe* de son père.
— Sémiramis agrandit Babylone et *entoura la ville de murs.* — Jules
César *accorda le droit de cité* [6] *à ceux* qui enseignaient à Rome les
belles-lettres, et *à ceux* qui y pratiquaient la médecine. —
Celui qui a *confié ses chagrins a un ami* est soulagé. — Un bon
général tâche de *couper les vivres aux ennemis.* — Celui-là est
souvent trompé qui *met sa confiance dans les hommes.* — Qui peut
compter sur la stabilité de la fortune ? — Apelle *l'emporte sur les*
autres peintres, Phidias *sur les autres statuaires.* — Les lois de
César *interdisent le feu et l'eau à l'homme coupable* de violence [7], ainsi qu'*à celui* qui a commis le crime de lèse-majesté.
— Les Gaulois *envoyèrent* des ambassadeurs *à Denys,* tyran de
Sicile, pour lui demander du secours et son amitié. — Cicéron *a*
écrit à son frère Quintus, propréteur d'Asie, une lettre célèbre que
doivent lire tous ceux qui ont une province à administrer. —
Portez du secours *à l'innocent* opprimé. — Je n'ai point encore
écrit à votre frère, ne m'accusez pourtant pas de négligence ;
excusez-moi *auprès* de lui, *je* me *justifierai auprès de vous.*

101. Il faut *imiter les gens de bien, ne porter envie à personne*
et ne *point rivaliser* de faste *avec les riches.* — *Veillez à la con-*
servation de votre patrimoine. il serait honteux pour vous de
perdre par votre négligence ce que vos ancêtres vous ont
acquis par leur travail. — *Défiez-vous de celui* qui est l'ami de
tout le monde. — Vois comment celui *que tu consultes veille*
lui-même *à ses affaires.* — Cyrus *usa de cruauté envers Crésus.* —
Souvent ceux qui *nous veulent du bien* ne peuvent pas nous être
utiles, tandis que ceux qui pourraient nous servir ne le veulent
pas. — Ce *que nous désirons* ardemment n'est pas toujours un
bien. — Le vainqueur *impose un tribut sur les villes* conquises. —

---

[1] Dans la marine, T. des choses nautiques. [2] Retenir sa respiration,
animam comprimere. [3] Payer de sa vie, *capite luere.* — [4] T. s'empara
d'Alexandre le désir de. [5] Trop long-temps, *diutiùs.* — [6] Le droit de cité,
civitas. [7] Coupable de violence, *qui de vi damnatus;* ainsi que, *item,* qui
a commis le crime de lèse-majesté, *qui majestatis damnatus est.*

Le prêtre oint le front du roi et lui *met la couronne sur la tête.* — Un menteur, lorsqu'il est connu, n'en *n'impose à personne.* — Ajax *se jeta sur la pointe* [1] de son épée. — Tullus Hostilius *porta tous ses soins vers la guerre.* — Il faut s'accoutumer à *réprimer sa colère.* — Dieu *règle tout* par sa sagesse. — Il est moins pénible de *demander* quelque chose *pour un autre que pour soi.* — Les Carthaginois *demandèrent du secours* aux Lacédémoniens qui leur envoyèrent des troupes commandées par Xantippe. — Le lion *attaque les hommes* seulement lorsqu'il est pressé par la faim. — Après la victoire d'Allia [2] les Gaulois *marchent sur Rome.* — Une tendre mère *pourvoit à tous les besoins* de son enfant. — Annibal *avoit prévu son sort.* — Tiens fidèlement ce *que tu te promets* à toi-même. — Celui qui, après une longue maladie, *recouvre enfin la santé* jouit plus de ce bien que celui qui n'en a jamais été privé. — Xerxès partit pour la Grèce enflé d'orgueil et en *revint* couvert de honte. — Clitus ne *mit* point *de frein à sa langue,* ni Alexandre *à sa colère.* — Assis, le sceptre à la main [3], sur la cime d'un rocher [4], Éole, dieu des vents, *modère leur violence et règle leur fuite.* — Les Juifs *s'abstiennent de la chair* [5] de porc. — Énée s'échappe de Troie embrasée, tenant son fils par la main, portant son père sur ses épaules et *craignant* également *pour celui* qui l'accompagne et pour celui qu'il porte [6]. — Le sage ne *craint* ni ne *désire la mort.* — Heureux celui qui, libre de soucis et d'affaires, peut *s'adonner aux lettres!* — Celui qui n'a rien fait de mal *est exempt de crainte.*

102. Denys, *craignant* le rasoir du barbier, se brûlait la barbe (avec) un charbon ardent. — Jules César *étant* dans sa seizième année [7], perdit son père. — Les Athéniens sont délivrés de la guerre par le courage de leur roi Codrus *qui se dévoue à la mort* [8] pour le salut de sa patrie. — Épaminondas était modeste, prudent, grave, *profitant* sagement des circonstances [9]. — Personne n'écrit sur un registre les bienfaits *reçus.* — Crésus *vaincu* par Cyrus fut renversé du trône. — Le son *répercuté* par les rochers ou par les forêts est appelé écho. — Alexandre, *s'étant emparé* de l'Égypte, fonda la ville d'Alexandrie. — Celui-là frappe avec force à la porte [10] qui arrive *devant annoncer* de bonnes nouvelles.

[1] Se jeter sur la pointe d'une épée, *gladio* ou *in gladium incumbere.* [2] La victoire d'Allia, *victoria Alliensis.* [3] Le sceptre à la main, *sceptrum tenens.* [4] La cime d'un rocher, *summus mons.* [5] La chair de porc, *suilla caro.* [6] Pour celui qui l'accompagne et pour celui qu'il porte, T. pour son compagnon et pour son fardeau. — [7] Être dans sa seizième année, *agere sextum decimum annum.* [8] Se dévouer à la mort, *se offerre morti.* [9] Profiter des circonstances, *uti temporibus.* [10] Frapper à la porte avec force, *intrepidè fores pulsare.*

— *Vaincu* par Alexandre et *tué* par ses proches, Darius mit fin à la monarchie [1] des Perses. — *Devant être interrogé*, tu dois étudier ; *interrogé*, tu dois répondre. — Le flatteur, ou loue *ce qui doit être blâmé* [2], ou blâme *ce qui doit être loué*.

103. Chacun doit *protéger* les siens. — Celui qui ne veut pas *boire* d'eau n'a pas soif. — Le bavard ne peut pas *garder* un secret. — Celui qui n'a pas appris *à obéir* ne sait pas *commander*. — Ceux qui veulent *faire* de grandes choses ont coutume *de réfléchir* long-temps. — Le plus malheureux des hommes est celui qui a cessé *d'espérer*. — Accoutume-toi *à dire* et *à entendre* la vérité.

La nouvelle fut apportée à Rome que les Antiates avaient pris les armes [3]. Toute guerre [4] avait cessé d'être méprisée. C'est pourquoi le sénat romain *commença à rendre grâce* aux dieux de ce que [5] Camille était en charge.

Elle est vaine la philosophie qui nous apprend *à discuter* [6], et non à bien vivre. — Les Athéniens forcèrent Aristide et Phocion *de quitter* leurs dieux pénates.

104. Une foule innombrable d'hommes allait autrefois en Grèce *pour voir* les jeux olympiques. — Les sénateurs s'assemblent dans le sénat *pour délibérer* sur les affaires publiques et particulières. — Le Christ reviendra un jour *pour juger* les actions et les pensées des hommes. — Que le père de famille se lève le premier et qu'il aille *se coucher* le dernier.

105. Le chant du rossignol est agréable *à entendre*. — Quoi de plus beau *à voir* que des arbres en fleur [7] ? — Un ami sincère et constant est difficile *à trouver*.

106. Pendant toute la vie *il faut apprendre* à bien mourir. — Avant la victoire *il faut combattre*.

107. *Il faut user* sagement [8] de la liberté. Tempérée, elle est salutaire aux états et aux particuliers ; excessive, elle est insupportable [9] aux autres et fu-

---

[1] Mettre fin à la monarchie, *regnum finire*. [2] Ce qui doit être blâmé, *culperanda*, S. *negotia*. — [3] Que les Antiates, etc., T. les Antiates avoir pris les armes. [4] Toute guerre, *ulla bella*. [5] De ce que, *quòd* avec le subj. [6] Discuter, *disputari*. — [7] En fleur, *florens, ntis*. — [8] Sagement, *modicè*. [9] Insupportable, *gravis*.

neste [1] à ceux qui en abusent. — *On doit épargner ses ennemis.* — *Il faut secourir* promptement ceux qui sont [2] dans un grand danger. — *On* ne *doit* jamais *s'emparer* du bien d'autrui.

108. Les hommes avec qui *nous devons vivre* ont des caractères [3] très-différens. — *Nous devons user* modérément des plaisanteries comme du sel. — *Les enfans doivent se taire* lorsque les hommes parlent.

109. La vertu *doit être réglée* [4] par la prudence. — *Il* ne *faut* pas *imputer* [5] à la nation [6] l'extravagance d'un seul homme. — *Il faut battre* le fer quand il est chaud. — *On doit louer* la vertu, même dans un ennemi. — *Il* ne *faut* rien *faire* avec mollesse ; l'âme ne doit point être énervée [7].

110. *Tu dois regarder* l'intention de celui qui donne, non la valeur de ce qui t'est donné. — *Les enfans doivent garder* [8] une mesure dans leurs jeux. — *Nous devons supporter* patiemment les injures. — *Tout homme doit préférer* la mort à l'infamie. — *J'ai* encore beaucoup de choses *à apprendre* [9].

111. Le jeune âge est le temps *d'apprendre.* — Une raison *de refuser* quelque chose ne manque jamais aux avares. — Le disciple diligent a du goût [10] *pour apprendre.* — Celui même qui sait [11] *nager* n'est pas, dans l'eau, à l'abri de [12] tout danger. — Le riche avare ressemble à un homme qui a un cheval et qui ne sait pas le *monter.* — La plupart des hommes sont désireux de *voir* et d'*apprendre* de nouvelles choses [13].

112. La nature elle-même enseigne à l'araignée l'art *de tendre un filet.* — L'exercice est le meilleur moyen *d'augmenter la mémoire.* — L'aimant a l'étonnante propriété *d'attirer le fer.* — Le méchant est désireux *d'exciter les haines.* — Beaucoup de gens [14] sont plus avides *d'acheter des livres* que [15] *de les lire.* — Ceux qui

---

[1] Funeste, *præceps.* [2] Être, *versari* — [3] Ont des caractères, S. sont de caractères ; caractères, *ingenia.* — [4] Régler, *temperare.* [5] Imputer, *assignare.* [6] Nation, *civitas.* [7] Enerver, *emollire.* — [8] Garder, *retinere.* [9] Beaucoup de choses, *multa,* sont devant être apprises à moi. — [10] Qui a du goût, *studiosus.* [11] Qui sait, *peritus.* [12] A l'abri de, *tutus à.* — [13] De nouvelles choses, *nova.* [14] Beaucoup de gens, *multi.* [15] Que, *quàm*

écrivent en latin ont coutume de s'appliquer [1] *à imiter Cicéron.*

113. Celui qui est accoutumé *à travailler,* s'ennuie quand il est sans occupation. — Tout débiteur n'est pas en état [2] *de payer.*

114. Les bœufs ne sont pas propres *à porter des fardeaux.*—Les rois ne sont pas accoutumés *à entendre la vérité.* — Le bois sert [3] *à construire des maisons, à alimenter le feu* et *à faire différens instrumens.*

115. L'eau de mer est salée et amère, elle n'est pas bonne [4] *à boire.* — Nous nous servons aujourd'hui de plumes d'oie *pour écrire.* — L'aiguillon a été donné aux abeilles *pour piquer* et la trompe [5] *pour sucer.* — Je vous exhorte *à oublier* les injures. — Comme le cheval est né pour la course, le bœuf *pour labourer,* le chien *pour suivre à la piste,* de même l'homme est né pour deux choses, *pour comprendre* et *pour agir.*

116. Les temples ont été bâtis *pour exciter la piété.* — Les Spartiates portaient [6] dans les combats des tuniques d'écarlate [7] *pour déguiser* [8] et *cacher le sang* de leurs blessures. — Les bœufs semblent nés *pour porter le joug.* — Des paroles douces sont propres *à calmer les esprits.*

117. Les bons parens ont soin *de former* leurs enfans aux bonnes mœurs. — Je laisse seulement *à faire* aux autres ce que je ne puis faire moi-même. — L'histoire nous offre de beaux exemples *à imiter.* — Celui qui se chargera [9] *de corriger* un ivrogne perdra sa peine. — Le sphynx donnait une énigme *à deviner* aux passans et mettait en pièces ceux qui ne pouvaient l'expliquer.

118. Ceux qui nous détournent *de mal faire* [10] sont nos vrais amis. — Esaü revenait *de chasser* lorsqu'il vendit son droit d'aînesse.

---

[1] Qui s'applique, *studiosus.* — [2] En état, *par* avec le dat. — [3] Servir, *inservire.* — [4] Bon, *idoneus, a, um.* [5] Trompe, *rostrum.* — [6] Porter, *uti.* [7] D'écarlate, *puniceus, a, um.* [8] Déguiser, *dissimulare.* — [9] Se charger, *suscipere.* — [10] Mal faire, *peccare.*

119. *En apprenant* il faut commencer par les choses les plus faciles. — *En lisant*, nous devons imiter les abeilles.

120. Certaines gens passent la matinée *à ne rien faire* et le reste du jour *à jouer*. — *En* ne *faisant* rien les hommes apprennent à mal faire.

121. Certaines villes ont été détruites par un tremblement de terre ; la crainte d'un semblable désastre n'a pas détourné les habitans *de les rebâtir*. — Les cailles sont très-adroites *à cacher leurs petits* [1]. — Le triomphe [2] de l'orateur est *de faire naître* dans les âmes l'indignation, la haine, la douleur, ou *de les ramener* de ces passions violentes aux sentimens plus doux de la pitié et de la compassion [3]. — L'empereur Domitien passait chaque jour quelque temps *à tuer des mouches*. — Il faut exercer les enfans *à écrire des lettres*. — Le péché est commis, soit *en faisant le mal*, soit *en omettant le bien*. — Celui-là est ridicule qui veut *en achetant beaucoup de livres* paraître savant.

122. Les nains et les géans sont rares *parmi* les hommes. — Les Allemands habitent *au delà* du Rhin ; nous Français, nous habitons *en deçà*. — Le corps a été fait *pour* l'âme, non l'âme *pour* le corps. — Soyons miséricordieux *envers* les malheureux. — L'aiguille aimantée se dirige [4] toujours *vers* le nord. — Alexandre fut également illustre *dans* le combat et *après* la victoire. — Les planètes tournent *avec* leurs satellites *autour* du soleil. — Le sage porte toujours *avec lui* ses vrais biens. — Si Dieu est *avec* moi, je ne crains rien. — L'eau jaillit *des* sources. — Respecte-toi toi-même, et tu ne rougiras jamais *devant* les autres. — Les actions des grands hommes sont élevées *jusqu'*au ciel. — Les grenouilles habitent *dans* les marais. — L'Èbre, le Rhône, le Tibre et le Nil se jettent *dans* la Médi-

---

[1] T. dans les petits devant être cachés [2] Le triomphe est, *maxima vis existit.* [3] T. dans les esprits devant être excités à la colère, à la haine, à la douleur ou devant être ramenes (*revocare*) de ces passions violentes, (*permotio*) à la douceur (*lenitas*). à la compassion. — [4] Se diriger, *tendere.*

terranée. — La plupart des oiseaux, *à l'approche* de [1] l'hiver, passent *dans* d'autres climats. — Lorsqu'il pleut, le voyageur se réfugie *sous* un arbre ou *sous* un toit. — Les caves sont *sous* les maisons.

123. Il neige *en hiver*, il grêle *en été*, il pleut *toute l'année*. — Rome fut fondée *l'an* 394 après la ruine de Troie. — Le printemps commence *dans le mois de mars*, l'été *dans le mois de juin*, l'automne *dans le mois de septembre*, l'hiver *dans le mois de décembre*. — Le rossignol chante *au printemps*. — Christophe Colomb découvrit l'Amérique *l'an* 1491.

Thémistocle fit ce que *vingt ans auparavant* avait fait Coriolan. — Pertinax fut élu empereur par les soldats prétoriens, et *quatre-vingt-sept jours après*, il fut assassiné par ces mêmes prétoriens.

124. L'empire des Perses, fondé par Cyrus et détruit par Alexandre, subsista environ *deux cents ans*. — Mathusalem vécut *neuf cent soixante-neuf ans*. — Il suffit de dormir *sept heures*. — Romulus régna *trente-sept ans*, Numa *quarante-trois*. — Mithridate fit *pendant quarante-quatre ans* la guerre aux Romains.

J'étais *en temps de paix* un très-grand général. — Tite-Live a raconté ce que les Romains ont fait *en temps de guerre* et *en temps de paix*.

125. Le temple de Jérusalem fut bâti par Salomon *en sept ans*. — Virgile lut à Auguste, *en quatre jours*, les quatre livres des Géorgiques. — Jésus-Christ dit aux Juifs : Détruisez ce temple, je le rebâtirai *en trois jours*. — La lune fait sa révolution autour de la terre *en vingt-neuf jours et douze heures*.

126. Pythius invita Caninius à souper *pour le lendemain*. — Chez les Romains, les censeurs étaient élus *pour cinq ans*; les autres charges étaient annuelles.

127. Titus mourut l'an 81 de Jésus-Christ; il régnait *depuis deux ans*. — *Il y avait quatorze ans* que les Anglais étaient maîtres de Paris lorsque Charles VII les en chassa. — *Il y avait soixante-dix ans* que les

____
[1] A s'approcher de, *sub*.

Juifs étaient esclaves des Assyriens, lorsque Cyrus leur permit de retourner [1] dans leur pays.

128. La troisième guerre punique finit par la ruine de Carthage; *il y avait près de cent vingt ans que* les hostilités entre Rome et Carthage avaient commencé. — Homère, le père de la poésie grecque, florissait *il y a environ vingt-huit siècles.*

129. Virgile, le prince des poëtes latins, mourut *à cinquante et un ans*, l'an 19 de Jésus-Christ. — Valérius Corvinus fut fait consul *à l'âge de vingt-trois ans.*

Agé de moins de trente ans, Condé [2] avait gagné trois grandes batailles. — Villars [3] *avait plus de quatre-vingts ans* lorsque Louis XV le mit à la tête de l'armée qui faisait la guerre en Italie.

130. L'aune *a trois pieds huit pouces de long.* — Le colosse de Rhodes avait *soixante-dix coudées de haut.* — L'Hellespont *a quatre cents stades de long*, et là où [4] il est le plus resserré [5], *sept stades de large.* Une lieue contient vingt-huit stades.

131. L'activité rend le travail *de moitié* plus facile. — L'année bissextile est *d'un jour* plus longue que l'année vulgaire. — Virgile avait environ quatre ans *de plus* [6] qu'Horace.

132. Naples est à *cinq milles* d'Italie [7] du mont Vésuve. — Athènes est *à quatre mille pas* de Thèbes. — Coriolan campa *à cinq milles* de Rome.

133. Nabuchodonosor vit en songe une statue *de divers métaux.* — Les Athéniens érigèrent à Socrate une statue *d'airain.* — Les Tyriens envoyèrent à Alexandre une couronne *d'or* d'un grand poids. — La statue de Jupiter Olympien, *d'or et d'ivoire*, haute de soixante pieds, était le plus bel ouvrage du célèbre sculpteur Phidias.

134. Le lion peut renverser un homme *avec sa queue.* — Orphée animait les rochers *avec sa lyre.* —

---

[1] Permettre de retourner, *facere copiam revertendi* — [2] Condé, *Condæus.* [3] Villars, *Villarsius.* — [4] Là ou, *ubi.* [5] Resserré, *angustus.* — [6] T. était plus grand d'environ quatre ans. — [7] D'Italie, *Italicus.*

les Scythes attaquent de loin [1] leurs ennemis *avec des flèches*, et de près [2] *avec des lances*. — Le sage estime les hommes, non *d'après (leur) fortune*, mais *d'après (leur) caractère*. [3] — Chacun mesure les dangers *par sa (propre) crainte*. — Manlius punit *de mort* le courage de son fils. — La beauté se flétrit [4] ou *par la maladie* ou *par la vieillesse*. — La terre est couverte *de fleurs, d'arbres, de fruits*. — Caton ne rivalisait [5] pas *de richesses* avec les riches, ni *d'intrigue* [6] avec les factieux, mais de *courage* avec les courageux, *de retenue* [7] avec les gens modestes, et de *désintéressement* avec les hommes intègres. — César fut frappé *de vingt-trois coups* de poignard. — Socrate, *d'après le témoignage* de tous les gens instruits, et *au jugement* de toute la Grèce, fut le premier des philosophes. — Périclès brillait *par toute sorte* de qualités [8]. — Le soleil éclaire et remplit tout *de ses rayons*.

135. Les méchans vendent leur conscience *pour de l'argent*. — Le scrupule valait *vingt sesterces*. — Achille traîna trois fois autour d'Ilion le corps inanimé d'Hector et le vendit *à prix d'or* [9]. — La justice humaine s'achète [10] souvent *avec de l'or*. — Un avare qui était malade refusa un remède qui avait coûté *huit* ou *dix sous*, et aima mieux mourir.

La faim coûte *peu*, la délicatesse [11] coûte *beaucoup*.

136. Les sectateurs d'Aristote [12] furent nommés Péripatéticiens, parce qu'ils tenaient leurs conférences [13] en se promenant [14] *dans le Lycée*. — Régulus fut vaincu *en Afrique*. — L'hirondelle et le moineau font leurs nids *dans les maisons*.

137. Épaminondas naquit *à Thèbes*. — Les arts et les sciences n'ont point fleuri *à Carthage*. — Il est désagréable pour ceux qui ont coutume de passer l'été *à la campagne*, d'être retenus à la ville par des affaires.

---

[1] De loin, *eminùs*. [2] De près, *cominùs*. [3] Caractère, *mores*. [4] Se flétrir, *deflorescere*. [5] Rivaliser, *certare*. [6] Intrigue, *factio, onis*. [7] Retenue, *pudor*. [8] Qualité, *virtus*. — [9] A prix d'or, T. pour de l'or. [10] S'achète, *venalis est* [11] Délicatesse, *fastidium*. — [12] Les sectateurs d'Aristote, T. ceux qui étaient avec Aristote. [13] Tenir des conférences, *disputare*. [14] En se promenant, *inambulantes*.

138. Constantin mourut *à Nicomédie.* — Il y eut [1] autrefois *à Éphèse* un temple fameux consacré à Diane. — L'apôtre saint Paul prêcha l'évangile *à Rome, à Corinthe, à Éphèse*, en Troade, à Athènes et en beaucoup d'autres lieux.

139. On ne vit [2] nulle part plus commodément que *chez soi* [3]. — Le chameau, lorsqu'il est sur le point d'être chargé [4] de bagages, se couche *par terre*, et se relève lorsqu'il est chargé [5].

140. *Chez les Perses*, la jeunesse apprenait trois choses : à monter a cheval, à tirer de l'arc, à dire la vérité

141 et 142. Lorsqu'il a plu, les vers sortent *de terre.* — Scipion chassa Asdrubal *de l'Espagne.* — Salomon, devant construire le temple de Jérusalem, fit venir *de Tyr* des ouvriers. — Thémistocle fut banni *d'Athènes* et *de toute la Grèce.* — Le peuple romain, irrité contre le sénat qui lui refusait des tribuns, sortit *de Rome.* — Laban sortit *de la maison* et alla trouver Eliézer. — Tout le monde [6] a coutume de revenir *de la campagne* au commencement de l'hiver [7].

143. Que celui qui sort *de chez vous* soit content et de vous et de soi. — On ne doit jamais s'écarter *du droit chemin.*

144 et 145. Cadmus apporta les lettres de Phénicie *en Grèce.* — Joseph, vendu par ses frères, fut conduit *en Égypte.* — Par le conseil d'Aristide, quatre cent soixante talens étaient portés chaque année *à Délos.* — Curius, le premier, conduisit *à Rome* quatre éléphans. — Eschine sortit d'Athènes et se retira *à Rhodes.* — Les riches habitent la ville pendant l'hiver et vont l'été *à la campagne.* — Le laboureur retourne le soir *à la maison* épuisé de fatigue [8], mais content de (sa) journée [9].

146. Jésus-Christ fut conduit de Caïphe *à Pilate.* — Quintus

---

[1] Il y eut, *fuit* — [2] On vit, *vivitur.* [3] Chez soi, T. à la maison. [4] Lorsqu'il est sur le point d'être chargé, *onerandus.* [5] Lorsqu'il est chargé, *oneratus.* — [6] Tout le monde, *omnes.* [7] Au commencement de l'hiver, *ineunte hieme.* — [8] Épuisé de fatigue, *defatigatus.* [9] Journée, *diurna opera.*

Marcius, général des Romains, qui avait pris Corioles, ville des Volsques, banni de Rome, se réfugia, irrité, *auprès de ces mêmes Volsques* et accepta des secours contre les Romains. — Après une courte digression revenez *à votre sujet.* — Les grues, lorsqu'elles traversent les mers pour gagner [1] *des climats* [2] plus chauds, forment un triangle.

147. Charles-Quint, se fiant [3] à la bonne foi de François Ier., passa *par la France*, lorsqu'il alla d'Espagne en Flandre, pour châtier [4] les Gantois [5] révoltés. — Annibal parti de Carthagène, *traversa les Pyrénées, la Gaule*, passa le Rhône, parvint aux Alpes, qu'il franchit en quinze jours, et entra en Italie.

En passant [6] *par Mégare*, Diogène vit des enfans nus et des moutons bien vêtus de laine ; il vaut mieux, dit-il, être ici mouton qu'enfant.

148. Marius et Cicéron naquirent *à Arpinum, ville* du pays [7] des Volsques. — Annibal, chassé *de Carthage sa patrie*, vint débarquer *à Éphèse, capitale* de l'Ionie.

149. Il y eut autrefois *dans la ville d'Alexandrie* une bibliothèque très-fameuse ; elle fut brûlée par le calife Omar. — Les Parthéniens [8], sous la conduite de Palante [9], partirent *de la ville de Sparte* pour chercher de nouvelles demeures. Ils abordèrent en Italie, s'y emparèrent de Tarente et en chassèrent les habitans. Dans la suite ils bannirent leur chef qui se retira *dans la ville de Brindes* ou s'étaient réfugiés les anciens Tarentins.

150. Un bon fils est heureux *dans la maison de son père*, il en fait l'ornement. — J'irai passer *dans une fertile campagne* le reste de mes jours [10]. — La mort vous a ravi l'ami chez lequel vous logiez ; venez *chez moi.* J'y allais.

151. *Que* [11] *de plaisir* nous procure la libéralité ! — Cimon, fils de Miltiade, avait *assez d'éloquence.* — Donnez-moi *plus d'eau* et *moins de vin.* — Jamais *autant de neige* n'avait couvert la terre. — Celui qui est malheureux par sa faute inspire [12] *peu de pitié.* — *Trop de temps* est employé à des choses frivoles.

---

[1] Pour gagner, *petentes.* [2] Des climats, *loca.* — [3] Se fiant à la bonne foi, *fretus fide.* [4] Pour châtier, *bello persecuturus.* [5] Les Gantois, *Gandevenses.* — [6] En passant, *cùm transiret.* — [7] Pays, *ager.* — [8] Parthéniens, *Parthenii*, enfans des Lacédémoniens qui avaient quitté le siege de Messine pour venir à Sparte contracter des mariages. [9] T. Palante (*Palantus*) étant chef. — [10] Le reste de mes jours, *reliquum meæ ætatis.* — [11] Que, *quantùm* [12] Inspirer, *movere.*

152. Le bon général doit joindre *à beaucoup de courage beaucoup de prudence*. — Étudiez toute votre vie, vous n'acquerrez jamais *trop de science*. — *Que de joie* [1] nous causent les succès de nos amis ! — Les Béotiens avaient *peu d'esprit*. — Celui qui a un fils a besoin d'argent ; celui qui a une fille a besoin *de plus d'argent*.

153. *Beaucoup de pays* sont encore inconnus. — Les Grecs et les Romains adorèrent *beaucoup de dieux*. — *Peu d'hommes* vivent cent ans. — *Combien de vœux insensés* formons-nous ! — Au temps de Fabricius, Rome avait *moins de joueurs de flûte* et *plus de vertueux citoyens*. — Les rois n'ont jamais *assez d'amis* et ont toujours *trop de flatteurs*. — La renommée a cent bouches et *autant d'oreilles*. — Le paresseux perd beaucoup de temps : il a moins de vie avec *plus de jours*.

154 à 161. *Où* cherchera-t-il le bonheur celui qui n'en jouit pas dans sa propre maison ? *Il ne* le trouvera *nulle part*, il ne sait *où* aller pour se fuir lui-même. L'ennui le suit *partout*. — Caligula en vint à *un tel excès* [2] *de démence* qu'il fit son cheval consul. — Agésilas, roi de Sparte, quoiqu'il eût le plus grand espoir [3] de s'emparer du royaume des Perses, obéit aux magistrats qui le rappelaient dans sa patrie. *En ce temps*, la ville de Véies, après un siége de dix ans, fut prise par les Romains sous la conduite de Camille. — D'avides héritiers pleurent autour du lit d'un avare mourant et se réjouissent *le lendemain de sa mort*. — Jephté fut puni de son vœu téméraire ; sa fille alla la première *au-devant de lui*. — Coriolan vint camper *près de Rome*. — Platon avait défini l'homme un animal à deux pieds et sans plumes. Diogène pluma un coq et dit : *voici l'homme* de Platon. — *Malheur au fils ingrat* qui délaisse son vieux père ! — *O malheureux le vieillard* qui dans une longue vie n'a pas appris à mépriser la mort.

[1] Que de joie, T. quelle grande (*quantus, a, um*) joie — [2] A un tel excès, ... que, *eò... ut.* [3] Espoir, *fiducia.*

LIVRE TROISIÈME.

DEPENDANCE DES PROPOSITIONS.

162. Une grande fortune nous *attire* l'envie. — L'étoile de Vénus *est appelée* Lucifer lorsqu'elle *précède* le soleil levant, et Hespérus lorsqu'elle *suit* le soleil couchant.

163. *Connais*-toi toi-même. — *Hâtez-vous* lentement. — *Prions* et *travaillons*. — *Craignez* dans la prospérité, *espérez* dans l'adversité.
Que les consuls *aient* droit de guerre; qu'ils n'*obéissent* à personne.

164. *Ne méprisez pas* les paroles des supplians. — *Ne demande pas* ce que toi-même tu refuserais; *ne refuse pas* ce que toi-même tu demanderais. — *Ne portez pas* de bois à la forêt. — *Ne* nous *exposons pas* sans motif aux dangers.

165. Il faut que chacun *se souvienne* de son origine. — La raison veut *que nous supportions* ce que [1] nous ne pouvons changer. — Quoiqu'il [2] *eût pu* souvent s'enrichir, Phocion fut toujours pauvre. — Est-il un lieu où Dieu ne *soit* pas présent ? — *Sois* reconnaissant envers tes parens et tes maîtres. — *Que* chacun *s'acquitte* de son devoir avec zèle [3] — *Fuyez* les mauvaises compagnies. — Que les hommes *règlent* [4] leur vie de telle sorte qu' [5] *elle puisse* être agréable à Dieu.

166. L'amitié *qui* finit ne fut jamais véritable. — Moi [6] *qui* tiens compte [7] non de mes années, mais de mes victoires, si j'apprécie [8] bien les faveurs de la for-

[1] Ce que, *quod* [2] Quoique, *cùm*, avec le subj. [3] Avec zèle, *impigrè.* [4] Régler, *instituere* [5] De telle sorte que, *ità ut*, avec le subj. — [6] C'est Alexandre qui parle. [7] Tenu compte de, *numerare.* [8] Apprécier, *computare.*

tune, j'ai beaucoup vécu. — Les vices *qui* ont cr
avec nous sont difficilement déracinés. — Antoine e
Cléopâtre, *qui* s'étaient abandonnés à toutes sortes d
désordres, périrent misérablement. — Le feu et l'ea
qui sont si [1] utiles à l'homme causent quelquefois le
plus grands ravages.

167. Il importe *à nous qui* tous les jours sommes comblé
des bienfaits de Dieu, de lui témoigner tous les jours notr
reconnaissance.

168. Celui *qui* n'a pas honte de sa paresse est dign
de châtiment. — Le jeune homme *qui* s'ennuie du tra
vail pourvoit [2] mal à sa vieillesse. — Dieu n'aura poin
de pitié de celui *qui* n'a point pitié des autres hommes.
— Je n'ai encore vu personne *qui* se soit avec raiso
repenti d'une bonne action. — Celui *qui* a un véritable
ami possède un trésor. — Ceux *qui* ont le plus besoin de
conseils ne sont pas toujours ceux qui en demandent.
— Les hommes n'admirent pas les choses *qu'*ils voient
très-souvent. — Nous recueillons ce que nous semons. —
L'amitié est une de ces choses *dont* l'utilité est reconnue
de tout le monde [3]. — L'âne est un animal fort utile,
et la vile nourriture *dont* il se contente [4] coûte peu.
— Nous avons reçu de Dieu les biens *dont* nous jouis-
sons. — Partout les hommes ont coutume d'exporter
les denrées *dont* ils abondent et d'importer celles *dont*
ils manquent. — Les sages commandent aux passions
dont les autres sont les esclaves [5]. — Epaminondas supporta patiemment les injustices de ses concitoyens *à qui*
il avait rendu les plus grands services. — Les jeunes
gens, *à qui* il importerait de bien employer le temps,
en font souvent un très-mauvais usage. — Il est un
Dieu *dont* nous adorons la puissance, *à qui* nous
obéissons et *par qui* nous sommes conservés. — Dieu
par qui règnent les rois de la terre les élève et les
abaisse à son gré. — Notre ami (c') est celui *avec qui*
nous partageons toutes nos joies et toutes nos larmes.

169. *Ceux-là* me paraissent ineptes *qui* ne tiennent compte [6]

---

[1] Si, *tàm* — [2] Pourvoir, *consulere.* [3] Tout le monde reconnaît l'utilité,
omnes uno ore consentiunt de utilitate [4] Se contenter, *esse contentum.*
[5] Être esclave, *servire.* — [6] Tenu compte, *rationem habere.*

ni du temps, ni des lieux, ni des personnes [1]. — Nous croyons
facilement *ce que* nous écoutons volontiers — Que *celui
qui* imite le langage des hommes de bien, imite aussi leurs
actions. — Toujours dans un gouvernement [2] *ceux qui* n'ont
rien [3] portent envie aux honnêtes gens, exaltent les méchans,
haïssent les anciennes institutions [4], désirent des changemens [5]. — Les hommes ne doivent pas obliger de préférence
celui de qui ils attendent davantage. — Les traîtres sont odieux
même *à ceux qui* les emploient.

170. Allez pleins d'ardeur et de confiance, et *la gloire que*
vous tenez [6] de vos ancêtres, songez a la transmettre [7]
a vos descendans. — Appliquons-nous de préférence *aux choses* [8] *auxquelles* nous sommes le plus propres. — *Les citoyens
que* nous avons perdus, (c'est) le fer des combattans [9] (et)
non la colère du vainqueur (qui) les a frappés.

171. Le détroit *qui* est appelé *Bosphore* est celui qu'un
bœuf peut traverser a la nage. — Les abeilles tirent des fleurs
ce suc doux et salubre *que* nous appelons *miel.* — Les vents
me poussèrent de Sicile a Leucopetra *qui* est *un promontoire*
du territoire de Rhegium.

172. Que *tout ce qui* a plu à Dieu plaise à l'homme. — *Qui-
conque* voit d'un œil sec l'infortune des autres est une brute
sous une forme humaine. — Alexandre avait résolu de prendre
Darius *en quelque lieu* [10] *qu'il fût* — Les abeilles accompagnent
leur reine *partout où* elle va. — *Partout où* Annibal fit route,
il se battit avec les habitans du pays.

173. Annibal *avait conseillé* à Antiochus *d'*attaquer
les Romains en même temps par terre et par mer. —
Je vous *conseille de ne point* vous moquer des misérables, vous ne serez peut-être pas toujours heureux. —
Ayez soin de montrer par vos discours une âme honnête et *de ne* jamais blesser les oreilles chastes. — Lorsque nous accordons un bienfait, *faisons en sorte de*
ne point humilier celui qui le reçoit. — Je vous prie
de m'écouter avec bienveillance et *de ne pas* m'inter-
rompre. — *Tâchons d'*être loués par ceux qui méritent la louange. — *Gardons-nous bien de* parler sans

---

[1] Personnes, *homines.* [2] Gouvernement, *civitas* [3] T. à qui ne sont au-
cunes richesses. [4] Anciennes institutions, *vetera.* [5] Changemens, *nova.* —
[6] Tenir, *accipere.* [7] Songer a transmettre, *relinquere* [8] S'appliquer à une
chose, *in re laborare.* [9] Le fer des combattans, *Martis vis.* — [10] En quelque
lieu que, *ubicumque.*

réflexion. —Dieu *commande* à la mer *de* s'apaiser, et la mer s'apaise.

174. Il ne peut *se faire* [1] *que* les vices nous rendent heureux. —*Il* nous *arrive* souvent *d'*être trompés dans nos espérances. — Le mérite n'est pas toujours transmis avec le nom et le patrimoine. Quelquefois *il arrive que* le fils d'un grand homme est un sot. — *Il s'en faut beaucoup que* tous ceux à qui vous avez rendu service soient vos amis.

175. Quand vous serez assis sur le trône royal, souverain arbitre de la vie et de la mort de tous les citoyens, *gardez-vous d'*oublier l'état dans lequel vous recevez la royauté. — *Prenez garde de* vous trop fier à un homme inconnu. — Régulus *dissuada* les sénateurs *de* racheter les prisonniers.

176. L'avare *craint* toujours *de* n'avoir *pas* assez. — Le soldat *craint que* la paix *ne* soit stable ; le commerçant, *qu'*elle *ne* le soit *pas*. — Le scélerat *craint* toujours *que* ses crimes *ne* soient découverts. —Annibal, *craignant d'*être livré aux Romains, quitta sa patrie.

177. Manlius Torquatus *empécha* les Gaulois *de* s'emparer du Capitole. — Les Romains ne manquèrent ni de sagesse ni de résolution [2], et l'orgueil *ne* les *empéchait pas d'*imiter les usages [3] étrangers qu'ils jugeaient préférables aux leurs. — Une mauvaise honte nous *empéche* souvent *d'*avouer nos fautes. — Dieu *ne* nous *défend pas d'*amasser des richesses, il nous *défend de* nous y attacher [4]. — *Qui* nous *défend de* dire la vérité en riant ?

178. *Il n'a pas tenu* à mes maîtres *que* je ne devinsse savant ; mais je n'ai pas voulu profiter de leurs leçons, je m'en repens aujourd'hui. — *Peu s'en fallut que* Porsenna ne s'emparât de Rome.

179. Nos parens *méritent que* nous exécutions leurs

[1] Se faire, *fieri*. — [2] Résolution, *audacia*. [3] Usages, *instituta*. [4] S'attacher à une chose, *rei impensiùs studere*.

ordres promptement et gaiement. — Achète des livres qui *méritent* d'être lus. — Ceux qui n'ont de confiance en personne, *ne méritent pas que* quelqu'un ait confiance en eux. — Le sénat romain parut à Cinéas, ambassadeur de Pyrrhus, une assemblée de rois *dignes de* gouverner la terre.

180. Si vous aimez véritablement vos amis, vous n'*attendrez* pas *qu'*ils vous demandent votre assistance, vous la leur offrirez de vous-même [1].

181. L'enlèvement d'Hélène fut *cause que* toute la Grèce prit les armes contre Troie.

182. Les magistrats sont les ministres des lois; les juges sont les interprètes des lois; enfin nous sommes esclaves des lois *afin d'*être libres. — Il ne faut pas faire le mal *pour qu'*il en résulte un bien. — Il se réfugie dans le temple *pour* implorer les secours des dieux et *pour* consulter l'oracle.

183. Les Romains envoyèrent à Antiochus des députés *pour* observer ses préparatifs à la faveur du caractère dont ils étaient revêtus [2]. — Les Romains se créèrent des tribuns du peuple *afin d'*être défendus par eux [3] contre le sénat et les consuls. — Dieu a créé le soleil *pour* éclairer et échauffer cette terre et les autres planètes.

184. Dieu nous cache le jour de la mort *afin que* nous y pensions *plus* souvent. — Que la loi soit courte *afin qu'*elle se grave [4] *plus* facilement dans la mémoire. — Les passions sont nos bourreaux [5]; soyons sages *pour* être *plus* heureux. — Laisse reposer tes champs [6] *pour qu'*ils deviennent *plus* fertiles.

185. Les voleurs jettent de la nourriture aux chiens, *afin qu'*ils n'aboient pas. — Les fourmis rongent les graines qu'elles amassent *de peur qu'*elles ne germent.

---

[1] De vous-même, *ultrò*. — [2] A la faveur... revêtus, *sub specie legationis*. [3] T. par lesquels il pût être défendu (*tutus*). — [4] Se graver, *infigi*. [5] T. nous torturent. [6] Laisser reposer ses champs, *sinere ut arva quiescant*.

— Le sage ne punit pas parce qu'on a péché [1], mais *pour qu*'on *ne* pèche plus. — Pausanias se refugia dans le temple de Minerve. *Afin qu*'il *n*'en pût point sortir, les Éphores firent aussitôt murer [2] les portes.

186. *Plût à Dieu qu*'il m'eût été aussi facile d'éviter le soupçon que la faute.

187. *Aussitôt que* les femmes des Cimbres eurent appris la défaite de leurs maris, elles se pendirent de [3] désespoir. — Atticus fut porté à la sépulture dans une petite litière, *comme* il l'avait lui-même prescrit, sans aucune pompe funèbre, tous les gens de bien l'accompagnant et avec le plus grand concours [4] du peuple.

188. *Après que* la guerre fut achevée en Numidie, Marius, quoiqu'absent, fut fait consul et le gouvernement de la Gaule [5] lui fut décerné. — *Dès que* nous sommes éveillés, nous méprisons les choses que nous avons vues [6] en songe. — Il faut étudier l'éloquence *quoique* quelques-uns en fassent un criminel usage [7]. — Dieu est patient *parce qu*'il est éternel. — Epaminondas garda le fer dans sa plaie *jusqu'au moment où* il apprit l'issue du combat. — Sparte fut courageuse, *tant que* les lois de Lycurgue furent en vigueur.

189. L'avare fait peu de cas de la perte de son âme, *pourvu que* ses richesses augmentent. — Auguste avait coutume de placer un tuteur auprès des rois [8] enfans, ou qui avaient perdu l'esprit [9], *jusqu'à ce qu*'ils fussent devenus grands ou qu'ils eussent recouvré la raison. — Il est des hommes qui, par crainte de l'envie, n'osent émettre leur avis [10] *quoiqu*'il soit excellent. — *Quoique* de braves guerriers se soient mesurés de près [11], dès que le combat est fini, ils déposent la haine avec les armes. — Fais aujourd'hui ce qu'il est de ton devoir de faire, *puisque* le jour de demain est incertain. — Que cha-

---

[1] On a péché, *peccatum est.* [2] Faire murer, *obstruere.* — [3] De, *præ.* [4] Concours, *frequentia* — [5] Le gouvernement de la Gaule, *provincia Gallia.* [6] Les choses que nous avons vues, *visa* [7] Faire un criminel usage, *pervertè abuti.* — [8] Placer auprès des rois, *apponere regibus.* [9] Qui a perdu l'esprit, *mente lapsus.* [10] J'émets mon avis, *dico quod sentio.* [11] Se mesurer de près, *ferro inter se cominùs decertare.*

cun supporte ses privations [1] *plutôt que* d'empiéter sur [2] les jouissances [3] d'autrui. — Celui-là approche de la perfection [4] qui pardonne aux autres *comme s'*il péchait lui-même tous les jours, et qui s'abstient de fautes comme s'il ne pardonnait à personne.

190. Les Helvétiens l'emportaient en courage sur les autres Gaulois, *parce qu'*ils étaient continuellement en guerre avec les Germains. — Thémistocle se promenait la nuit dans les rues *parce que* les trophées de Miltiade l'empêchaient de dormir. — Socrate fut accusé *d'introduire* [5] dans Athènes de nouvelles superstitions. — Les généraux du roi de Perse envoyèrent des députés à Athènes pour se plaindre *de ce que* Chabrias faisait avec les Égyptiens la guerre au Roi.

191. Souvent nous perdons le certain, *tandis que* nous convoitons l'incertain. — Les républiques [6] de la Grèce perdirent toutes l'empire *pendant que* chacune travaillait à l'acquérir [7]. — *Pendant qu'*Archias, premier magistrat de Thèbes [8], renvoyait au lendemain les affaires sérieuses, et se livrait aux plaisirs de la table [9], douze conjurés, dont Pélopidas était le chef, entrèrent dans la ville, et *lorsque* la nuit fut avancée [10], ils égorgèrent Archias. — Il est malheureux d'en être à creuser [11] le puits *lorsque* la soif tourmente déjà violemment. — *Lorsqu'*Annibal pouvait user de la victoire, il aima mieux en jouir.

192. *Si* le concours des atomes *peut* faire un monde, pourquoi ne peut-il pas faire un portique, un temple, une maison, une ville ? — Tout feu s'éteint [12] *s'il n'*est entretenu. — Personne ne donne un avis plus sincère que celui qui conseille à un autre ce qu'il aurait fait lui-même *s'il* eût été dans la même position [13]. — *Si*

[1] Privations, *incommodum*. [2] Empiéter sur, *detrahere de*. [3] Jouissances, *commoda, orum* [4] Approcher de la perfection, *optimo proximum esse.* — [5] T. qu'il introduisait — [6] Républiques, *civitates*. [7] T. désirait commander. [8] Premier magistrat de Thèbes, T. qui occupait (*obtinere*) alors la plus grande magistrature à Thèbes [9] Se livrer aux plaisirs de la table, *vino epulisque se dedere*. [10] Fut avancée, *processisset*. [11] D'en être a creuser, T. de creuser à peine enfin. — [12] S'éteint, T. est éteint. [13] Position, *locus*.

Annibal *n'eût point* été affaibli dans sa patrie [1] par l'envie de ses concitoyens, il eût pu vaincre les Romains. — Le peintre esquisse une figure *avant* de la peindre [2]. — *Avant de* promettre [3], délibère ; après avoir promis [4], exécute. — Datis, général des Perses, croyait utile de combattre *avant que* les Lacédémoniens fussent venus au secours des Athéniens [5].

193. *Si* mes enfans me ressemblent [6], ce même petit champ les nourrira, disait Phocion. — *Si* la fortune vous sourit, vous aurez beaucoup d'amis ; si elle vous est contraire, vous serez seul. — *Si* tu achètes le superflu, tu vendras bientôt le nécessaire [7].

194 et 195. J'ai pensé *que le souvenir* de nos discordes *devait être enseveli* dans un éternel oubli [8]. — Croyez-vous [9] *que Cn. Pompée eût* bien *senti* [10] la joie d'avoir été trois fois consul, d'avoir obtenu trois fois les honneurs du triomphe s'il eût su *qu'il* [11] *devait être* un jour *assassiné* en Egypte après la défaite de son armée ? — Je sens *que mon âme* ne *peut* être mortelle. — Les gens de bien font ce qui est droit, ce qui est honnête, alors même qu [12] 'ils voient *qu'ils* n'en *retireront* aucun profit. — Quand Anaxagoras apprit [13] *que les Athéniens l'avaient condamné* à mort, il ne fut point ému et dit *que la nature avait* depuis long-temps *prononcé* contre eux la même sentence. — Si tu veux *que les autres disent du bien* de toi, n'en dis pas toi-même. — Lycurgue ordonna *que les repas fussent* publics. — Celui qui espère *que ses maux auront* bientôt une fin, les supporte avec plus de courage. — Ce que tu désires *qu'un autre taise*, tais-le toi-même le premier. — Epaminondas ordonna *que le trait* dont il était percé *fût arraché*, aussitôt qu'il eût appris *que son bouclier était sauvé*. — Apollonius, qui se faisait payer ses le-

<hr>

[1] Dans sa patrie, *domi.* [2] T. avant qu'il la peigne. [3] T. avant que tu promettes. [4] T. après que tu as promis. [5] T. a secours aux Athéniens — [6] Me ressemblent, T. sont semblables à moi. [7] Le superflu, *quod non opus est* · le nécessaire, *quod opus est.* — [8] Ensevelir dans un éternel oubli, *sempiternâ oblivione delere.* [9] Croyez-vous, *an censes.* [10] Aurait bien senti la joie... triomphe, T. se serait bien réjoui de ses trois consulats, de ses trois triomphes. [11] Il, *se.* [12] Alors même que, *etsi.* [13] Apprendre, *audire.*

çons [1], ne souffrait pas cependant *que ceux* qu'il jugeait incapables de devenir orateurs *perdissent* leur temps [2] à son école [3] et il les renvoyait. — Celui qui aime quelqu'un fait les choses *qu'il* sait *devoir* lui *être* agréables. — Un esclave, placé derrière le triomphateur, lui disait souvent à l'oreille : Souviens-toi *que tu es* homme. — Il est constant *que les lois ont été établies* pour le salut des citoyens, pour la conservation [4] des villes, pour la tranquillité et le bonheur de la société [5]. — Il faut *que chacun se soumette* à la volonté divine. — Il nous importe *que la guerre soit terminée*, *que la paix soit rétablie*. — Il est juste *que chacun subisse la peine* de sa faute. — Il est vrai *que* sur cette terre *personne* n'*est* toujours heureux. — Pour jouir [6] d'une véritable liberté, il est nécessaire *que tu sois l'esclave* [7] de la philosophie. — C'était la coutume parmi les Égyptiens *que les morts*, avant d'être admis aux honneurs funèbres, *subissent* un jugement solennel.

196. Je croyais *que vous vous ennuieriez* de votre nonchalance, et j'espérais *que vous auriez étudié* la grammaire avec plus d'application. — Je pensais *qu'ils se seraient tus*, puisqu'ils n'avaient rien de bon à dire [8]. — Un père est bien malheureux lorsqu'il prévoit *que son fils ne se souviendra pas* de ses conseils.

197. L'homme de bien se réjouit *d'avoir évité* une faute ; il s'afflige *d'avoir laissé échapper* [9] l'occasion de faire du bien ; il s'étonne *que tant d'hommes poursuivent* une fausse image du bonheur et *fassent* peu de cas de cette paix de l'âme qui les rendrait véritablement heureux. — Cambyse, roi des Perses, n'avait pas honte *de s'enivrer* devant ses sujets. — Les Spartiates ne se sont pas repentis *d'avoir suivi* les lois de Lycurgue.

198. Le maître veut avec raison *que (ses) disciples l'écoutent* attentivement. — Celui-là ne doit point être

---

[1] Se faire payer ses leçons, *mercede docere*. [2] Temps, *opera*. [3] A son école, *apud se*. [4] Conservation, *incolumitas*. [5] Tranquillité et bonheur de la société, *vita hominum quæta et beata*. [6] T. pour que tu jouisses. — [7] Être l'esclave, *servire*. — [8] A dire, T. qu'ils dissent. — [9] Laisser échapper, *amittere*.

sévère pour les autres qui ne veut point *que les autres soient* sévères pour lui. — Camille, banni de Rome, souhaita *que son ingrate patrie* le *regrettât* bientôt. — Les lois ne permettent pas *que chacun venge* l'injure qui lui est faite. — Quelques hommes, livrés aux plaisirs sensuels, laissent *croupir* [1] *leur esprit* dans l'ignorance et l'oisiveté. — Il est juste *que l'intérêt particulier soit sacrifié* [2] à l'intérêt général [3]. — Si tu veux bien mourir, il est nécessaire *que tu vives* bien. — Comme il est nécessaire *que les maladies aient été connues* avant [4] les remèdes, de même [5] les vices ont pris naissance [6] avant les lois qui les répriment. — Il est avantageux à l'état *que des maîtres* pleins de science et de vertu *instruisent* et *forment* la jeunesse. — Il faut *que nous supportions* avec résignation [7] tout ce qui [8] nous arrive [9]. — Il faut *qu'un homme de bien ne soit détourné* du droit chemin, ni par l'appât du gain [10], ni par la faveur, ni par les dangers. — Il importe beaucoup à l'état *que les écoles fleurissent.* — Il importe non-seulement aux pères et aux mères, mais à la patrie elle-même *que les enfans reçoivent* une bonne éducation [11]. — Ce n'était pas la coutume chez les Grecs *que les femmes se missent* à table avec les hommes.

199. Je recommande [12] aux disciples *d'aimer* leurs maîtres, non moins que les sciences mêmes, et *de les regarder* comme des pères dont ils tiennent, non la vie du corps, mais la vie de l'âme [13]. — Métellus, comme par amitié, *avertit* Marius *de n'avoir pas* le cœur plus haut que la fortune [14]. — De sages parens conseillent à leurs enfans de ne point lire des livres contraires à la modestie et à la chasteté [15]; ils les avertissent *que des*

---

[1] Croupir, *torpescere.* [2] Être sacrifié, *postponi.* [3] Intérêt particulier, général, *utilitas privata, publica.* [4] Avant, *ante quàm.* [5] De même, *ità.* [6] Prendre naissance, *oriri.* [7] Avec résignation, *æquo animo.* [8] Tout ce qui, *quidquid* [9] Arrive, T. sera arrivé. [10] L'appât du gain, *pretium.* [11] Recevoir une bonne éducation, *liberaliter institui.* — [12] Recommander, *monere.* [13] T. et qu'ils croient eux être les pères (*parentes*), non, à la vérité, des corps, mais des âmes [14] Avoir le cœur plus haut que la fortune, *supra fortunam animum gerere.* [15] Contraire à la modestie et à la chasteté, *parùm verecundus et pudicus.*

lectures de ce genre *sont* plus *nuisibles* [1] aux mœurs
qu' [2] utiles [3] au perfectionnement de l'esprit [4]. —
Certaines personnes sont si importunes qu [5] 'il faut
presque leur dire *de s'en aller.* — Solon a dit avec
raison *que personne* avant la mort ne *devait être
nommé* heureux. — Un goutteux demanda à l'oracle
par quel moyen il pouvait guérir. Le dieu lui répondit
qu'il bût de l'eau froide. — Des gouverneurs de provinces écrivirent à Tibère, *qu'il fallait charger* [6]
le peuple d'impôts. Tibère leur répondit *qu'un bon
pasteur tond*, mais *n'écorche* pas ses troupeaux. —
Pompilius licencia une légion dans laquelle servait le
fils de Caton : comme celui-ci aimait la guerre, il resta
dans l'armée. Caton écrivit alors à Pompilius *que* s'il
approuvait que son fils restât dans l'armée, *il l'enga-
geât* [7] par un nouveau serment.

C Memmius persuada au peuple romain *d'envoyer* à Jugurtha
L. Cassius qui était préteur. — Je voudrais vous persuader *que
le vrai bonheur se trouve* [8] dans la médiocrité. Une grande fortune est une grande servitude. — Soyez persuadé *qu'*à l'exception de la faute et du crime *il ne peut rien* arriver à l'homme
qui lui doive inspirer de l'horreur ou de l'effroi [9].

200. Tout vieillard espère *vivre* encore au moins
pendant un an. — César aimait mieux *être* le premier [10]
dans une bicoque que le second à Rome. — Beaucoup
de gens croient *être* plaisans lorsqu'ils sont seulement
ridicules. — Thésée, croyant son fils coupable, le dévoue à la vengeance de Neptune qui lui [11] avait promis *d'exaucer* le premier de ses [12] vœux. — Heureux
celui qui peut dire : Je ne me souviens pas *d'avoir
fait* sciemment du mal à quelqu'un et je me souviens
d'avoir soulagé quelques infortunés.

Le pape Pie VI a fait *dessécher* les marais Pontins. — Dieu ordonna *aux Israélites de sortir* de l'Egypte. — Dieu *nous* défend [13]
de quitter la vie sans son ordre [14].

---

[1] Être nuisible, *nocere.* [2] Que, *quàm.* [3] Être utile, *prodesse.* [4] Au perfectionnement de l'esprit, T aux esprits (*ingenium*) devant être perfec-
tionnes [5] Si... que, *tàm... ut* [6] T. le peuple devoir être chargé (*onerare*).
[7] Engager, *obligare.* [8] Se trouve, T. est situe [9] T. qui soit horrible. —
[10] Être le premier, *primum locum tenere.* [11] Lui, *sibi.* [12] Ses, *ejus.*
[13] T. defend (*vetare*) nous quitter. [14] Sans son ordre, *injussu suo.*

201. *La blessure étant guérie*, la cicatrice reste. — *A la mort de Trajan*, Adrien fut élu empereur. — Jésus-Christ naquit *sous le règne* d'Auguste. — *Après la fonte des neiges*, les fleuves ont coutume de s'enfler. — Les fleuves, *après avoir reçu des rivières et des ruisseaux*, se jettent dans la mer. — César versa des larmes *en voyant la tête* de Pompée. — Ce qui paraîtrait très-beau, *si un autre le racontait*, perd son mérite [1] *si l'auteur lui-même* [2] *le rapporte*. — Il est des hommes qui versent des pleurs *lorsque d'autres les voient*, et qui ont les yeux secs toutes les fois que le spectateur manque. — *Lorsque le maître parle*, que les disciples se taisent. — Pendant le sommeil les heures s'écoulent *sans que nous nous en apercevions*. — Les Athéniens, *sans attendre le secours* des Lacédémoniens, *ayant armé dix mille* citoyens et mille *Platéens auxiliaires*, marchèrent vers la plaine de Marathon [3] contre soixante mille hommes. — Dans la guerre contre les Perses [4], les Athéniens *abandonnèrent leur ville et* s'embarquèrent tout armés dans leurs vaisseaux. — *Sous la conduite de Moise*, les Israélites sortirent de l'Egypte, et *sous celle de Josué* [5] ils s'emparèrent de la Palestine. — Le temple de Janus fut fermé après la première guerre punique, *sous le consulat de Manlius Torquatus et de C. Attilius Balbus*. — *Quand la mer est calme*, tout le monde peut être pilote. — Eumène, *à l'insu d'Antigone*, fut égorgé par ses gardiens.

202. Qui *peut* contenter tout le monde ? — A qui la vue d'un arbre en fleurs ne *fait*-elle pas plaisir ? — La mort nous fera entrer dans une meilleure vie, si nous avons été vertueux. Pourquoi la *craignons*-nous? pourquoi la *regardons*-nous comme un mal ? — Comment Caton supporta-t-il la mort de son fils ? — Combien de fois nos joies (ne) *sont*-elles (pas) la source de nos chagrins? — Où *est* Dieu? Partout. — Où *va* le fleuve?

---

[1] Perdre son mérite, *evanescere*. [2] L'auteur lui-même, *ipso qui gesserat*. [3] La plaine de Marathon, *campi Marathonii*. [4] La guerre contre les Perses, *bellum Persicum*. [5] Sous celle de Josué, T. Josue etant chef.

Dans la mer. — *Pouvez*-vous changer le passé ? — Les richesses *font*-elles le bonheur?

203. Qui *oserait* se dire philosophe s'il ne laissait aucun précepte sur les devoirs de la vie [1]? — Quel honnête homme *voudra* se faire délateur ?

204. *Quoi* de plus doux que l'amitié ? — *Que* désire le sage ? *de quoi* se plaint-il ? *de quoi* se repent-il ? *qu'*étudie-t-il ?

205. Ceux qui ne font rien d'utile *méritent-ils* de vivre ?— La soif *est-elle* plus supportable que la faim? — Dieu *a-t-il* jamais commencé? *Finira-t-il* jamais ? — Notre âme *est-elle* immortelle ? — *N'admirez-vous* pas la sagesse du Créateur? — *Ne devons-nous pas* lui rendre les plus grandes actions de grâces?

206. La lune *brille-t-elle* de sa propre lumière *ou* d'une lumière empruntée [2]? — La chauve-souris *est-elle* un oiseau *ou* un quadrupède? — La baleine *est-elle* ovipare *ou* vivipare [3]?

207. *Qui des deux* est le plus malheureux, *d'*un sourd *ou d'*un aveugle? — *Lequel* est le plus lourd *du* plomb *ou de* l'or ?

208. Le gouffre dans lequel se jeta Curtius fut-il comblé *ou non?*

209. Ce regard d'Annibal même que ne peuvent soutenir les armées entières et qui fait trembler le peuple romain, *toi, le soutiendras-tu?*

210. Qui a détruit Carthage? Scipion. — Qui les trois Horaces vainquirent-ils? *Les trois Curiaces.* — Quel est celui que n'effraient ni la pauvreté, ni les fers, ni la mort [4]? *C'est le sage.* — De qui [5] est cette pensée? *De Cicéron.*—A quoi la fortune est-elle très-semblable? *Au vent.* — Pour qui la mort est-elle terrible? *Pour les méchans.* —Quel jour les chrétiens s'abstiennent ils de travail? *Le dimanche.* Les Juifs? *Le samedi.* Les mahométans? *Le vendredi.* — A qui importe-t-il

---

[1] S'il ne laissait. . vie, T. nuls préceptes du devoir ne devant être laissés. — [2] Empruntés, *alienus.* — [3] T. engendre-t-elle des petits ou des œufs? — [4] T. qui la pauvreté, etc., n'effraient-ils pas? [5] De qui, *cujus, a, um.*

d'écouter attentivement ? *A un écolier.* — Qui a besoin de conseils ? *Le jeune homme.* — Qui s'ennuie du
travail ? *Le paresseux.* — Combien Isocrate vendit-il un
seul discours ? *Vingt talens.* — A quelle [1] heure Caninius entra-t-il en charge ? *A deux heures* [2] après midi.
Combien de temps fut-il consul ? *Jusqu'à minuit.*

211. Ce livre est-il à vous ? *Oui.* — L'homme est-il sur
cette terre doué de raison ? *Oui.* — Dieu entend-il toutes
nos paroles ? *Oui* et il connaît même toutes nos pensées.
— Accorderez-vous à un ami ce qu'il vous demande ?
Oui et avec empressement [3].

212. Est-il permis aux Turcs de boire du vin ? *Non.*
— L'anguille engendre-t-elle des œufs comme les autres
poissons ? *Non.* — Pouvons-nous faire un petit mal si
nous espérons qu'il s'ensuivra [4] un grand bien ? *Point
du tout.*

213. Ne nous est-il pas permis, disait un Scythe à
Alexandre, d'ignorer qui tu *es*, quelles nations *tu as
vaincues ?* Dis-moi pourquoi tu nous *attaques ?* Si tu
savais quelles [5] *sont* nos richesses, combien [6] nous
sommes agiles et combien [7] nous *aimons* notre repos
et notre liberté, tu retournerais chez toi [8]. — Le soldat
courageux demande où *sont* les ennemis et non combien [9] *ils sont.* — Si une chose étonnante est racontée,
nous avons coutume de demander où elle *s'est passée.*
— Les nautoniers qui sont sur le point de partir [10]
examinent attentivement d'où *souffle* le vent. — Savons-
nous où *vont* les oiseaux de passage ? — Un bon orateur
examine avec sagacité ce que *pensent* ses concitoyens,
ce qu'ils *attendent.* — César et Pompée se battirent
dans les plaines de Pharsale [11] ; vous n'ignorez pas
lequel des deux *fut vaincu.* — L'histoire nous apprend
comment Darius, fils d'Hystaspe, *devint roi.*

---

[1] Quelle, *quota.* [2] T. à la seconde heure. — [3] Avec empressement,
lubens. — [4] S'ensuivre, *indè consequi.* — [5] Quelles, *quales* [6] Combien,
quàm. [7] Combien, *quantùm.* [8] Chez toi, *ad tuam domum.* [9] Combien,
quot. [10] Qui sont sur le point de partir, *profecturi.* [11] De Pharsale,
Pharsalicus.

214. Thomas *doutait que* Jésus-Christ fût ressuscité.
— *Il est douteux que* Bélisaire ait mendié son pain
dans les rues de Constantinople, comme le rapportent
quelques historiens.

215. *Qui doute que* l'âme *ne* soit la plus noble partie [1] de l'homme ? — *Personne ne doute qu'*il *ne* soit
très-utile d'étudier l'histoire. — *Il n'est pas douteux
que* la terre ne tourne autour du soleil.

216. Qui demande à un malade *s'il veut* être guéri ?
— Examinez chaque jour *si vous avez fait* quelque
chose de mauvais, *si vous avez omis* quelque chose de
bon. — Que les autres jugent *si vous vous êtes acquitté*
de votre devoir. — Je ne sais pas *si* le canard *peut*
être compté parmi les amphibies. — Dites-moi *si* tous
les arbres *ont* des feuilles.

La raison nous enseigne *ce qu'il faut faire* et *ce qu'il faut
éviter*. — Nous ne savons pas *comment* celui qui a toujours été
heureux *supporterait* la mauvaise fortune. — Il faut blâmer le
fils qui délibère *s'il obéira* à son père. — J'ignore *si* celui qui
n'a pu apprendre les langues anciennes *étudiera* mieux les langues vivantes. — Il est incertain *si* un jeune homme *parviendra*
jusqu'à la vieillesse.

217. Qui ignore *si* le souverain bien dépend de [2]
l'âme *ou* du corps ? — Lorsque les Syracusains eurent
déclaré la guerre à Denys, il mit long-temps en doute [3]
*s'*il renoncerait à [4] l'empire *ou s'*il prendrait les armes
pour leur résister [5]. — Saint Paul a dit : Nous ne
savons pas *si* nous sommes dignes d'amour *ou* de haine.
— Demande-toi tous les jours à toi-même *si* tu avances
ou si tu recules [6] dans la vertu. — Qu'importe *que*
tu sois avare *ou* prodigue ? Si tu es avare, tu n'as
rien. Si tu es prodigue, tu n'auras rien. — Le mauvais
prince se met peu en peine *que* ses sujets l'aiment *ou*
le haïssent, pourvu qu'ils le craignent et lui obéissent.

218. L'homme de bien s'acquitte de son devoir et

---

[1] La plus noble, *præstantior* (voy. règle 44). — [2] Dépendre de, *esse in.*
[3] Mettre en doute, *dubitare.* [4] Renoncer à, *deponere*, acc. [5] T. s'il ré-
sisterait par la guerre. [6] Avancer et reculer, *proficere et deficere.*

se met peu en peine que les hommes l'approuvent *ou non.* — Si quelqu'un [1] a péché par ignorance, on demande [2] s'il a pu savoir *ou non.*

219 et 220. Le fer est *plus* nécessaire *que* l'or. — Le silence convient *plus* à un jeune homme *que* la loquacité. — L'eau est *plus pesante que* l'air. — L'envieux croit les autres *plus heureux que* lui. — Nous apprenons *plus facilement* les vers *que* la prose. — Il est *plus désagréable* de prononcer [3] entre deux amis *qu'*entre deux ennemis.

J'aime mieux être blâmé *que* loué par les méchans. — Souvent *il vaut mieux* agir *que* parler.

221 et 222. Cobarès ouvrit un avis *plus utile qu'agréable* à Bessus. — Cicéron était *plus éloquent que courageux.* — Une peste *plus menaçante que meurtrière* [4] détournait des débats [5] les esprits des citoyens. — Il est *plus pieux que* savant.

223. Le lièvre a les pates de derrière [6] plus longues que celles de devant [7], c'est pourquoi il monte *plus facilement qu'il ne* descend. — Pompée devint *plus grand que* les Romains *ne* (le) souhaitaient et *qu'il n'*avait osé lui-même (l') espérer. — Dès le temps [8] de Thrasybule, dit un historien latin, les gens de bien parlaient pour la liberté *plus courageusement qu'ils ne* combattaient pour elle.

224. Alexandre commanda qu'on donnât plus d'étendue à son camp et qu'on y laissât des lits [9] d'une forme *plus grande que pour la taille ordinaire* [10] des corps. — Les Suèves cultivent le blé et les autres grains *avec plus de soin qu'on ne l'attendrait de la paresse* ordinaire aux Germains [11].

225. Les oies domestiques ne peuvent voler haut parceque le poids de (leur) corps est *trop* lourd *pour*

---

[1] Si quelqu'un, *si quis.* [2] On demande, *quæritur.* — [3] Prononcer, *judicare.* — [4] Meurtrier, *perniciosus.* [5] Débats, *certamina.* — [6] Pates de derrière, *pedes posteriores.* [7] Pates de devant, *pedes anteriores.* [8] Dès le temps, *jam tùm temporibus.* — [9] T. les fortifications du camp être étendues et des lits être laisses [10] Taille ordinaire, *habitus.* [11] T. plus patiemment que pour la paresse accoutumée des Germains.

que (leurs) ailes puissent le soutenir long-temps en l'air. — Beaucoup d'insectes sont *trop* petits *pour* être vus à l'œil nu. — Il vivait somptueusement et se traitait avec *trop* de délicatesse [1] *pour* pouvoir échapper à l'envie.

226. La victoire est *d'autant plus* glorieuse *que* l'ennemi est plus courageux. — L'amitié est *d'autant plus* sûre *qu'*elle est plus ancienne. — Le soleil rend les ombres *d'autant* plus petites *qu'*il est plus élevé. — Un animal est *d'autant moins* fécond *qu'*il est plus gros.

Plus la nourriture est simple, *plus* elle est salubre — *Plus* les objets sont éloignés de nous, *plus* ils nous paraissent petits. — *Plus* le vin est vieux, *meilleur* il est.

227. Tu as *d'autant plus* tort [2] quand tu te fâches, *que* la colère nuit même [3] à une bonne cause. — Les succès d'Annibal nous paraissent *d'autant plus* étonnans, *que* son [4] armée était composée de soldats mercenaires, *que* n'excitait point l'amour de la patrie.

228. Philippe, médecin d'Alexandre, après avoir lu la lettre de Parménion (voy. 1èg. 201), montra *plus* d'indignation *que* de crainte. — Une trop grande franchise fait *plus* d'ennemis *que* d'amis. — Nous gagnons [5] souvent *plus* par les prières *que* par la force. — Il est très honteux, non-seulement d'estimer *plus* ce qui semble utile *que* ce qui est honnête, mais encore de comparer ces choses entre elles [6] et de balancer [7].

229. Un général ne doit pas avoir *moins* de prudence *que* de courage. — La patrie ne doit pas nous être *moins* chère *que* nos enfans. — Il faut *moins* fuir le danger *que* la honte. — L'érudit a souvent *moins* d'écus *que* de livres ; mais le vulgaire estime la science *moins que* l'argent.

230 à 235. Atticus s'occupait de son bien avec *autant* de soin [8] *que* (le) devait un père de famille vigilant.

---

[1] Se traiter avec délicatesse, *sibi indulgere liberaliter.* — [2] T. ta faute est d'autant plus grande. [3] Même, *vel.* [4] Son, *ejus* — [5] Gagner, *proficere* [6] Ces choses entre elles, *ea inter se.* [7] Balancer, *in his addubita e.* — [8] T. donnait autant de soin (*cura*).

— Alcibiade était craint *autant qu*'il était aimé. — Alexandre usa souvent, après la victoire, d'*autant* de clémence envers les vaincus *qu*'il avait montré de valeur dans le combat. — La lionne n'est pas *aussi* grande *que* le lion. — Alcibiade avait *autant* de vices *que* de vertus. — L'argent ne doit point être estimé *autant qu*'une bonne conscience. — Démosthène l'emporte sur les autres orateurs *autant qu*'Homère surpasse les autres poëtes. — Celui qui abandonne un ami dans le péril est presqu'*aussi* perfide *que* celui qui le trahit.

La patrie m'est *beaucoup* plus chère que la vie. — Le leopard est *un peu* plus petit que la panthère. — Il vaut *beaucoup* mieux se taire que de parler mal à propos. — Socrate dit à Criton : « Nous devons un coq à Esculape, n'oubliez pas de vous acquitter de ce vœu », et *peu* après il rendit le dernier soupir.

236. *Autant* le Nil croît en Égypte, *autant* il y a d'espoir [1] pour l'année. — *Autant* Fabius était prudent, *autant* Varron était téméraire. — *Autant* les Athéniens estimaient Aristide, *autant* les Romains estimaient Fabricius. — *Autant* de serviteurs, *autant* d'ennemis.

237, 238 et 239. Le sage est toujours maître de lui [2]. Il se montre dans la bonne fortune *tel qu*'il fut dans la mauvaise. — Les enfans ne sont pas toujours *tels que* désireraient leurs [3] parens. — *Tel* maître, *tel* valet. — *Telle* vie, *telle* fin. — La Grèce décerna à Hippocrate les mêmes honneurs qu'à Hercule. — Diogène mourut le *même* jour *qu*'Alexandre.

240. L'Égypte était *si* fertile *que* les anciens l'ont appelée le grenier de Rome ; elle produisait *tant* de blé *qu*'elle nourrissait plusieurs contrées. — Annibal l'emporte *tellement* sur les autres chefs carthaginois, *qu*'aucun d'eux ne peut lui être comparé : il jeta une *si grande* terreur dans l'armée des Romains, *qu*'aucun d'eux n'osa sortir de (son) retranchement. — *Tant* d'étoiles brillent dans le ciel, *que* nous n'en pouvons connaître

[1] T. autant d'espoir est. — [2] De lui, *sui* [3] Leurs, *eorum*

le nombre. — Verrès commis *tant* de crimes pendant sa préture, *que* toute la Sicile, à l'exception de deux villes, se souleva contre [1] lui. — Alexandre faisait *tant* de cas d'Homère, *qu'*il portait ses [2] œuvres avec lui dans toutes ses expéditions [3]. — Il n'est rien de *si* sacré *que* l'audace ne viole quelquefois. — Il n'est point de force *si grande qu'*elle ne puisse être affaiblie et brisée.

241. Alcibiade était d'une *telle* sagacité *qu'*il ne pouvait être trompé. — Que ta vie soit *telle que* tu la puisses livrer à l'examen [4] de tes amis et de tes ennemis.

Néron porta le luxe *à un tel point qu'il* pêchait avec des filets d'or.

242. J'ai fait, disait Cicéron, des choses *telles qu'elles* parleront elles-mêmes de moi, malgré mon silence [5]. — Pour parler latin, il faut non-seulement employer des mots *tels que* personne ne puisse *les* reprendre, mais encore les prononcer comme il convient. — Les biens de cette vie ne sont pas d'une *telle* sorte *que* nous puissions négliger *pour eux* [6] les biens célestes.

243. Bien des gens, lorsqu'ils exercent un haut emploi, sont *autres qu'*ils n'étaient dans la condition privée. — Les affaires tournent souvent *autrement que* nous ne voudrions. — Ne vis pas à la maison *autrement que* sur la place publique.

Tout autre que Job eût blasphémé contre la Providence [7]. — Quand vous aurez acquis de l'expérience, vous serez *tout autre que* vous n'êtes maintenant.

244 à 248. *Qui que* tu sois, riche ou pauvre, ignorant ou savant, tu peux faire du bien [8] à tes semblables [9]. — *Quelles que* soient les lois, nous devons les respecter. — De *quelques dignités* que soit revêtu un méchant, *quelques* beaux domaines *qu'*il possède, il est rongé de soucis. — *Quelque riche* que tu sois, tu ne peux te

---

[1] Se soulever contre quelqu'un, *in aliquem invehi.* [2] Ses, *ejus* [3] Dans toutes ses expéditions, *inter omnia bella.* — [4] Livrer sa vie à l'examen de quelqu'un, *tradere suam vitam inspiciendam alicui* — [5] T. moi me taisant [6] Pour, *causá*, avec le gen [7] Providence, *providentia divina.* — [8] Faire du bien, *consulere* [9] A tes semblables, *hominibus.*

passer [1] de l'assistance des autres. — Une mère trouve beaux ses enfans, *quelque* laids *qu'*ils soient. — *Quels que* soient nos maux, Dieu peut les guérir. — Les plus misérables des mortels, *quelles que* soient leurs richesses, sont les hommes dont l'esprit croupit dans une lâche oisiveté. — Nous apercevons les défauts des autres *quelque petits qu'*ils soient, et nous ne voyons pas les nôtres *quelque grands qu'*ils soient. — *Quelqu'*estimée que soit la science, la vertu est encore plus estimable.

249. Il n'est pas convenable [2] que celui qui *est inaccessible* a la crainte [3] soit accessible a la cupidité; que celui qui *a triomphé* de tous les travaux [4] soit vaincu par la volupté. — Épicure dit que de toutes les choses que la sagesse *peut* acquérir pour rendre la vie heureuse, il n'est rien de plus grand, de plus avantageux, de plus agréable que l'amitié. — Beaucoup de personnes croient inconsidérément que celui qui *imite* le langage des honnêtes gens, (en) imitera aussi les actions

Hortensius avait une si grande mémoire, que sans rien écrire [5], il répétait dans les mêmes termes ce qu'*il avait préparé* en lui-même [6]. — Il arrive souvent que celui qui *a été recommandé* a quelqu'un fait plus de cas de celui à qui il *a été recommandé* que de celui *qui l'a recommandé*.

Quel est celui qui ne *hait* Tarquin le-Superbe? — Comment celui qui *place* le souverain bien dans la volupté peut-il louer la tempérance?

Si je me trompe en croyant [7] que l'âme est immortelle, j'erre avec plaisir, et je ne veux pas qu'une erreur qui *fait* le charme de ma vie [8] me soit arrachée. — Comme Tarquin avait perdu tout espoir de remonter sur le trône [9] et (qu') il ne recevait plus de secours de Porsenna, qui *avait fait* la paix avec les Romains, il se retira a Tusculum.

250. Ne fais rien aujourd'hui dont tu *aies honte* demain. — Il n'est aucun état qui *n'ait* quelquefois de mauvais citoyens et toujours une multitude inexpérimentée. — Je n'ai jusqu'ici connu aucun poete qui ne se *crût* excellent.

251. *Tu n'as point de raison* [10] *pour* porter envie à ceux que le

[1] Ne pouvoir se passer, *carere*. — [2] Convenable, *consentaneus*. [3] Être inaccessible à la crainte, *non frangi metu* [4] Triompher de tous les travaux, *se invictum à labore præstare*. [5] Sans rien écrire, *sine scripto*. [6] Préparer en soi-même, *secum commentari*. [7] En croyant, T en cela que je crois. [8] T. une erreur par laquelle je suis réjoui tant que je vis. [9] Remonter sur le trône, *regnum recipere* — [10] Tu n'as point de raison, *non est quod*, avec le subj.

peuple appelle grands et heureux. — *Tu as lieu de* te réjouir *si* tu as empêché quelqu'un de commettre une faute. —*Je n'ai nulle raison de* me plaindre de la vieillesse.

252. La philosophie ne pourra jamais être louée assez dignement, *puisque* celui qui *en* suit les préceptes [1] *peut* être heureux dans tous les temps de sa vie. — Il est étonnant qu'il y ait des gens qui croient encore aux devins *quoique leurs* prédictions [2] *soient* tous les jours démenties [3] par les événements. — Les Athéniens jugèrent Socrate digne de châtiment *pour avoir enseigné* qu'il n'y avait qu'un Dieu.

253. L'armée de César nous paraissait plus audacieuse, *puisqu'elle faisait* la guerre à sa patrie, et plus aguerrie [4], étant composée de vieilles troupes [5].

---

[1] Suivre les préceptes de la philosophie, *philosophiæ parere*. [2] Quoique leurs prédictions, T. desquels les prédictions. [3] Être démenti, *refelli*. — [4] Plus audacieuse et plus aguerrie, T. avoir plus d'audace et de force (*robur*). [5] Étant composée de vieilles troupes, *propter vetustatem*.

LIVRE QUATRIÈME.

IDIOTISMES.

254. *Les Albains* ne gardèrent pas long-temps la foi qu'ils avaient donnée *aux Romains.* — Les Grecs remplissent *de sol- dats* armés les flancs du cheval de bois. — Les Pythagoriciens s'abstenaient *de fèves.*

255. Le comédien est sifflé, bafoué, s'il prononce un vers *trop court* ou *trop long* d'une seule syllabe. — Beaucoup de passages, dans les poëtes, sont *très-ob- scurs.* — La patience, *trop souvent* exercée [1], devient fureur.

256. L'homme bienfaisant soulage *le plus de* mal- heureux *qu'il peut.* — Soyez pour vos subordonnés [2] *le plus* affable et *le moins* sévère *que vous pourrez.* — Perdons *le moins de* temps *que nous pouvons.* — Puis- que notre vie est si courte, tâchons de laisser de nous *le plus* long souvenir *possible.* — La définition montre *le plus* clairement *possible* quelle est la chose dont il s'agit [3]. — Jugurtha arma contre les Romains, *le plus de* troupes *qu'il lui fut possible.*

257. *Les hommes les plus vertueux* aspirent à une gloire immortelle. — Dans les conjonctures difficiles [4], souvent les partis *les plus vigoureux* [5] sont *aussi les plus sûrs.* — *Les plus sages* meurent avec le plus de tranquillité [6], *les plus insensés* avec le plus d'agitation.

258. *Chaque septième* jour est consacré à Dieu — *Tous les quatre ans* un jour est ajouté à l'année.

259. Les Athéniens forcèrent Miltiade de mourir dans les fers; Thémistocle, vainqueur, d'embrasser les genoux d'un ennemi vaincu : *mille* autres exemples de leur ingratitude pourraient être cités.

---

[1] Exercée, *læsa.* — [2] Pour vos subordonnés, *iis quibus præes* [3] Dont il s'agit, *de quo agatur* — [4] Dans les conjonctures difficiles, *in rebus arduis.* [5] Les partis les plus vigoureux, *consilia fortissima.* [6] Avec le plus de tran- quillité, *æquissimo animo,* avec le plus d'agitation, *iniquissimo*

260. L'âme est la meilleure partie *de nous*. — La
vérité est toujours semblable *à elle-même*. — Un père
ne peut laisser aucun monument plus illustre *de lui*
que s'il laisse un fils, image de ses mœurs et de sa vertu.
— Le souvenir que vous gardez de moi [1] m'est très-
agréable.

Qui *de nous* ne trouve sa condition la pire de toutes? — Le
premier *de vous* qui donnera un baiser a sa mère aura la souve-
raine puissance à Rome.

261. Brutus *se* donna pour collègue P. Valérius. —
Alexandre, couvert de poussière et de sueur, *se* jeta
dans le Cydnus dont les eaux sont très-froides. — La
justice doit être pratiquée pour *elle-même*.

262. Les Lacédémoniens écrivirent à Pausanias que,
s'il ne revenait pas dans sa patrie [2], *ils* le condamne-
raient à mort [3]. — Socrate disait qu'*il* ne savait rien, et
l'histoire rapporte cependant qu'*il* était le plus sage
et le plus éclairé des Grecs. — Celui qui se parjure
montre assez qu'*il* craint les hommes, mais qu'*il* méprise
Dieu. — Trajan disait qu'*il* était pour ses sujets [4] tel
qu'il eût voulu que les empereurs fussent *pour lui*
lorsqu'il était (simple) particulier. — Comme Fabia
Dolabella disait qu'*elle* avait trente ans, je le sais par-
faitement, repliqua Cicéron, car depuis vingt ans je
l'entends dire [5]. — Les voyages autour de la terre
prouvent assez qu'*elle* est ronde. — Les hommes de mérite [6] sont souvent en butte à l'envie; mais ils espèrent
que la postérité *leur* accordera les louanges que *leur*
ont refusées les contemporains.

263. Héraclite avait pitié de tous ceux qui s'offraient [7]
à lui avec un visage riant [8]. — Dès le commencement
de son consulat, Cicéron avait fait en sorte que Q. Curius *lui* découvrît les projets de Catilina.—Il est des gens
qui se mettent peu en peine [9] de ce que chacun peut
penser [10] *d'eux*.

---

[1] T ton souvenir de moi — [2] Dans sa patrie, *domum* [3] A mort, *capitis*
[4] Pour ses sujets, *privatis* [5] Entendre dire, *audire* [6] Hommes de mérite,
præstantes viri. — [7] S'offrir à quelqu'un, *occurrere alicui*. [8] Avec un visage
riant, *lætus, a, um*. [9] Se mettre peu en peine de quelque chose, *parum
curare aliquid* [10] Penser, *sentire*

Les habitans de Célènes promirent à Alexandre qu'ils *lui* rendraient la place dans [1] soixante jours si pendant [2] cet intervalle Darius ne *leur* envoyait point de secours.

264. Il est utile à la patrie que les nobles soient dignes de *leurs* ancêtres. — Tous les animaux trouvent *leur* nourriture. — Caton eut toujours la fortune en *sa* puissance. — Job perdit en un jour tous *ses* enfans et tous *ses* biens.

265. Tous les maux qui peuvent être imaginés fondirent sur Job : *ses* amis l'abandonnèrent, *ses* serviteurs le méconnurent, *sa* femme même eut horreur de lui ; *sa* vertu lui resta. — Chacun est tourmenté par *sa* faute et *sa* terreur ; chacun est agité par le crime qu'il a commis [3], *ses* mauvaises pensées l'effraient, *ses* remords [4] sont ses bourreaux [5]. — Sylla, que *sa* cruauté avait rendu odieux aux Romains, osa rentrer dans la vie privée [6]. — Celui qui n'a pas honte de *sa* pauvreté serait orgueilleux s'il était riche. — Chacun a *sa* voix [7].

Les amis de Régulus voulaient le retenir. — Les frères de Joseph le vendirent à des marchands.

266. Une mère lacédémonienne craignait sans doute que l'ennemi tuât *son* fils, mais elle craignait bien plus que, dans le combat, son fils ne s'acquittât pas de *son* devoir. — Régulus écrivit au sénat d'avoir soin de *ses* affaires. — David mit Joab à la tête des troupes qu'il envoya contre Absalon, et lui ordonna [8] d'épargner *son* fils.

267. Alexandre répondit à un député scythe, qu'il userait en même temps de *ses* conseils et de *sa* (propre) fortune. — Thémistocle envoya à Xerxès son esclave le plus fidèle pour l'informer de *sa* part [9] que *ses* ennemis se disposaient à fuir [10]. — Antoine haïssait Cicéron

---

[1] Dans, *post* [2] Pendant, *intrà* — [3] T. sa fraude et sa terreur tourmentent chacun, son crime agite chacun [4] Remords, *conscientia maleficii.* [5] Sont ses bourreaux, T. le torturent (*torquere*). [6] Rentrer dans la vie privée, *ad vitam privatam remeare* [7] T. sa voix est à chacun. — [8] Ordonner de, *imperare ut.* — [9] De sa part, *suis verbis.* [10] Se disposer à fuir, *in fugâ esse*

et tous *ses* amis. — Que les dépositaires de la puissance publique [1] fassent en sorte que ceux qui sont sous *leur* commandement soient aussi heureux que possible. — Fuyez les flatteurs ; *leurs* caresses couvrent des piéges.

268. Garde *ton* serment. — Aimez *vos* parens. — J'ai consacré tout *mon* temps aux lettres [2]. — Marius partagea avec Catulus, *son* collègue, la gloire de la défaite des Cimbres.

269. Beaucoup de maux nous arrivent par *notre propre* faute. — Quelques-uns courent à *leur propre* perte. — Par *ta propre* étude tu deviendras savant. — Je suis le seul dont la faute ne puisse être réparée [3].

270. Les animaux blessés se soignent *eux-mémes*. — Celui-là est inutilement sage [4] qui ne l'est pas pour *lui-méme*.

271. La raison enseigne qu'il est un Dieu ; *cela* étant accordé, il faut reconnaître que le monde est gouverné par sa sagesse. — Dieu a soumis tous les animaux à l'homme ; afin qu'il pût *leur* commander, il lui a donné la raison. — Les Athéniens, les Béotiens et tous leurs alliés s'efforcèrent de résister à Agésilas, il *les* vainquit tous dans un sanglant [5] combat. — Celui qui parle éloquemment et avec sagesse excite une grande admiration, *et* ceux qui *l'*écoutent le jugent plus habile et plus sage [6] que le reste des hommes. — La philosophie doit apprendre la vertu, enseigner à bien vivre [7] ; celui qui *en* fait profession [8] me paraît soutenir un personnage infiniment respectable [9].

272. Caton amena de Sardaigne le poëte Ennius, *ce que* les Romains n'estimèrent pas moins que le plus éclatant triomphe sur les Sardes [10]. — Nous devons prendre garde de nuire à nos amis par un excès de zèle [11], *ce qui* arrive souvent.

---

[1] Les dépositaires de la puissance publique, *qui præsunt aliis.* — [2] Consacrer aux lettres, *in litteris consumere.* — [3] T. ma faute (de moi) seul ne peut être corrigée. — [4] Être sage, *sapere.* — [5] Sanglant, *gravis, e.* [6] Être plus habile et plus sage, *plus intelligere et sapere.* [7] La philosophie... vivre, T. la philosophie contient l'enseignement (*disciplina*) de la vertu, du devoir et de bien vivre. [8] Faire profession d'une chose, *aliquid profiteri.* [9] Personnage infiniment respectable, *persona gravissima.* — [10] Sur les Sardes, *Sardiniensis, e.* [11] Excès de zèle, *benevolentia immoderata.*

273. Oreste et Pylade, à leur arrivée [1] en Tauride, furent arrêtés par ordre du roi Thoas, qui ne savait pas *lequel des deux* était Oreste. — Eschine eut (en partage) l'éclat [2] ; Démosthène, l'énergie ; Isocrate, la douceur ; Lysias, la justesse ; Hypéride, la pénétration. Ils se distinguent chacun par un mérite différent [3]. *Lequel* d'entre eux cependant ne semble parfait ?

274. Les plus distingués des rois de Perse furent Cyrus et Darius, fils d'Hystaspe. *Le premier* fut tué dans une bataille chez les Messagètes, *le second* mourut de vieillesse. — Sylla, Lucullus et Pompée furent envoyés contre Mithridate ; *le premier* reprit toutes les provinces dont s'était emparé ce roi de Pont ; *le second*, d'abord vaincu, le battit ensuite complétement ; *le troisième* le vainquit près de l'Euphrate et termina la guerre.

275. Tous les bienfaits ne doivent point être donnés de la même manière. *Les uns* doivent être accordés en public, *les autres* en secret. — Il manque quelquefois *aux uns* la volonté, *aux autres* l'occasion. — Il est deux manières de pécher, *l'une* de propos délibéré, *l'autre* par négligence [4]. — Tous ceux qui feignent *une chose* et en font *une autre* sont perfides, injustes et méchans. — Il est deux genres de beauté ; *l'un* consiste dans l'élégance des formes [5], l'autre dans la dignité, *le premier* est propre à la femme, *le second* convient à l'homme.

276. Les uns vivent *d'une façon*, les autres *d'une autre*. — Les uns sont plus enclins à une vertu, les autres *à une autre*. — Les uns se vouent [6] à la philosophie, les autres au droit civil, d'autres à l'éloquence. et pour les vertus mêmes [7], l'un aime mieux exceller *dans celle-ci*, l'autre *dans celle-là*. — La pauvreté est souvent cause qu'une famille se disperse ; les uns vont chercher fortune *d'un côté*, les autres *d'un autre*.

---

[1] T Dès qu'ils furent arrivés [2] Éclat, *sonitus*, énergie, *vis* ; douceur, *suavitas* ; justesse, *subtilitas*, pénétration, *acumen*. [3] Mérite différent, *propria virtus*. — [4] De propos délibéré, *ex proposito*, par négligence, *ex negligentiâ*. [5] Élégance des formes, *venustas*. — [6] Se vouer à, *se applicare ad*. [7] Pour les vertus mêmes, T des vertus mêmes

277. Antoine et Octave se disputèrent l'empire du monde dans un combat naval près d'Actium. Qui ignore *lequel des deux* a vaincu *l'autre* ?

278. César était grand par ses bienfaits et sa générosité, Caton par une vie irréprochable [1] ; on louait [2] la fermeté de *celui-ci*, la facilité de *celui-là*. — Les ennemis déclarés nous sont plus utiles que des amis trop indulgens : *les premiers* nous disent souvent la vérité, *les derniers* jamais.

279. Écoutez *attentivement* la voix de votre conscience, si vous voulez qu'elle ne devienne pas muette. —L'homme de bien qui, *par inattention* [3], a reçu pour bons de faux écus, peut-il, après s'en être aperçu [4], les donner pour bons à ses créanciers? Diogène dit oui [5], Antipater, dont je partage le sentiment [6], dit non.— Conon commanda les armées de terre *en qualité de préteur*; et, *général* des troupes navales, il fit de grandes choses sur mer.

280. *Si quelqu'un* vendant de l'or croit vendre de l'oripeau, un honnête homme lui fera-t-il [7] remarquer que c'est de l'or, ou achètera-t-il un denier ce qui en vaut [8] mille ?—*Si* j'ai dit *quelque chose* en plaisantant [9], ne le prenez point au sérieux [10]. — Vis de telle sorte *que personne ne* [11] te haïsse avec raison. — Gardez-vous d'exciter *quelque* discorde. — *Si* tu es invité à dîner *quelque part*, ne te fais point attendre. — Ne juge légèrement ni des personnes ni des choses, *de peur qu'un jour* tu ne sois forcé de chanter la palinodie.

281. Parmi les prisonniers faits à la bataille d'Issus [12], furent la mère, les deux filles et la femme de Darius (qui était) *aussi* sa sœur. — Attendre son salut de son courage [13], c'est le parti le plus glorieux *et aussi* le plus sûr. —A Vespasien succéda son fils Titus qui fut *aussi* appelé Vespasien.

---

[1] Par une vie irréprochable, *integritate vitæ*. [2] On louait, T. était lou·e. — [3] Par inattention, *imprudens* pour *imprudenter* [4] Après s'en être aperçu, *cum id rescierit* [5] Je dis oui, *aio*; je dis non, *nego*. [6] Partager le sentiment de quelqu'un, *alicui assentiri* —[7] Lui fera-t-il remarquer, *indicetne ei*. [8] Ce qui en vaut, *quod sit*, avec le gen [9] En plaisantant, *per jocum*. [10] Prendre au sérieux, *in serium convertere*. [11] De telle sorte que personne ne, *ità ne quis*. — [12] D'Issus, *apud Issum*. [13] Attendre son salut de son courage, *in virtute spem positam habere*.

282　Quelle nombreuse troupe d'amis Épicure n'avait-il pas rassemblés dans une seule maison, (qui était) *même* de peu d'étendue [1] !—Demandons à Dieu ce qu'il sait nous être avantageux ; car nous désirons souvent des choses qui nous sont inutiles *et même* nuisibles.

283. *J'ai écrit*, dit Cicéron, les six livres de la République à une époque où *je tenais* les rênes de l'état.

284. Les Lacédémoniens *nomment* pour gouverner Athènes trente magistrats qui *deviennent* bientôt des tyrans ; ils *bannissent* ou *égorgent* la plupart des citoyens que le sort des armes a épargnés, et *partagent* entre eux leurs biens. Thrasybule *réunit* ses compagnons d'exil, *déclare* la guerre aux tyrans, et *délivre* sa patrie.

285　Crésus était aimé dans toutes les villes ; si Cyrus l'eût trop maltraité [2], *il aurait eu à soutenir* [3] une guerre formidable. — Sans un seul homme nommé Horatius Coclès, un pont de bois *eut donné* aux ennemis accès dans la ville.

286. Si Alexandre, après avoir vaincu l'Asie, eût tourné ses armes contre l'Europe, les Romains lui *auraient opposé* Papirius Cursor.

287. *Faites* en sorte que chacun loue votre équité, votre tempérance, votre intégrité.

288. Un seul gladiateur furieux, à la tête d'une horde de brigands infâmes [4], fait la guerre à la patrie. Lui *céderons*-nous ? *Écouterons*-nous ses propositions ?

289. *Je ne finirais point* [5] si *je voulais* faire le dénombrement des gens de bien qui n'ont point été heureux. La mort a été pour eux le passage [6] à une vie meilleure.

290. N'*accorde* rien à la faveur. — Ne *mettez* pas toute votre espérance dans les récompenses humaines.

291. *L'invention* de l'imprimerie, la *prise* de Constantinople par les Turcs, la *découverte* de l'Amérique par Christophe Colomb, sont les événemens mémorables du quinzième siècle. — Les Romains comptaient les années depuis la *fondation* de Rome, les Grecs depuis *l'établissement* des jeux Olympiques ; les Chré-

---

[1] De peu d'étendue, *angustus, a, um*. — [2] Si Cyrus l'eût trop maltraité, *si quid in eum crudelius Cyrus consuluisset*. [3] Avoir à soutenir, *passurum esse*. — [4] A la tête d'une troupe de brigands infâmes, *cum manu teterrimorum*. — [5] Je ne finirais point, *dies deficiat*. [6] Passage, *migratio*.

tiens les comptent depuis la *naissance* de Jésus-Christ, les Juifs depuis la *création* du monde.—Nous formons notre esprit par la *lecture* des bons auteurs.

292. Timoléon perdit la vue ; il supporta ce malheur avec tant de résignation [1] que personne ne l'entendit *se plaindre.*—Xantippe disait qu'elle avait toujours vu Socrate *sortir* de sa maison et y *rentrer* avec le même visage.—Qu'il est agréable d'entendre *chanter* le rossignol !

293. Ce que je demande pour un ami, je désire fort l'*obtenir.*—Dans les guerres civiles, il manque souvent un point de ralliement [2] où puissent se rassembler [3] tous ceux qui veulent *défendre* la république.—Darius dit qu'il ne voulait point *pourvoir*, à son salut en exposant [4] au fer des Macédoniens tant de milliers d'hommes compagnons de son sort [5].

294. Les Juifs, *après être sortis* de l'Égypte, demeurèrent quarante ans en Arabie.—Le champ, *après avoir été* deux ou trois fois *labouré*, est ensemencé.—Le roi Ptolémée envoya des couronnes d'or aux ambassadeurs romains ; ceux-ci, *après* les *avoir reçues* par politesse [6], les placèrent le lendemain sur les statues du roi.

295. Il est imprudent celui qui, *sans le connaître*, admet quelqu'un dans son intimité.—Bien des gens condamnent des livres, *sans les avoir compris.*—Le nom gaulois inspirait une si grande terreur, que des rois, *sans être attaqués*, achetaient d'eux la paix à grand prix.—Le sage use de libéralité *sans se dépouiller lui-même.*

296. La république *était* sur le penchant de sa ruine [7], le sénat la soutint, Cicéron la sauva.—Les grenouilles *demandent* un roi, Jupiter leur donne une

---

[1] Avec tant de résignation, *ita moderatè.* — [2] Un point de ralliement, *sedes.* [3] Puissent se rassembler, *concurrant* [4] En exposant, T. de manière qu'il exposât. [5] D'hommes compagnons de son sort, *sociorum.* — [6] Par politesse, *honoris causá.* — [7] Qui est sur le penchant de sa ruine, *labens et propè cadens.*

hydre. — Les amis d'Alexandre lui *demandant* qui il désignait pour héritier ; le plus digne, répondit-il.

297. Celui *qui s'aime* trop lui-même n'a point d'amis. — Que celui *qui doit commander* aux autres apprenne à commander à ses passions. — Ne divulgue point le secret *qui t'est confié.* — Les funérailles d'un homme vertueux, *qui a* bien *mérité* de ses concitoyens, *qui* lui *forment un cortége* [1], semblent être la pompe triomphale de la vertu *qui retourne* au ciel.

298. Tantale *a* de l'eau jusqu'au menton [2] *et* meurt de soif. — Le consul Papirius *vainquit* Pyrrhus, roi d'Épire *et* le chassa de l'Italie. — Manlius *tua*, à la vue des deux armées, le Gaulois qui l'avait provoqué *et* le dépouilla de son collier. — Les Scythes traînent avec eux leurs femmes et leurs enfans dans des chariots qu'ils *couvrent* de cuirs *et* qui leur tiennent lieu de maisons [3].

299. *Si* ton ennemi *a faim*, offre-lui à manger ; *s'il a soif*, offre-lui à boire. — Le sage ne se fâche point *lorsqu'il est blâmé*, il ne s'enorgueillit point *lorsqu'il est loué.* — Q. Cincinnatus labourait son champ lorsqu'il lui fut annoncé [4] qu'il était créé dictateur. — Brutus condamna à mort ses (propres) enfans *parce qu'ils tramaient* une trahison. — La plupart des hommes, *lorsqu'ils se mettent en mer* [5], ne songent point à la tempête.

300. Les chiens enragés *n*'épargnent *pas même* leurs maîtres. — Cicéron aimait tellement Atticus que son père Quintus *même ne* lui était *pas* plus cher. — Ceux qui ont commis un grand crime ne peuvent plus non-seulement reposer sans inquiétude, mais *même* respirer sans frayeur. — Je ne puis, *même* quand je le voudrais [6], être ennemi d'un homme de mérite.

---

[1] Former un cortége à quelqu'un, *aliquem comitari.* — [2] Avoir de l'eau jusqu'au menton, *mento summam aquam attingere.* [3] Qu'ils couvrent . . maisons, T. desquels couverts de cuirs ils se servent pour maisons. — [4] T. à Q. Cincinnatus labourant son champ, il fut annoncé. [5] T. devant naviguer. — [6] Quand je voudrais, *si cupiam.*

301. Les lièvres *mêmes* insultent au lion mort. — Ce que nous pouvons donner sans détriment pour nous [1], nous ne devons pas le refuser *même* à un inconnu.

303. Celui-là est bien malheureux qui *n*'aime *personne et n*'est aimé *de personne.* — Les hommes inconstans commencent tout et *ne* finissent *rien.* — Alexandre séjourna plus long-temps à Babylone qu'en aucun autre lieu, *et nul* (autre) ne fut plus nuisible à la discipline militaire. — L'homme vain et sot se croit infaillible et ne dit jamais avec candeur : je me suis trompé.

304. Carthage a été détruite, parce que *tant* par la multitude de ses habitans *que* par sa nature et sa situation, ceinte de ports, armée de remparts, elle semblait s'élancer [2] de l'Afrique et prête à envahir [3] les îles les plus opulentes du peuple romain. — L'ombre *tantôt* précède, *tantôt* suit les corps. — *Si* la fortune a une grande influence dans toutes les affaires, *à plus forte raison* en a-t-elle une très-grande [4] à la guerre. — La fortune est *non-seulement* aveugle elle-même, *mais encore* elle rend bien souvent aveugles ses favoris [5].

305. *Comme* les lois sont au-dessus des magistrats, *de même* les magistrats sont au-dessus du peuple. — *Comme* tous les champs qui sont cultivés ne rapportent [6] pas, *ainsi* tous les esprits cultivés ne fructifient pas.

306. *Si* nous *ne* pouvons atteindre la perfection [7], tâchons *du moins* d'en approcher. — *Si* tu *ne.* peux soulager de ta bourse un ami malheureux, donne-lui *du moins* des consolations et aide-le de tes talens [8].

---

[1] Sans détriment pour nous, *sine nostro detrimento* — [2] S'élancer, *excurrere.* [3] Être prêt à envahir, *imminere*, avec le dat. [4] Avoir une grande, une très-grande influence, *multùm, plurimùm posse* [5] T. ceux qu'elle favorise. — [6] Rapportent, *frugiferi sunt.* — [7] Atteindre la perfection, *ad summum virtutis cacumen pervenire*, en approcher, *eo proximum esse.* [8] Talens, *industria*

307. Si tu peux bien remplir ta charge, garde-la; *sinon*, cède-
la à un plus habile. — Achève tes desseins, Catilina, sors enfin
de Rome, les portes sont ouvertes : emmène avec toi *sinon*
tous tes complices, du moins le plus grand nombre que tu
pourras; purges-en la ville.

308. Il ne faut pas toujours s'en rapporter à la renommée,
car elle ment souvent. — La vérité aime la lumière, *mais* le
mensonge aime les ténèbres. — L'âme le plus heureusement née
comme le champ le plus fertile, ne peut rapporter sans culture; *or* la culture de l'âme, c'est la philosophie. — La patience
est amère à la vérité, *mais* le fruit en est doux. — Celui que
tout le monde craint, craint *aussi* tout le monde; les tyrans
se défient *même* de leurs amis.

LIVRE CINQUIÈME.

GALLICISMES.

309. SUBSTANTIFS A TRADUIRE PAR DES ADJECTIFS. —
Hélène fut la cause de la guerre *de Troie.* — Le jour
d'hier ne peut t'être rendu, et le jour *de demain* est
incertain. — L'eau *de neige* et l'eau *de glace* [1] sont très-
légères. — Pompée a préparé une guerre si formidable
à la fin de l'hiver, l'a commencée *à l'entrée* du printemps [2], et l'a terminée *au milieu* de l'été. — Denys
haranguait le peuple *du haut* d'une tour. — La narration doit avoir trois qualités : *la brièveté, la clarté*
et *la vraisemblance* [3].

SUBSTANTIFS A TRADUIRE PAR DES VERBES. — La passion *de la chasse* [4] nous emporte sur les montagnes
et dans les forêts, au milieu des neiges et des frimas [5].
— La puissance [6] romaine s'est accrue *par l'audace*
et *l'activité* [7]. — Il est utile de rechercher les causes
de l'accroissement et *de la chute* des empires [8]. —
Pyrrhus, devant porter du secours aux Tarentins
contre les Romains, emprunta des vaisseaux d'Antigone
pour *le transport* de ses troupes en Italie. — Celui
qui a *le nécessaire* [9] ne doit rien désirer de plus.

310. ADJECTIFS A TRADUIRE PAR DES ADVERBES. —
Les *vrais* sages recherchent moins la récompense d'une
belle action que le mérite de l'action même [10].

PRONOM ET ADJECTIF A TRADUIRE PAR UN SUBSTANTIF.
— Une main lave *l'autre* [11]. — Un jour est chassé par
l'autre. — Mardonius, avec deux cent *mille* fantassins [12] et vingt *mille* cavaliers, fut chassé de la Grèce.

---

[1] De glace, *glacialis.* [2] T. le printemps commençant. [3] T. il convient
la narration avoir trois choses, qu'(*ut*) elle soit courte, claire, vraisem-
blable. — [4] De la chasse, T. de chasser. [5] T. à travers les neiges [6] La
puissance, *res.* [7] T. en osant et en agissant. [8] T. les causes pourquoi les
empires se sont accrus et se sont écroulés. [9] Le nécessaire, *quod satis
est.* — [10] T. que la belle action même. — [11] T. lave une main. [12] T. Deux
cents milliers de fantassins.

Adverbe a traduire par un verbe. — Les menteurs
sont *ordinairement* punis [1] de leurs mensonges.

311. *Quels* insectes tendent des filets? — *Quel* est
le métal le plus utile? — *Quelle* variété d'animaux !
— *Quelle* heure était-il lorsque Jésus-Christ rendit le
dernier soupir? trois heures après midi.

312. Quelques auteurs ont employé à exciter les
passions un talent qui leur fut donné pour un meilleur
usage. Qui ne blâmerait pas de *tels* écrivains?— Achille
ne peut se consoler de la mort de Patrocle; Pylade
veut mourir pour Oreste; Damon et Pythias sont prêts
à mourir l'un pour l'autre; Zopire se mutile pour
soumettre Babylone à Darius : de *tels* amis sont rares.

313. *Tel* vante son courage qui fuira à la première
vue d'un ennemi [2].

314. *A qui* est cette chèvre? Elle n'est pas *à vous*,
elle est *à moi*. — Le passé n'est plus *à nous*.

315. Faites *ce que* je conseille, non *ce que* je fais. —
Pour exercer ma mémoire, je repasse dans mon esprit [3],
le soir, à la manière des Pythagoriciens, *ce que* j'ai dit,
ou fait, ou entendu dans la journée [4]. — Nous ignorons
ce qui arrivera, nous savons *ce qui* peut arriver. —
En toute chose faites *ce qui* convient.

316. Turenne et Condé, quoique rivaux de gloire,
étaient liés d'amitié; ils s'estimaient beaucoup *l'un l'autre.*—Ethéocle et Polynice avaient *l'un pour l'autre* une
haine implacable [5]; ils se disputèrent le trône de leur
père OEdipe : ils vidèrent leur querelle dans un combat
singulier, où ils ne s'épargnèrent *ni l'un ni l'autre.* —
Nous désirons presque tous l'or et le pouvoir, et cependant *ni l'un ni l'autre* ne nous rendent heureux.

317. Beaucoup de gens attendent, pour prendre un

---

[1] T. ont coutume d'être punis. Être punis, *lucre pœnas* — [2] T. aussitôt
qu'il aura aperçu un ennemi. — [3] Repasser dans son esprit, *commemorare
secum* [4] Dans la journée, *quoque die* — [5] Avoir l'un pour l'autre une
haine implacable, *mutuo odio ardere.*

parti entre deux adversaires [1], que la fortune ait favo-
risé *l'un ou l'autre*, alors la cause du vainqueur leur
paraît la plus juste. — Les Romains vainquirent *les
unes après les autres* les nations voisines. — Les co-
lombes pondent toujours deux œufs à la fois, d'où sortent des petits de *l'un et de l'autre* sexe.

318. Timothée crut les droits de la patrie plus sacrés
que *ceux* de l'hospitalité. — Le nom de Thémistocle
a plus d'éclat [2] que *celui* de Solon. — Il est plus raisonnable [3] de chercher à s'illustrer [4] par les qualités
de l'esprit que par *celles* du corps. — Il n'est pas de
vie plus heureuse que *celle* des hommes qui se consa-
crent aux travaux de l'agriculture [5].

319. Ce n'est pas encore être vertueux *que* d'être
meilleur que le plus mauvais. — *Ce sont* les plus hautes
montagnes *que* la foudre vient frapper [6]. — *C'est* la
vertu *qui* fait naître et entretient l'amitié.

320. *Ce que* désire le plus un innocent, *c'est* un jugement équitable. — *Ce qui* soutient l'homme dans les
misères de cette vie, *c'est* l'espérance.

321. *Ce dont* peut douter un bon père, *c'est qu'*il
soit jamais aimé de ses enfans comme ils sont aimés de
lui. *Ce qu'*il espère, *c'est qu'*ils réussiront dans leurs
entreprises. *Ce qu'*il craint, *c'est qu'*ils ne suivent pas
toujours ses conseils. *Ce qui* le console, *c'est que* leur
bon naturel les ramènerait bientôt dans le droit chemin, s'ils s'en écartaient une fois.

322. Abolir une loi, *c'est* porter atteinte [7] à toutes
les autres. — *C'est* être sage inutilement *que* de ne
l'être pas pour soi-même. — *C'est* le comble de la
sottise [8] *que* d'estimer un homme d'après son habit ou
sa condition.

---

[1] Prendre un parti entre deux adversaires, *has vel illas partes sequi* —
[2] A plus d'éclat, *illustrius est.* [3] Il est plus raisonnable, *rectius est* [4] Chercher a s'illustrer, *gloriam quærere.* [5] Se consacrer aux travaux de l'agriculture, *dare operam agris colendis.* — [6] T Frappe, *ferire* — [7] Porter
atteinte, *infirmare.* [8] C'est le comble de la sottise, i. celui-là est très-sot.

323. Si beaucoup de gens abandonnent la religion de leurs pères, *ce n'est pas qu*'ils doutent de sa vérité, mais *c'est qu*'elle impose à leurs passions un joug qui les gêne. — Si je vous écris plus rarement, *ce n'est pas que* je trouve moins de plaisir à m'entretenir avec vous, *c'est que* mes affaires me laissent moins de loisir. — Je n'ai pas promis à Crassus ma recommandation, *ce n'est pas que* je ne crusse qu'elle aurait quelque poids auprès de vous [1], mais *c'est qu*'il m'a paru ne point avoir besoin de recommandation.

324. Les dents du fond [2], qu'*on* appelle mâchelières, triturent les alimens. — *On* rapporte qu'une femme à qui *on* avait annoncé faussement la mort de son fils, à la première vue de ce fils accourant dans ses bras [3], fut suffoquée par l'excès de sa joie [4]. — *On* rit souvent, quand *ou* devrait pleurer. — Tout est incertain, lorsqu'*on* s'est éloigné de la justice. — Autrefois *on* se servait d'éléphans à la guerre. — *On* admire ceux qu'*on* croit surpasser les autres en mérite. — *On* imite volontiers ceux qu'*on* aime et qu'*on* estime. — *On* ne doit jamais être plus réservé que lorsqu'il s'agit de Dieu. — *On* s'engage dans un genre de vie [5] avant qu'*on* ait pu juger quel était le meilleur.

On ne peut ressaisir l'occasion une fois échappée. — *Quand on* n'a pas su vivre, *on* ne sait pas mourir. — *Quand* on entre [6] dans le détroit de Gades par l'océan Atlantique, *on* a l'Afrique à droite et l'Europe à gauche. — *Quand on* est vivement affecté [7], il est difficile de ne pas se plaindre. — *Si l'on* veut gagner, il faut faire des avances [8]. — *Si l'on* ouvrait l'âme d'un tyran, *on* la verrait en proie aux plus cruelles angoisses [9]. — *Plus on* est savant, *plus on* est modeste. — *Plus on* est élevé, *moins on* est libre [10]. — *Plus la* for-

---

[1] Avoir quelque poids auprès de quelqu'un, *apud aliquem valere.* — [2] Dents du fond, *dentes intimi.* [3] Accourant dans ses bras, T. revenant. [4] Être suffoqué d'un excès de joie, *exanimari nimio gaudio.* [5] S'engager dans un certain genre de vie, *implicari aliquo genere vivendi.* [6] T. à celui qui entre. [7] Être vivement affecté, *graviter dolere.* [8] Faire des avances, *facere sumptum.* [9] Être en proie aux plus cruelles angoisses, *maximis angi cruciatibus.* [10] T. dans une très-grande fortune, la liberté (*licentia*) est très-petite.

tune est prospère, *moins on* doit s'y fier. — *On* voit mieux par ses yeux que par ceux d'autrui. — Quoi de plus doux que d'avoir quelqu'un avec qui l'*on* puisse s'entretenir comme avec soi-même ! — Le comble de la démence [1] serait de fonder quelque espérance sur la foi [2] de celui par la perfidie duquel *on* a été joué souvent.

On dit qu'Homère était aveugle ; cependant ses poëmes sont de véritables tableaux [3]. — *On rapporte* qu'Hercule et Bacchus régnèrent en Orient. — *On dit* que les corps des rois d'Égypte étaient ensevelis dans les pyramides. — *On croit* que Zoroastre observa le premier avec soin le cours des astres. — *On cèle* souvent aux princes la misère de leurs peuples. — Parmi les jeunes gens à qui *l'on enseigne* la langue latine, il en est quelques-uns qui n'ouvriront pas un livre latin lorsqu'ils auront quitté les bancs de l'école. — Il arrive plus souvent qu'*on se repente* d'avoir parlé que de s'être tû. — *On ne doit point avoir honte* d'apprendre ce qu'*on* ignore. — *Plus on* a de probité, *plus on* a de peine à croire que les autres en manquent [4]. — C'est contre un ennemi armé qu'il faut déployer son acharnement [5] : *plus on* a l'âme grande, *plus on* doit user de clémence envers les vaincus. — *On a trouvé* beaucoup d'hommes prêts à sacrifier leurs biens, leur vie même pour la patrie. — *On voit* beaucoup de gens à qui les conseils violens et périlleux paraissent plus grands et plus brillans que les résolutions modérées. — *On dit* que Louis XIV se repentit, au lit de la mort, de sa passion pour la guerre.

325. Les ingrats *sont haïs* de tout le monde. — David *était poursuivi* par Saul. — Les Carthaginois *furent secourus* par les Spartiates. — Les langues anciennes sont enseignées aujourd'hui par des maîtres habiles et *sont étudiées* par des jeunes gens avides de

---

[1] Le comble de la démence, *summa dementia* [2] Fonder quelque espérance sur la foi, *in fide spem habere.* [3] Véritables tableaux, *pictura* [4] Avoir de la peine a croire que les autres manquent de probité, T. soupçonner diffici ement les autres être sans probité (*improbus*). [5] Déployer son acharnement contre..., *infestis animis concurrere cum.*

s'instruire. — Les mauvais exemples *sont* plus souvent *suivis* que les bons.

La fable rapporte que Mercure *tua* Argus — Quinte-Curce nous apprend que les Macédoniens *vainquirent* les Perses. — Qui ignore que le roi Prusias *trahit* Annibal ? — Sache que non-seulement *j'ai de l'affection* pour lui, mais que je l'*aime* tendrement [1]. — On n'a jamais entendu dire [2] qu'un Egyptien *ait blessé* un crocodile, un ibis ou un chat.

326. Un bon fils *respecte* et *soulage* ses parens. — Nous devons *aimer* et *servir* Dieu. — L'histoire qu'un jeune prince doit particulièrement *lire* et *étudier,* c'est celle du peuple qu'il doit un jour gouverner et rendre heureux.

327. Vous ignorez où la mort vous surprendra, *attendez*-la partout ; elle vous *menace* tous les jours, apprenez tous les jours à mourir. — Peu m'importe qu'un farouche tyran me *menace* des plus cruels supplices ; j'ai reçu de Dieu la vie, je la lui rends sans regret ; je ne suis point né pour cette terre : une gloire éternelle m'*attend* dans le ciel ; ainsi ont pensé des milliers de Chrétiens.

328. L'homme d'esprit ne *craint* pas d'avouer qu'il s'est trompé ; le sot se croit infaillible. — Nous écrivons souvent à nos amis ce que nous *craignons* de leur dire de vive voix.

329. *Je ne puis m'empêcher* de vous faire des remercîmens pour les services que vous me rendez [3]. — *Je ne saurais m'empêcher* de détester les ennemis du repos, de la concorde, des lois.

330. La santé *se fortifie* par le travail. — La terre *se divise* maintenant en cinq parties. — La douleur *se soulage* par les larmes. — Jules César *se fit* dictateur.

---

[1] Non-seulement avoir pour quelqu'un une affection fondée sur l'estime, mais encore l'aimer tendrement, *non solùm aliquem diligere, verùm etiam amare.* [2] Entendre dire, *audire.* — [3] Pour les services que vous me rendez, *in merita tua.*

— Le fer dont on ne *se sert* pas *se couvre* de rouille.
— Il y a des gens qui n'ont jamais dit · il peut *se faire* que *je me trompe.* — Quand le soleil *se couche*, les oiseaux *se cachent* sous les feuilles des arbres. — Lycurgue donna des lois aux Spartiates qui lui promirent de n'y rien changer, avant qu'il fût de retour ; *ils ne s'attendaient* point qu'il ne dût jamais revenir ; au contraire *ils s'attendaient* qu'il reviendrait bientôt. — Archimède, occupé à tracer des figures sur le sable, *ne s'aperçut* pas qu'un soldat armé *s'approchait* de lui, et le barbare tua le géomètre. — César ne *se doutait* pas que celui qu'il appelait son fils serait un jour son assassin.

331. *Il y a* des bêtes, comme les lions, les chiens, les chevaux, qui ont en elles quelque chose qui ressemble à la vertu. — *Il y a* des gens qui vendent à vil prix ce qu'ils ont reçu de leurs ancêtres. — *Il y a* quelque plaisir à reprocher à un ingrat ce qu'on a fait pour lui [1]. — En toute chose il convient de voir et de défendre ce qu'*il y a* de vrai. — *Il n'y a point* de douleur que le temps ne diminue et n'adoucisse.

332. Coriolan *allait assiéger* sa patrie, si sa mère Véturie et sa femme Volumnie ne fussent venues le trouver dans son camp. — Celui qui *doit bâtir* une maison prépare auparavant des pierres et du bois. — Annibal était vainqueur à [2] Cannes ; il était maître de Tarente, de Capoue ; *il était à la veille de faire marcher* son armée contre la ville de Rome [3]. — Ce que nous avons promis, *nous devons le tenir.* — Il n'y a pas d'animal plus capricieux ni qu'*il faille manier* avec plus d'art que l'homme. — L'inexpérience [4] de la jeunesse *a besoin d'être éclairée, dirigée* [5] par la prudence des vieillards. — A la guerre *il* ne *faut* rien *négliger.* — *On* ne *doit* point *croire* un témoin ennemi.

333. *Tant s'en fallut* que la crainte d'une guerre

---

[1] T. Reprocher. . est un certain plaisir. — [2] A , *apud* [3] Faire marcher son armée contre la ville de Rome, *ad urbem Romam admovere exercitum.* [4] Inexpérience, *inscitia.* [5] Éclaircir, diriger, *constituere, regere.*

étrangère comprimât les dissensions civiles, qu'au contraire le pouvoir des tribuns n'en fut que plus violent. — *Tant s'en faut* que les productions de la terre aient été créées pour les bêtes, que nous voyons que les bêtes mêmes ont été faites pour l'homme.

334. Dès qu'Antiope parle, tout le monde se tait et elle en rougit : *peu s'en faut* qu'elle ne supprime ce qu'elle a voulu dire, quand elle aperçoit qu'on l'écoute si attentivement. — *Il ne tint à rien* qu'Auguste n'abdiquât l'empire. Agrippa lui en donna le conseil, Mécène l'en dissuada.

335. *Il s'en fallut beaucoup* que la fin du règne de Néron répondît au commencement. — *Combien s'en faut-il* que les honneurs procurent à l'homme le bonheur qu'il en espérait !

336. Il n'y a point d'absurdité telle qu'elle n'ait trouvé un philosophe pour la soutenir et un sot pour la croire [1]. *Faut-il* que l'esprit de l'homme soit sujet à de si grossières erreurs !

337. Lorsque *vous êtes près d'aller* au combat, songez à vos ancêtres et à vos descendans. — Lorsque Xerxès *était sur le point de porter* la guerre en Grèce, il rassembla une très-nombreuse armée.

338. *Je venais de vous écrire,* lorsque votre messager m'a apporté une lettre de vous.

339. *Vous avez beau* traverser une vaste mer, vos vices vous suivront partout où vous irez.

340. Quand une mauvaise habitude est invétérée, *on a de la peine* à s'en défaire. — Celui qui a le cœur droit et honnête, *n'a pas de peine* à faire l'aveu d'une faute.

341. Philoxène *eut la hardiesse* de trouver très-mauvais des vers qu'avait faits Denys, et que personne *n'avait le courage* de blâmer. Le tyran ordonna aussitôt qu'il fût conduit aux carrières.

[1] T rien n'est si absurde qui n'ait été dit par un philosophe.

342. La plupart des princes *ont le malheur* de se confier à des flatteurs qui les trompent, il en est peu qui *aient le bonheur* de trouver un ami sincère.

343. Si les autres te traitent comme tu les as traités toi-même, tu n'*as* pas *lieu* de te plaindre. — Nous n'*avons* pas *sujet* de porter envie à ceux que le peuple nomme grands et heureux. — Tu *as raison* de punir, tu as tort de te fâcher.

344. Quand un enfant d'un bon naturel a commis une faute envers ses parens ou ses maîtres, *il lui tarde de* la réparer et d'en recevoir le pardon.

345. *Il y va* de vos intérêts lorsque le feu prend à la maison voisine. — *Il s'agit de* la gloire du nom romain [1], *il s'agit* du salut de vos alliés et de vos amis; *il s'agit de* vos revenus les plus sûrs et les plus considérables; *il s'agit* de la fortune d'un grand nombre de citoyens romains. — *Il en est de* la félicité comme des songes.

346. S'il arrive quelque chose de nouveau, vous me le *ferez savoir.* — *Faites*-vous *estimer* de vos supérieurs, *respecter* de vos égaux, *aimer* de vos inférieurs. — Son malheur m'a *fait oublier* que j'avais lieu de me plaindre de lui. — La douleur a quelquefois *fait mentir* les innocens. — Scipion *fit saisir* trois espions d'Annibal, il les *fit conduire* à travers son camp, leur *fit montrer* toute son armée, *leur fit* donner à dîner et leur permit ensuite d'aller rendre compte à Annibal de tout ce qu'ils avaient vu chez les Romains. — Ce que tu peux faire par toi-même ne le *fais* pas *faire* par d'autres. — Pausanias se réfugia dans le temple de Minerve, mais les Ephores en *firent* aussitôt *murer* les portes et *démolir* le toit. — Si quelqu'un tient devant vous des propos médisans, imposez-lui silence; et si vous ne le pouvez pas, que votre silence du moins lui *fasse comprendre* que vous le désapprouvez. — Démocrite *ne faisait que* rire, Héraclite *ne faisait que* pleurer. —

____

[1] Dans la guerre contre Mithridate dont Cicéron demandait que le commandement fût confié à Pompée.

Toute science dépend surtout de la mémoire; c'est en vain qu'on nous donne des leçons si tout ce qu'on nous dit *ne fait que* glisser [1].

347. Jésus-Christ disait : *Laissez venir* à moi les petits enfans. — Souvent celui qui méprise le flatteur, *ne laisse pas* de recevoir la flatterie avec quelque plaisir.

348. Lorsque vous êtes sur le point d'entreprendre une affaire importante, *ne manquez pas* d'implorer l'assistance divine. — Ceux qui sont malheureux par leur faute, *ne manquent pas de* s'en prendre à la fortune.

349. *Vous ne sauriez croire* combien il est utile de discuter toutes les actions de sa journée [2] et de se traduire tous les jours au tribunal de sa conscience [3].

350. Des chiens aperçurent un cuir au fond d'une rivière : pour pouvoir plus aisément le retirer et le manger, ils *se mirent à* boire l'eau, mais ils crevèrent avant de parvenir [4] à ce qu'ils désiraient.

351. Le vainqueur qui *sait* se vaincre [5] a remporté deux victoires. — Une mauvaise excuse *ne sert qu'à* aggraver la faute. — *N'allez pas* conclure du badinage qui règne dans mes lettres, que j'ai renoncé au soin de la république [6]. — Il vaut mieux *s'occuper à* jouer qu'à médire. — Ne faites jamais des choses qui vous feraient rougir si *elles venaient* à se savoir.

352. *Dire* qu'on *n'a pas* failli, c'est ne pas vouloir se corriger. — Darius, dans sa fuite, but d'une eau bourbeuse et infectée [7] par des cadavres; il *avoua* qu'il n'avait *jamais* bu avec plus de plaisir.

353. Darius, *étant de retour* d'Europe en Asie, équippa une flotte de cinq cents vaisseaux pour réduire

---

[1] Ne fait que glisser, *præterfluit.* — [2] Discutez toutes les actions de sa journée, *discutere totum diem.* [3] Se traduire au tribunal de sa conscience, *apud se causam dicere.* — [4] Avant de parvenir, T. avant qu'ils atteignissent, (*contingere*) — [5] T. celui qui se vainc dans la victoire, vainc deux fois. [6] T Gardez-vous de croire moi, de ce que j'écris plus plaisamment, avoir rejeté (*abjicere*) le soin de la république. — [7] Infecté, *inquinatus.*

la Grèce sous sa domination. — Archytas *étant irrité* contre son fermier, comme [1] je te traiterais [2], dit-il, si je n'étais pas en colère ! — Ptolomée *ayant chassé* Antigone et *s'étant emparé* de tout le royaume de Macédoine, fit la paix avec Antiochus. —Alexandre *s'étant rendu maître* de l'Egypte, fonda une ville que de son nom il appela Alexandrie. — Pompée *étant entré* dans le temple de Jérusalem, ne toucha à rien de ce qui était sacré [3]. — Xerxès gagna Abydos avec quelques hommes ; *ayant trouvé* [4] le pont rompu par les orages, il passa le détroit en tremblant dans une barque de pêcheur. — Saul *ayant été* deux fois *épargné* par David, ne cessa pas néanmoins de le persécuter.

354. *Étant* aussi bon que vous l'êtes, quand vous connaîtrez Démocrite par vous-même, vous le jugerez digne de votre amitié. — Ulysse souffrit dans sa propre maison les outrages de ses esclaves et de ses servantes, afin de parvenir un jour à ce qu'il désirait. Ajax, au contraire, *ayant* le caractère dont on nous le représente [5], plutôt que de souffrir ces humiliations [6], se serait exposé mille fois à la mort [7].

355. Je vous écris, non que j'aie quelque chose *à* vous mander, mais afin de tromper l'absence en m'entretenant avec vous [8]. — Cimon se faisait toujours suivre par des serviteurs chargés d'argent, afin que, si quelqu'un avait besoin de ses secours, il eût quelque chose *à* donner sur-le-champ, craignant qu'un délai ne parût un refus [9]. — Plus l'ennemi est faible, plus il y a de honte *à* être vaincu par lui. — *Vous n'êtes pas homme à* croire que ce sont les Cyclopes qui forgent sur l'Etna la foudre de Jupiter. — Une Lacédémonienne apprenant que son fils avait été tué dans un combat ; je l'avais mis au monde, dit-elle, pour *qu'il fût homme à* braver la mort en défendant sa patrie. — *Je ne suis*

---

[1] Comme, *quo modo.* [2] Traiter quelqu'un, *aliquem accipere.* [3] T. ne toucha (*attingere*) rien de sacre. [4] Trouver, *offendere.* — [5] Ayant le caractère dont on nous le représente, *quo animo traditur.* [6] Ces humiliations, T. ces choses, *illa.* [7] S'exposer à la mort, *mortem oppetere.* — [8] T. afin qu'absent je parle avec vous. [9] T. de peur qu'en différant il parût refuser.

point homme à me livrer avec plaisir, ou même à donner la moindre partie de mon temps à des études *capables* [1] d'écarter et de détourner mon esprit des principes de la religion. — La douleur, quelque vive qu'elle fût, *n'était pas capable de* vaincre un stoïcien.

356. *Des* ouvrages mémorables des anciens Égyptiens, ce qu'on admire le plus, ce sont les pyramides et les obélisques. — *De* tous les tyrans nul ne fut plus cruel que Phalaris, qui enfermait des malheureux tout vifs dans un taureau d'airain, sous lequel il faisait allumer un grand feu.

357. Alexandre s'étant arrêté au tombeau d'Achille sur le promontoire de Sigée : Heureux guerrier, s'écria-t-il, *d'avoir eu* un Homère pour chanter ta valeur [2] ! — Vous me feriez plaisir *d'accepter* ce que je vous offre de bon cœur. — L'amitié s'entretient [3] par une rivalité de bons offices, et dans un tel combat il m'est indifférent *de* vous *surpasser* [4] ou *d'être surpassé* par vous.

358. La tendresse d'une mère *pour* son fils l'empêche souvent de voir ses défauts. — Les Juifs mirent sur la tête de Jésus-Christ une couronne d'épines et lui donnèrent *pour* sceptre un roseau. — L'innocent est quelquefois puni *pour* le coupable. — Lycurgue ayant donné ses lois aux Lacédémoniens, partit *pour* l'île de Crète. — Deux choses te sont nécessaires : la conscience et la réputation, la conscience *pour* toi, la réputation *pour* les autres. — L'amour *pour* la vie est d'autant plus vif qu'il nous reste moins de temps à vivre. — Je mourrai sans regret et sans faiblesse [5] : la mort ne saurait être ni honteuse *pour* un homme courageux, ni prématurée *pour* un consulaire, ni malheureuse *pour* un sage. — Celui qui veut que

[1] Se livrer avec plaisir ou même donner la moindre partie de son temps à des études capables, *his delectari aut uti omninò studiis quæ* (avec le subj.). — [2] Pour chanter ta valeur, T. pour panégyriste (*præco*) de ta valeur. [3] L'amitié s'entretient, *amicitia colitur* [4] Il m'est indifférent de vous surpasser, *æquo animo vincam te.* — [5] Mourir sans regret et sans faiblesse, *æquo animo paratoque mori.*

sa vertu soit publiée ne travaille pas *pour* la vertu ,
mais *pour* la gloire. — Sésostris était accessible à tous
ses sujets, dont il n'était pas moins le père que le roi;
pour les étrangers, il les accueillait avec bonté. —
Les Scythes qui, dans Quinte-Curce [1], haranguent
Alexandre, sont très-éloquens *pour* des barbares.

359. Nous devons étudier l'histoire *non pas tant
pour* satisfaire une vaine curiosité *que pour* nous exciter, par les exemples qu'elle nous offre, à l'amour
de la vertu et à la haine du vice.

360. *Pour* avoir souvent excusé vos fautes, *ce n'est
pas à dire pour cela que* je doive toujours user de la
même indulgence.

361. Horatius Coclès traverse le Tibre à la nage
sans abandonner ses armes. — C'est par son propre
jugement que chacun doit aimer et haïr les hommes,
approuver ou blâmer les choses, *sans* dépendre des
regards et des gestes d'un autre [2]. — Il faut quelquefois tromper celui qu'on oblige, de sorte qu'il reçoive
sans savoir de quelle main [3]. — La mère de Timoléon,
après le meurtre de son frère, ne le voyait pas *sans*
l'appeler fratricide et impie. — Ne laisse passer aucun
jour *sans* faire quelque chose de bien. — L'avare vit
sans jouir et meurt *sans* avoir vécu. — Je ne suis
jamais allé le voir *sans* revenir meilleur. — Papirius, ne voulant pas livrer bataille aux Samnites
sans avoir consulté les auspices, retourna à Rome
sans tarder pour s'y acquitter de ce devoir. — Alexandre, fils d'Aristobule, mourut *sans* avoir rien fait de
mémorable.

362. Le sommeil *après* le dîner est contraire à la
santé. — *Après* une bonne conscience, ce qu'il y a de
plus désirable, c'est une bonne renommée.

363. Annibal, *après* avoir été roi, fut fait préteur.
— *Après* avoir déposé sa dépouille mortelle, l'âme du

---

[1] Dans Quinte-Curce, T. chez Quinte-Curce. — [2] Regards et gêstes
d'un autre, *vultus ac nutus alterius.* [3] T. et ne sache pas de qui il a reçu.

juste monte au ciel. — Épaminondas, *après* avoir appris que ses concitoyens étaient vainqueurs, fit retirer le fer de sa plaie. — Pilate, *après* avoir absous de crime Jésus-Christ, le condamna à mort. — Les fleuves, *après* avoir reçu des rivières et des ruisseaux, se jettent dans la mer.

364. *Avant de* sortir de chez toi, songe à ce que tu dois faire ; lorsque tu y rentres, songe à ce que tu as fait. — *Avant de* te moquer de quelqu'un, vois si toi-même tu ne donnes pas prise à la raillerie [1]. — Réfléchis long-temps *avant d*'admettre quelqu'un dans ton intimité [2].

365. Il y a des enfans ingrats qui, *au lieu de* contenter leurs parens, leur causent de vifs chagrins, et il y a des parens trop faibles qui, *au lieu de* punir les fautes de leurs enfans, les excusent toujours. — Soulagez les pauvres, *au lieu de* faire de folles dépenses. — Un bon roi est en sûreté au milieu de ses sujets comme un père au milieu de ses enfans, *au lieu qu'*un tyran tremble sans cesse pour sa vie.

366. *Loin qu'*avec une santé faible on puisse se garantir du froid sur mer, à peine le peut-on dans les maisons et dans les villes. — *Loin de* prêter l'oreille à la médisance, défendez l'absent dont on blesse la réputation. — Le poëte Horace assista à la bataille de Pharsale ; mais *au lieu de* combattre, il jeta son bouclier et s'enfuit. — *Au lieu de* nous venger, nous devons pardonner les injures que nous avons reçues.

367. *A force de* jouer on se lasse et s'ennuie.

368. La fortune est glissante, et l'on ne peut la retenir *malgré* elle. — Titus renvoya Bérénice *malgré* lui et *malgré* elle [3]. — *Malgré* les grands services qu'il avait rendus à sa patrie, Aristide fut exilé.

369. *Que* de blé produit la Sicile ! — O habitude

___

[1] Donner prise à la raillerie, *dare ansas ad deridendum.* [2] Admettre quelqu'un dans son intimité, *recipere aliquem in familiaritatem.* — [3] Titus malgré lui renvoya Bérénice malgré elle.

de mal faire ! *que* tu as de charme [1] pour les hommes pervers lorsqu'ils n'ont point été punis et que l'impunité a produit la licence [2] ! — De *combien* de sens l'homme est-il doué ? — Que vous importe maintenant le nombre des ennemis ? après leur défaite, vous compterez *combien* ils étaient. — *Que* la plus longue vie est courte, si on la compare à l'éternité ! — *Que* j'estime un homme sur qui l'argent n'a aucun pouvoir [3] ! — *Combien* il importe d'inspirer de bonne heure aux enfans l'amour du devoir [4] ! — *Combien* le séjour des champs l'emporte sur celui de la ville ! — *Combien* la médiocrité est plus précieuse que l'opulence ! — *Que* notre folie est grande lorsque nous préférons l'incertain au certain ! — *Que* la terre est petite si on la compare aux autres planètes ! — *Combien* y en a-t-il qui vivent au jour le jour [5] !

370 et 371. C'est bien se tromper que de croire qu'on peut acquérir *beaucoup* d'instruction sans *beaucoup* de peine. — Solon disait qu'il vieillissait en apprenant de jour en jour [6] beaucoup de choses. — Écoute *beaucoup* [7], parle *peu*. — Les enfans aiment *beaucoup* les fables. — Pendant la vie nous estimons *beaucoup* des biens périssables : nous pensons *bien* autrement quand nous sentons la mort s'approcher. — La lune paraît *beaucoup* plus grande que les autres corps célestes, elle est cependant *beaucoup* plus petite. — Virgile l'emporte *de beaucoup* sur Ovide. — Où il y a *beaucoup* de bavardage, là se trouve ordinairement [8] *peu* de sagesse. — La veuve de Sarepta avait seulement autant de farine que [9] peut en contenir le creux de la main [10] et *un peu* d'huile dans une fiole. — On voit souvent ensemble *peu* de science et *beaucoup* de vanité. — Il vaut mieux lire *peu* de livres avec fruit que d'en lire *beaucoup* sans en tirer profit.

---

[1] Charme, *voluptas*. [2] T. Lorsque le châtiment a été absent (*abesse*), et la licence a suivi (*consequi*). [3] L'argent n'a aucun pouvoir sur moi, *pecuniâ non moveor*. [4] Inspirez aux enfans l'amour du devoir, *pueros in officii studium inducere*. [5] Au jour le jour, *in diem* — [6] De jour en jour, *in dies*. [7] T. beaucoup de choses, sans exprimer *negotia*. [8] T. là a coutume d'être. [9] Autant de farine que, voyez 230 et 379 [10] Le creux de la main, *manus concava*.

— Il y a dans les anciens auteurs *beaucoup* de passages *un peu* obscurs. — Combien y en a-t-il qui, en devenant *un peu* plus riches, sont devenus *beaucoup* moins heureux! — Dieu ne protége pas le fils qui fait *peu* de cas des avis de son père et que ne touchent point les larmes de sa mère.

372, 373 et 374. Le mérite d'Alcibiade excita [1] chez les Lacédémoniens *plus* de jalousie *que* de bienveillance [2]. — Il ne faut pas avoir *plus* de libéralité *que* de moyens [3]. — Ne promets pas *plus* de choses *que* tu ne peux en tenir. — Il est *plus* facile d'acheter *que* de payer. — La colère te nuit *plus que* l'injure qui t'a été faite. — Haïssons *plus* un *traître qu'*un ennemi déclaré. — Je fais *plus* de cas du témoignage de ma conscience *que* des discours d'autrui. — L'ami n'aime pas *moins* son ami *que* lui-même. — Caton avait *moins* d'éloquence et *plus* de courage *que* Cicéron. — Le pauvre a *moins* d'amis *que* le riche. — L'avare estime *moins* la science *que* l'argent. — La félicité d'un homme vivant encore n'est pas *moins* incertaine et douteuse *que* la victoire d'un soldat qui combat encore.

375. Un peu *plus de* six cents Romains furent tués. — Les tribuns promulguèrent une loi portant que personne ne pourrait posséder [4] *plus de* cinq cents arpens. — Xerxès regagna l'Asie en *moins de* trente jours par la même route qu'il avait faite [5] en six mois. — Auguste ne dormait jamais *plus de* sept heures.

376 et 377. Le cuisinier, autrefois l'esclave *le plus* vil, est maintenant *le plus* nécessaire et *le plus* estimé. — *Les plus* sages ont failli. — On doit donner *les plus* grands secours à celui qui a *les plus* grands besoins [6]. — Je crois devoir faire ce que je jugerai importer *le plus* à la république. — La mort de Socrate philoso-

---

[1] Exciter, *contrahere.* [2] Bienveillance, *gratia.* [3] Moyens, *facultas* — — [4] Promulguer une loi portant que personne ne pourrait posséder, *promulgare legem ne quis possideret* [5] Par la même route qu'il avait faite, *eâdem quâ* (S. *viâ*) *iter fecerat* — [6] On doit donner, etc T. nous devons secourir de préférence (*potissimùm*) celui qui a besoin (*indigere*) le plus d'aide.

TABLE DES NOMS PROPRES

EMPLOYÉS

DANS LE COURS DE THÊMES.

OBSERVATION. On n'a compris dans cette table, ni les noms propres géographiques qui se trouvent dans le lexique français-latin de M. Auvray, dont on conseille l'usage pour ces thêmes, ni les noms propres terminés en *a*, en *as*, ou en *us*, tels que *Numa*, *Pausanias*, *Marius*. Les noms en *a* et en *as* sont de la première déclinaison; les noms en *us* sont de la seconde.

ABRÉVIATIONS. — adj. adjectif. — f. feminin — m. masculin. — p. peuple. — v ville

A.

Absalon, *Absalon*, *onis*, m.
Abydos, *Abydos*, *i*, f. v.
Achab, *Achabus*, *i*, m.
Achille, *Achilles*, *is*, m.
Actium, *Actium*, *ii*, n. v.
Adrien, *Adrianus*, *i*, m.
Agesilas, *Agesilaus*, *i*, m.
Agrippine, *Agrippina*, *æ*, f.
Ajax, *Ajax*, *acis*, m.
Albains (les), *Albani*, *orum*, m. p.
Alcibiade, *Alcibiades*, *is*, m.
Ammon, *Ammon*, *onis*, m.
Anacharsis, *Anacharsis*, *is*, m.
Annibal, *Hannibal*, *alis*, m.
Antiates (les), *Antiates*, *um*, m. p.
Antigone, *Antigonus*, *i*, m.
Antiope, *Antiopa*, *æ*, f.
Antoine, *Antonius*, *ii*, m.
Antonin, *Antoninus*, *i*, m.
Apelle, *Apelles*, *is*, m.
Apollon, *Apollo*, *onis*, m.
Archimède, *Archimedes*, *is*, m.
Aristide, *Aristides*, *is*, m.
Aristobule, *Aristobulus*, *i*, m.
Aristote, *Aristoteles*, *is*, m.
Asdrubal, *Asdrubal*, *alis*, m.
Assyriens (les), *Assyrii*, *orum*, m. p.

Athéniens (les), *Athenienses*, *ium*, m. p.
Auguste, *Augustus*, *i*, m.

B.

Béotiens (les), *Bæotii*, *orum*, m. p.
Bélisaire, *Belisarius*, *ii*, m.
Bérénice, *Berenice*, *es*, f.

C.

Caïphe, *Caiphas*, *æ*, m.
Cambyse, *Cambyses*, *is*, m.
Camille, *Camillus*, *i*, m.
Caton, *Cato*, *onis*, m.
Célènes, *Celenæ*, *arum*, f. v.
César, *Cæsar*, *is*, m.
Charles, *Carolus*, *i*, m.
Charles-Quint, *Carolus-Quintus*.
Christophe Colomb, *Christophus Colombus*, m.
Cicéron, *Cicero*, *onis*, m.
Cimon, *Cimon*, *onis*, m.
Claude, *Claudius*, *ii*, m.
Cléopâtre, *Cleopatra*, *æ*, f.
Cobarès, *Cobares*, *is*, m.
Coclès, *Cocles*, *itis*, m. surnom.
Condée, *Condæus*, *i*, m.
Constantin, *Constantinus*, *i*, m.
Coriolan, *Coriolanus*, *i*, m.

9.

Corioles, *Corioli*, *orum*, m. v.
Crésus, *Cræsus*, *i*, m.
Criton, *Criton*, *onis*, m.
Curiaces (les), *Curiatii*, *orum*, m.
Cursor, *Cursor*, *oris*, m. surnom.

D.

Damoclès, *Damocles*, *is*, m.
Damon, *Damon*, *onis*, m.
Daniel, *Daniel*, *is*, m.
Datis, *Datis*, *is*, m.
David, *David*, *idis*, m.
Démocrite, *Democritus*, *i*, m.
Démosthène, *Demosthenes*, *is*, m.
Denys, *Dionysius*, *ii*, m.
Diogène, *Diogenes*, *is*, m.
Domitien, *Domitianus*, *i*, m.

E.

Éliezer, *Eliezer*, *ris*, m.
Énée, *Æneas*, *æ*, m.
Éole, *Æolus*, *i*, m.
Épicure, *Epicurus*, *i*, m.
Éponine, *Eponina*, *æ*, f.
Esau, *Esaus*, *i*, m.
Eschine, *Æschines*, *is*, m.
Esculape, *Æsculapius*, *ii*, m.
Éthéocle, *Etheocles*, *is*, m.
Eumène, *Eumenes*, *is*, m.

F.

François, *Franciscus*, *i*, m.

G.

Gades (de), *Gaditanus*, *a*, *um*, adj.

H.

Hector, *Hector*, *oris*, m.
Hélène, *Helena*, *æ*, ou *Hélène*, *es*, f.
Henry, *Henricus*, *i*, m.
Héraclite, *Heraclitus*, *i*, m.
Hercule, *Hercules*, *is*, m.

Hippocrate, *Hippocrates*, *is*, m.
Horace, *Horatius*, *ii*, m.
Horaces (les), *Horatii*, *orum*, m.
Homère, *Homerus*, *i*, m.
Hypéride, *Hyperides*, *is*, m.
Hystaspe, *Hystaspes*, *is*, m.

I.

Ilion, *Ilium*, *ii*, n. v.
Isocrate, *Isocrates*, *is*, m.
Israelites, *Israelitæ*, *arum*, m. p.
Isthmiques (jeux), *ludi isthmici*, *orum*.

J.

Jacob, *Jacobus*, *i*, m.
Jephté, *Jephte*, *es*, m.
Jésus-Christ, *Jesus-Christus*, *i*, m.
Joab, *Joabus*, *i*, m.
Job, *Jobus*, *i*, m.
Joseph, *Josephus*, *i*, m.
Josué, *Josue*, *es*, m
Jules, *Julius*, *ii*, m.
Julie, *Julia*, *æ*, f.
Jupiter, *Jupiter*, *Jovis*, m.

L.

Laban, *Labanus*, *i*, m.
Lacédémoniens (les), *Lacedæmonii*, *orum*, m. p.
Lazare, *Lazarus*, *i*, m.
Léandre, *Leander*, *dri*, m.
Louis, *Ludovicus*, *i*, m.
Lucifer, *Lucifer*, *eri*, m. étoile.
Lycurgue, *Lycurgus*, *i*, m.

M.

Mathusalem, *Mathusalemus*, *i*, m.
Mécène, *Mecænas*, *æ*, m.
Mégare, *Megara*, *æ*, f. v.
Mercure, *Mercurius*, *ii*, m.

Messagètes (les), *Messagetæ, arum*, m. p.
Miltiade, *Miltiades, is*, m.
Minerve, *Minerva, æ*, f.
Mithridate, *Mithridates, is,* m.
Moïse, *Moses, is*, m.

N.

Nabuchodonosor, *Nabuchodonosor, is*, m.
Napées, *Napææ, arum,* f. Nymphes.
Neptune, *Neptunus, i,* m.
Néron, *Nero, onis*, m.
Niobé, *Niobe, es*, f.

O

Octave, *Octavius, ii*, m.
OEdipe, *OEdipus, i,* m.
Olympien, *Olympicus,* adj.
Omar, *Omar, aris*, m.
Oreste, *Orestes, is*, m.
Orphée, *Orpheus, i,* ou *eos*, m.
Ovide, *Ovidius, ii,* m.

P.

Palestine, *Palæstina, æ,* f Contrée.
Parmenion, *Parmenio, onis*, m.
Patrocle, *Patroclus, i,* m.
Paul, *Paulus, i*, m.
Periclès, *Pericles, is*, m.
Pertinax, *Pertinax, acis*, m.
Phalaris, *Phalaris, is*, m.
Pharaon, *Pharaon, onis*, m.
Pharsale (de), *Pharsalicus,* adj.
Philippe, *Philippus, i,* m.
Philoxène, *Philoxenus, i*, m.
Phocéens (les), *Phocæi, orum,* m. p.
Phocion, *Phocion, onis*, m.
Pie, *Pius, ii,* m.
Pilate, *Pilatus, i,* m.
Platéens (les), *Platæenses, ium,* m. p.

Platon, *Plato, onis*, m.
Polynice, *Polynices, is*, m.
Pompée, *Pompeius, ii*, m.
Pontins (marais), *Pomptina, æ, palus, udis.*
Prométhée, *Prometheus, i*, m.
Ptolémée, *Ptolemæus, i*, m.
Pylade, *Pylades, is*, m.
Pythagore, *Pythagoras, æ,* m.
Pythagoriciens, *Pythagoræi, orum*, m.

Q.

Quinte-Curce, *Quintus-Curtius, ii*, m.

R

Rhegium (de), *Rheginus, a, um,* adj.

S.

Salomon, *Salomon, onis*, m.
Sardanapale, *Sardanapalus, i,* m.
Sarepta (de), *Sareptinus, a, um,* adj.
Saul, *Saul, ulis*, m.
Scipion, *Scipio, onis*, m.
Sémiramis, *Semiramis, idis*, f
Sénèque, *Seneca, æ*, m.
Sésostris, *Sesostris, is*, m.
Sestos, *Sestos, i,* f. v.
Sicanie, *Sicania, æ,* f. (Sicile).
Sichée, *Sichæus, i,* m.
Sigée, *Sigæum, i,* n. Cap.
Socrate, *Socrates, is*, m.
Solon, *Solon, onis*, m.
Spartiates (les), *Spartani, orum*, m. p.
Suèves (les), *Suevi, orum*, m. p.
Syphax, *Syphax, acis*, m.
Syracusains (les), *Syracusani, orum*, m. p.

T.

Tantale, *Tantalus, i,* m.

Tarente, *Tarentum*, *i*, n. v.
Tarentins (les), *Tarentini*, *orum*, m. p.
Tarquin, *Tarquinius*, *ii*, m.
Tauride, *Taurica*, *æ*, Chersone-sus, *i*, f.
Thémistocle, *Themistocles*, *is*, f.
Thersite, *Thersites*, *æ*, m.
Thesée, *Theseus*, *i*, ou *eos*, m.
Thomas, *Thomas*, *æ*, m.
Thrasybule, *Thrasybulus*, *i*, m.
Tibére, *Tiberius*, *ii*, m.
Timoléon, *Timoleon*, *ontis*, m.
Tigrane, *Tigranes*, *is*, m.
Tite-Live, *Titus Livius*, *ii*, m.
Tobie, *Tobias*, *æ*, m.
Trajan, *Trajanus*, *i*, m.
Trinacrie, *Trinacria*, *æ*. (Si-cile.)
Troade, *Troas*, *adis*, f. Con-trée.
Turenne, *Turennius*, *ii*, m.
Tyriens (les), *Tyrii*, *orum*, m. p.

U.

Ulysse, *Ulysses*, *is*, m.

V.

Varron, *Varro*, *onis*, m.
Veiens (les). *Veientes*, *tum*, m.
Veies, *Veii*, *orum*, m. v
Verrès, *Verres*, *is*, m.
Vespasien, *Vespasianus*, *i*, m.
Véturie, *Veturia*, *æ*, f.
Virgile, *Virgilius*, *ii*, m.
Volumnie, *Volumnia*, *æ*, f.

X.

Xantippe, *Xantippe*, *es*, f
Xerxès, *Xerxes*, *is*, m.

Z.

Zopire, *Zopirus*, *i*, m.
Zoroastre, *Zoroaster*, *tri*, m.

FIN DE LA TABLE.

phant tranquillement avec ses amis est *la plus* douce qu'on puisse désirer ; celle de Jésus expirant dans les tourmens, injurié, raillé, maudit de tout un peuple, est *la plus* horrible qu'on puisse craindre. — *La plus* grande partie des élèves font leurs devoirs non pour devenir plus savans, mais pour n'être pas punis. — *Le moins* riche est souvent *le plus* bienfaisant. — Mettez dans vos réprimandes *le moins* d'aigreur possible ; soyez pour vous très-sévère, et pour les autres *le moins* sévère que vous pourrez. — Il faut se faire *le plus* d'amis et *le moins* d'ennemis qu'on peut. — Bien des gens estiment *le moins* ce qui doit être estimé *le plus*.

378. *Moins* Caton cherchait la gloire, *plus* il en était comblé. — *Plus* une lettre est longue, *plus* elle est agréable à un ami. — *Plus* la lune est près du soleil, *moins* elle a d'éclat. — *Plus* les monts sont élevés, *plus* les vallées sont profondes.

379 à 383. César avait *autant* d'habileté *que* de prudence. — Il y a *autant* de cruauté à pardonner à tous *qu'*à ne pardonner à personne. — Il avait mille troupeaux de brebis, et *autant* de troupeaux de gros bétail, qui erraient dans les prairies. — Quelle chose peut paraître grande au sage dans le *si* court espace de la vie ? — La science ne doit pas être estimée *autant* *que* la vertu. — Un savant l'emporte *autant* sur un artisan que les travaux de l'esprit l'emportent sur ceux du corps. — Alexandre recherchait la gloire *autant* *que* Diogène en faisait peu de cas. — Il importait *autant* à Thersite de ne pas exposer sa vie *qu'*il importait *peu* à Achille de prodiguer la sienne. Tout brave méprisera le premier *autant* *qu'*il estimera le second. — *Autant que* tu le pourras, viens au secours de ceux qui sont dans le besoin. — Chaque heure, il naît trois mille six cents hommes et il en meurt presque *autant*. — On a toujours fait beaucoup de cas de Cicéron, on n'en a jamais fait *autant* de Sénèque. — La patrie m'est *aussi* chère *qu'à qui que ce soit au monde*. — Lorsque Fabricius triomphait de Pyrrhus *autant* par sa grandeur d'âme *que* par ses armes, Rome, que n'avait

point encore corrompue le luxe, était *aussi* florissante *que jamais*, et les vertus y étaient *aussi* honorées *qu'en aucun lieu du monde*.

384. Fabius revint à Rome avec un surcroît de gloire militaire, qui n'avait fait qu'aigrir et envenimer contre lui [1] la haine du soldat, *tant il est vrai* que les grands hommes ont moins de ressources pour contenir leurs concitoyens que pour vaincre l'ennemi [2].

385. Le véritable ami s'estime *d'autant plus* heureux *qu'*il rend son ami meilleur. — Les riches sont *d'autant moins* estimés et aimés *qu'*ils sont plus orgueilleux et plus avares. — La libéralité, lorsqu'elle s'exerce avec prudence [3], est la plus agréable des vertus, et on est *d'autant plus* porté à la louer *que*, dans un homme élevé en dignité [4], elle est pour tous un refuge commun.

386 à 388. Il n'y a aucune cause de sédition *assez* juste. — Le riche n'est pas celui qui a beaucoup, mais celui qui a *assez*. — L'avare n'a jamais dit : J'ai *assez* d'argent. — Combien trouvera-t-on d'hommes qui aient *assez* de probité *pour* ne pas commettre une injustice, s'ils sont assurés du secret et de l'impunité [5] ? — La nature n'a pas été envers nous assez prodigue de temps *pour* [6] qu'il nous soit permis d'en perdre quelque partie [7]. — Combien de gens ont *assez peu* de jugement *pour* préférer au blâme qui leur est utile, la louange qui les trahit ! — Nous devons prendre *assez* de nourriture pour réparer nos forces. — Quelle maison est *assez* forte, quel état *assez* puissant pour que les haines et les dissensions ne les puissent renverser ? — Il n'est rien dont nous puissions faire *assez* de cas pour l'acheter au prix de notre foi et de notre liberté.

---

[1] T. la gloire de la guerre n'étant pas autant augmentée que la haine du soldat contre lui était irritée et envenimée (*exacerbato*). [2] Tant aux génies supérieurs a manqué plus souvent l'art par lequel ils gouvernent (au subj.) les citoyens que par lequel ils surpassent (au subj.) l'ennemi — [3] Lorsqu'elle s'exerce avec prudence, *temeritate remota* [4] Un homme élevé en dignité, *summus quisque.* — [5] S'il... impunité, *impunitate et ignorantia omnium proposita.* [6] T. ne nous a pas donné le temps si libéralement. [7] Quelque partie, *aliquid ex illo.*

389 à 391. On doit blâmer celui qui passe *trop* de temps à dîner. — *Trop* de tristesse est indigne de l'homme. — L'arc qui est *trop* tendu se rompt. — Cicéron était *trop* avide de gloire. — Vous ne louerez jamais Platon ni *trop*, ni *trop souvent.* —Catulus a dit que Pompée était sans doute un homme illustre, mais qu'il était *trop* puissant pour un état libre. — Démosthène me paraît avoir *trop* de génie *pour* être comparé à Lysias. — On cherchait un successeur à Alexandre, mais le fardeau était *trop* pesant *pour qu'*un seul pût le porter. — Cette vie est *trop* courte pour être toute la vie de l'homme. —La plupart des enfans ont *trop peu* de raison *pour* sentir combien il leur importe d'acquérir une solide instruction et de prendre de bonne heure l'habitude du travail. — Titus régna *trop peu* d'années *pour* accomplir tout le bien qu'il méditait.

392. Un flatteur impudent [1] *n'*en impose [2] *qu'*à un sot. —On *ne* prête de l'argent *qu'*aux riches. —Croyons qu'il *n'*y a d'utile *que* ce qui est juste et honnête. — Les mères éplorées passaient la nuit à la porte de la prison, privées de la consolation d'embrasser leurs enfans pour la dernière fois [3], elles *ne* demandaient [4] pour toute grâce *que* de recueillir au moins leur dernier soupir [5].

393 à 395. Tu veux être enfin sage demain? *que* ne le veux-tu aujourd'hui? — Lorsque les richesses eurent commencé à être estimées et *qu'*elles eurent amené à leur suite la gloire [6], le commandement, la puissance, la vertu n'eut plus d'attraits et la pauvreté fut regardée comme une infâmie. — Un honnête homme ne doit jamais rien faire d'indigne de lui, quand il ne serait pas exposé aux regards du monde et *qu'*il n'aurait que lui pour témoin de ses actions. — Si vous désirez de l'argent avec trop d'ardeur, et que la raison ne guérisse

---

[1] Flatteur impudent, *apertè adulans.* [2] En imposer, *dare verba.* [3] Privées. . fois, *ab extremo complexu liberúm exclusæ.* [4] T. rien autre chose, si ce n'est qu'il leur fût permis. [5] Recueillir le dernier soupir, *extremum spiritum ore excipere.* — [6] Les richesses amènent à leur suite la gloire, etc. T. la gloire suit les richesses.

pas cette cupidité, votre âme est attaquée d'une maladie qu'on nomme avarice. — Un jeune homme ne doit point se marier *qu*'il n'ait un état.

396. *A peine* les Romains eurent-ils appris que Philippe, roi de Macédoine, avait ravagé l'Attique, *qu*'ils nommèrent Quintus Flaminius consul. Celui-ci ayant levé une armée, arriva en Grèce plus tôt qu'on ne pensait. *Aussitôt que* Philippe eut appris son arrivée, il lui envoya un parlementaire pour lui demander un entretien. Quintus exigea que le roi évacuât toute la Grèce. *Il y a long-temps*, répondit Philippe, *que* je m'attendais à une pareille proposition ; mais *maintenant que* nous sommes sous les armes, nous combattrons plutôt que d'abandonner toutes les places conquises. Les Macédoniens furent vaincus, et la liberté fut annoncée aux Grecs *dans le temps qu*'on célébrait les jeux isthmiques. *Il y avait* déjà *quelque temps qu*'ils étaient dans la servitude. (*Extrait du Rudiment de Dantal.*)

397 et 398. Il n'est presque aucun pays qui ne puisse nourrir ses habitans *pour peu qu*'ils le cultivent. — *Pour peu que* la colère ait quelque durée, elle ne diffère pas de la folie. — On pardonne aux enfans les fautes que leur fait commettre la légèreté[1] de leur âge, *pour peu qu*'ils s'en repentent. — La flatterie, *toute* pernicieuse *qu*'elle est par elle-même, ne peut nuire qu'à ceux qui la reçoivent avec plaisir[2]. — La vertu, *tout* austère *qu*'elle est, procure bien des plaisirs.

---

[1] T. qu'ils commettent à cause de la légèreté. [2] Recevoir la flatterie avec plaisir, *assentatione delectari.*

FIN DE LA DEUXIÈME PARTIE.

SUPPLÉMENT

AU QUATRIÈME LIVRE

DE LA SYNTAXE LATINE.

1. Substantifs verbaux ayant le même complément que le verbe d'où ils dérivent.

Subjiciunt se homines imperio alterius et potestati, pluribus de causis. Ducuntur enim aut benevolentiâ, aut beneficiorum magnitudine, aut dignitatis præstantiâ, aut *spe sibi id utile futurum ;* aut *metu ne vi parere cogantur.* C. [1].

2. Le datif s'emploie quelquefois pour marquer le même rapport que les prépositions *ad, apud.*

Datif au lieu de *ad.*

Nuntius *regi* venit Romanos Dyracchium venisse. L. — It clamor *cœlo.* V.

Datif au lieu de *apud.*

Nec major apud Cattos [2] peditum laus quàm *Tencteris* [3] equitum. T. — Arsaces non minùs memorabilis *Parthis* fuit, quàm *Persis* Cyrus, *Macedonibus* Alexander, *Romanis* Romulus. J.

3. Différentes constructions des noms de temps avec *postquàm, antequàm.*

Nero natus est { *post* [4] *novem menses quàm* / *nono mense postquàm* / *nono mense quàm* } Tiberius excessit.

Dion obiit diem supremum, *quartum post annum, quàm* ex Peloponneso in Siciliam redierat. N. — Sextà Olympiade *post duos et viginti annos, quàm* prima constituta fuerat, Romulus Martis filius Romam condidit. Vell.

Hannibal *anno tertio, postquàm* domo profugerat, cum quinque navibus Africam accessit. N. — Aristides *sexto ferè anno, postquàm* erat expulsus, in patriam restitutus est. N.

Tyrus *septimo mense, quàm* oppugnari cœpta erat, capta est,

---

[1] On trouve dans Plaute : *Domum reditionis spe sublatá.* On y trouve même, ce qu'il ne faudrait pas imiter *curatio hanc rem,* le soin de cette chose — [2] Les Hessois [3] Les Tenctères habitaient la rive orientale du Rhin, vers l'endroit où il reçoit la Lippe. — [4] *Antequàm* et *postquàm* se séparent par *tmèse.* La tmèse est une figure qui consiste à séparer en deux, par un ou plusieurs mots intermédiaires, un mot composé *Quo me cumque rapit tempestas* H.

urbs et vetustate originis et crebrâ fortunæ varietate ad memoriam posteritatis insignis. Curt. — *Anno trecentesimo altero, quàm* condita Roma erat, iterùm mutatur forma civitatis, ab consulibus ad decemviros translato imperio. L.

Testamentum Augusti *antè annum et quatuor menses, quàm* decesserat, factum est Suet — *Antè annos quinque et sexaginta, quàm* urbs romana conderetur, ab Elisâ Tyriâ Carthago conditur. Vell. — *Antè triennium, quàm* Carthago deleretur, M Cato mortem obiit. Vell.

On met aussi *quàm* après *pridiè, postridiè.*

Cæsar *pridiè quàm* occideretur, in sermone nato super cœnam, quisnam esset finis commodissimus, repentinum opinatumque prætulit. Suet.

4. Nom concret pour un nom abstrait. *A puero, à pueris*, pour *à pueritiâ.*

Quàm miserum est, carere consuetudine amicorum, homini præsertìm docto *à puero*, et artibus ingenuis erudito! C. — Ingenuis artibus *à pueris* dediti fuimus C.

5. *Nihil* pour *nemo.*

Nihil me infortunatius, *nihil* fortunatius est Catulo C.

Nihil pour *non, minimè.*

Nihil mea carmina curas; *nil* nostrî miserere. V.

6. *Nemo* pour *nullus.*

Tantæ quondam tenebræ eruptione ætnæorum ignium finitimas regiones obscuravisse dicuntur, ut per biduum *nemo* hominem homo agnosceret. C.

7. *Nullus* pour *minimè.*

Nolite arbitrari, me, cùm à vobis discessero, nusquàm, aut *nullum* fore. Nec enim, dum eram vobiscum, animum meum videbatis : sed eum esse in hoc corpore, ex his rebus, quas gerebam, intelligebatis. Eumdem igitur esse creditote, etiamsi *nullum* videbitis. C.

8. *Quantus* se met pour *ut tantus, qualis* pour *ut talis, undè* pour *ut indè, quò* pour *ut eò, ubi* pour *ut ibi. Quantus, qualis, undè, quò, ubi* sont alors suivis du subjonctif.

Gratulor tibi, cùm tantùm vales apud Dolabellam, *quantùm* si ego apud sororis filium valerem, jam salvi esse *possemus*. C —Senatus populusque romanus habebat ducem, *qualis* si qui nunc esset, tibi idem, quod illis accidit, *contigisset.* C. — Artaxerxes Lampsacum urbem Themistocli donârat, *unde*

vinum *sumeret*. N.—Nihil tàm alté natura constituit, *quò* virtus
non *possit* eniti. CURT. — Omnibus bonis certus est in cœlo
definitus locus, *ubi* beati ævo sempiteino *fruantur*. C.

9. Le participe passif se joint au verbe *habeo*, qui
devient alors une sorte d'auxiliaire. Remarquez toute-
fois qu'on n'emploierait pas cette tournure avec un participe qui exclurait l'idée de possession. Au lieu de *emi
domum*, on peut dire *habeo domum emptam*, j'ai
acheté une maison ; mais on ne pourrait pas dire *habeo
domum venditam*, au lieu de *vendidi domum.*

Atticus philosophorum ita *percepta habuit* piæcepta, ut iis
ad vitam agendam , non ad ostentationem uteietur. N. — An
quisquam potest piobaie, quod *perceptum*, quod *comprehensum*,
quod *cognitum* non *habet?* C. — Omnes *habeo cognitos* sensus
adolescentis (C. Cæsaiis). Nihil est illi iepublicâ carius, nihil
bonorum virorum judicio optabilius, nihil veià gloriâ dulcius. C.

10. On a vu (règ. 109 et suiv.) que le gérondif ne
peut se tourner par le participe futur passif que dans le
cas où, venant d'un verbe actif, il seiait suivi d'un
accusatif : les Latins emploient quelquefois ce tour avec
des verbes qui ne régissent pas l'accusatif, tels que *frui,
fungi*, *uti*, etc.

Ea omninò *deliberanda* non sunt, in quibus est turpis ipsa
deliberatio. C. — Non paianda nobis solum , sed *fruenda* etiam
sapientia est C — Expetuntur divitiæ , cum ad usus vitæ ne-
cessarios , tùm ad *perfiuendas* voluptates C — Quemadmodùm
oculus contuibatus non est piobe allectus ad suum munus
fungendum ; sic contuibatus animus non est aptus ad exsequen-
dum munus suum. C. — Agesilaus maximam habebat fiduciam
regni Peisaium *potiundi.* N.

11. Le participe passif joint au verbe *sum* ne forme
pas toujours un parfait, comme on le voit par les
exemples suivans , où le participe doit être considéré
comme un simple adjectif.

Magna Giæcia , quæ nunc quidem *deleta est*, tùm florebat. C.
— Sola virtus in suà potestate est : omnia præter eam *subjecta*
sunt foitunæ dominationi. AD II.

12. *Quin* tient lieu de *ut non , qui non , quòd non ,
cur non.* Dans quelque acception que se prenne
quin, on ne l'emploie jamais qu'après une phrase inter-
rogative ou négative.

Nunquàm tàm malè est Siculis, *quin* aliquid facetè et commodè dicant. C. — Nihil tàm difficile est, *quin* quærendo investigari possit Ter. — Nemo tàm efferis est moribus, *quin* faciat aut dicat nonnunquàm aliquid, quod laudari queat. Gell.

Nihil est *quin* malè narrando possit depravari. Ter. — Adest ferè nemo, *quin* acutiùs atque acrius vitia in altero, quàm recta videat. C.

Consilium tuum reprehendere non audeo, non *quin* ab eo dissentiam, sed quòd meum consilium non anteponam tuo. C.

Quin tu urges istam occasionem, quà melior nunquàm reperietur? C. — *Quin* decedam, nulla causa est. C.

13. *Minùs* pour *non*.

Nonnunquàm ea quæ prædicta sunt, *minùs* eveniunt. C. — Hæc Alcibiadi lætitia *minùs* fuit diuturna. Nam..... classe in Asiam profectus, quòd apud Cymen *minùs* ex sententiâ rem gesserat, in invidiam recidit. N.

14. *Dùm* pour *adhuc*, encore, s'ajoute aux négations *non*, *nec*, *neque*, *nihil*, *nullus*, *haud*.

Nondùm est virtus, pessimis esse meliorem. S. — Quintus frater quid agat, si scis, *nequedum* Romà es profectus, scribas ad me velim. C. — Jul. Cæsar, animadversâ apud Herculis templum Magni Alexandri imagine, ingemuit, et quasi pertæsus ignaviam suam, quòd *nihildùm* à se memorabile actum esset, in ætate quâ jam Alexander orbem terrarum subegisset. Suet. — *Nullasdùm* in Asiâ civitates socias habebat populus romanus. L. — Fiebant itinera, quanta fieri sinebat hiems *hauddùm* exacta. L. — Arvum dicitur, quod aratum, *necdùm* satum est. Varr.

15. *Si quid*, pour *quod*, *id quod; si quis*, *si quis est qui*, *si qui*, pour *qui*, *is qui*, *ii qui*.

Difficile est mutare animum, et *si quid* est penitùs insitum moribus, id subitò evellere. C. — Sic ab hominibus doctis accepimus, non solùm ex malis eligere minima oportere, sed etiam excerpere ex his ipsis, *si quid* inesset boni. C. — In privatis rebus *si quid* rem mandatam non modò malitiosiùs gessisset, sui quæstùs aut commodi causâ, verùm etiam negligentiùs, eum majores summum admisisse dedecus existimabant. C. — *Si qui* voluptatibus ducuntur et se vitiorum illecebris et cupiditatum lenociniis dediderunt : missos faciant honores ; ne attingant rempublicam : patiantur viros fortes labore, se otio suo perfrui. C. — *Si qui* est qui neminem bonâ fide in gratiam putet redire posse, non aliud quàm perfidiam coarguit, sed indicat suam. C.

FIN.

www.ingramcontent.com/pod-product-compliance
Ingram Content Group UK Ltd.
Pitfield, Milton Keynes, MK11 3LW, UK
UKHW021638170726
13836UKWH00005B/2256